OS SACRAMENTOS
TROCADOS
EM MIÚDO

Pe. JOSÉ RIBOLLA, C.Ss.R.

OS SACRAMENTOS trocados em miúdo

EDITORA
SANTUÁRIO

DIREÇÃO EDITORIAL:
Pe. Marcelo C. Araújo, C.Ss.R.

REVISÃO:
Cristina Nunes

COORDENAÇÃO EDITORIAL:
Ana Lúcia de Castro Leite

DIAGRAMAÇÃO:
Marcelo Tsutomu Inomata

COPIDESQUE:
Luana Galvão

Dados de catalogação na Publicação (CIP) Internacional
(Câmara Brasileira do Livro, SP, Brasil)

Ribolla, J., 1917
Os sacramentos trocados em miúdo / José Ribolla – Aparecida, SP: Editora Santuário, 1990.

ISBN 85-7200-014-3

1. Sacramentos I. Título

90-0259   CDD 234.16

Índices para catálogo sistemático:
1. Sacramentos: Teologia dogmática cristã 234.16

29ª impressão

Todos os direitos reservados à **EDITORA SANTUÁRIO** – 2017

Rua Pe. Claro Monteiro, 342 – 12570-000 – Aparecida-SP
Tel.: 12 3104-2000 – Televendas: 0800 - 16 00 04
www.editorasantuario.com.br
vendas@editorasantuario.com.br

Dedico este livrinho –
o esforço e a oração com que foi feito –
a meus pais Lino e Amábile, pais de 15 filhos,
a todos os Comunicadores do Evangelho, e
a todos os Catequistas do Brasil, que
proclamam o Plano de Deus para a construção
de uma sociedade mais justa e mais fraterna...

Um agradecimento especial ao meu Superior
Provincial e ao Censor que aprovaram a
publicação deste livro.

Agradeço especialmente ao meu amigo
Antônio Bicarato, que teve a dedicação de
fazer a revisão ortográfica.

SUMÁRIO

APRESENTAÇÃO DA 7ª EDIÇÃO _____ 13

I. SACRAMENTOS EM GERAL _____ 15

1. Sacramentos – Encontros Marcados _____ 17
2. O que é o Sacramento? _____ 18
3. A linguagem eloquente dos sinais _____ 19
4. Sacramentos – Quantos são? _____ 20
5. Sacramentos – Quem os instituiu?
   Estão na Bíblia e na História? _____ 21
6. Eficácia e Medida dos Sacramentos _____ 22
7. "Acontecemos" 7 vezes _____ 23
8. Jesus Cristo quer reacontecer conosco _____ 24
9. Cristo é o Ministro principal dos Sacramentos _____ 25
10. "Burrícias" que enfeitam ignorâncias _____ 26
11. Mais "Burrícias" _____ 27
12. Sacramentos só têm sentido, se... _____ 28
13. Por que e pra que "receber" Sacramentos? _____ 29
14. Sacramento-Rito e Sacramento-Vida _____ 30
15. As dimensões dos Sacramentos _____ 31
16. O porquê dos Sacramentos _____ 32
17. Sacramentos e Sacramentais _____ 33
18. Maria e os Sacramentos _____ 34

II. SACRAMENTOS DA INICIAÇÃO CRISTÃ _____ 35
Batismo – Crisma – Eucaristia

Os três Sacramentos da Iniciação Cristã _____ 37

Batismo

1. A começar pelo nome: "Batismo" _____ 38
2. Batismo: o Renascimento _____ 39
3. Você conhece as maravilhas do Batismo? _____ 40
4. As maravilhas continuam... e comprometem _____ 41
5. Pelo Batismo você é Sacerdote, Profeta e Rei _____ 42
6. E tem mais _____ 43
7. Por que batizar crianças? _____ 44
8. Salvam-se só os batizados? _____ 45
9. E a criança que morre sem o Batismo? _____ 46
10. E quem viveu e morreu antes de Cristo? _____ 47

11.	E Maria, mãe de Jesus, foi batizada ou não?	48
12.	O Padrinho e a Madrinha	49
13.	Quem pode batizar? Quando batizar?	50
14.	A vela acesa do Batismo	51
15.	E o que significa o óleo, no Batismo?	52
16.	E a veste branca do Batismo?	53
17.	Não mais o sal, a saliva, o sopro?	54
18.	O Batismo está na Bíblia?	55
19.	O Batismo no Novo Testamento	56
20.	Batismo: Um "leitmotiv" no Novo Testamento	57
21.	O Batismo na "vertical" e na "horizontal"	58
22.	Síntese panorâmica e conclusiva do Batismo	59

Crisma ou Confirmação

1.	"A" Crisma ou "O" Crisma?	60
2.	O Sacramento "Gata Borralheira"	61
3.	O Sacramento do Espírito Santo	62
4.	Dimensão Comunitária da Crisma	63
5.	A Crisma complementa o Batismo	64
6.	O rito da imposição das mãos	65
7.	O rito da unção da Crisma	66
8.	Bom cheiro ou...	67
9.	E o tapinha do bispo?	68
10.	Católico ou "caótico"?	69
11.	Apostólico ou "apostático"?	70
12.	Romano ou "Romântico"?	71
13.	A Crisma e os mártires cristãos	72
14.	A Crisma-Confirmação está na Bíblia?	73
15.	Crisma – Sacramento atualíssimo!	74
16.	A voz profética da Crisma	75
17.	O Sacramento da Nova Evangelização	76
18.	E Maria, foi crismada?	77

Eucaristia

1.	Eucaristia – Sacramento da Iniciação Cristã	78
2.	Eucaristia – Nomes... Datas...	79
3.	O "Rei" dos Sacramentos	80
4.	Jesus "caprichou" no Maior dos Sacramentos	81
5.	Eucaristia – Páscoa	82
6.	"Mysterium Fidei"	83
7.	Jesus disse e realizou mesmo?	84
8.	Palavras e atitudes de Jesus	85
9.	Um ano depois, a realização	86
10.	Maria – Eucaristia – Encarnação – Ressurreição	87
11.	Eucaristia: Amor em três dimensões	88
12.	Por que o nome "Missa"?	89
13.	Por que "Sacrifício" da "Missa"?	90

14. A Eucaristia celebra a Vida e a Morte? 91
15. O cordeiro de Deus 92
16. É uma celebração comunitária 93
17. Missa: Refeição estilo oriental 94
18. Ainda a Missa comparada à refeição oriental 95
19. Refeição e Missa chegam ao fim 96
20. Curiosidades em cima do altar 97
21. Mais curiosidades em cima do altar 98
22. O Pão e o Vinho 99
23. Mais Curiosidades... 100
24. Os três Reinos da Natureza sobre o altar 101
25. E os Paramentos? 102
26. O filme colorido continua... musicado 103
27. As diversas partes da Missa 104
28. Como era a Missa? 105
29. Como é a história da Missa? 106
30. Ainda a Missa através dos séculos 107
31. A Missa era Dominical? 108
32. A Missa e a casuística moral 109
33. Missa: por convicção ou por obrigação? 110
34. Missa "inteira"? 111
35. Só no Domingo? 112
36. Comunhão: Eucaristia é uma Refeição 113
37. Comunhão: Por que um Alimento? 114
38. Comunhão: Comer Juntos 115
39. Comungar uma vez por ano? 116
40. E o jejum eucarístico? 117
41. Comunhão "na boca" ou "na mão"? 118
42. E "outras" mais 119
43. A Comunhão fora da Missa 120
44. Por que, pra que comungar? 121
45. O Sacrário – Santíssimo Sacramento 122
46. Lições do Sacrário 123
47. Dimensão Social da Eucaristia? 124

III. LITURGIA 125

1. Liturgia – O que é? 127
2. Entenda a Liturgia 128
3. Ainda a Liturgia 129
4. O que é mesmo a Liturgia? 130
5. A Liturgia e o Cristão Leigo 131
6. Sinais ou "Trejeitos"? 132
7. E o "persignar-se"? 133
8. A genuflexão e seu arremedo 134
9. As posições litúrgicas 135
10. Mais uma dimensão da Liturgia? 136

IV. SACRAMENTOS DO SERVIÇO ECLESIAL ___137
Ordem e Matrimônio

Ordem

1. A figura do Sacerdote ___139
2. O Maior, o Único Sacerdote ___140
3. Jesus: Sacerdote-Mediador ___141
4. Como Jesus-Sacerdote continua? ___142
5. Os Apóstolos e seus Sucessores ___143
6. Através dos tempos ___144
7. Como é a Ordenação Sacerdotal? ___145
8. Continua a Ordenação Sacerdotal ___146
9. A "marca" inapagável ___147
10. A Vocação Sacerdotal ___148
11. O chamado oficial da Igreja ___149
12. A Batina e o Celibato ___150
13. Por que o Padre não casa? ___151
14. Ainda o Celibato ___152
15. Por que o Padre é tão "visado"? ___153
16. Você já pensou nas renúncias do Padre? ___154
17. Sejam vocês os Pais e os Irmãos do Padre ___155
18. O sacrifício não é só do Padre ___156
19. E a Ordenação da Mulher? ___157
20. Ainda a Mulher e o Sacerdócio ___158
21. Dimensões do Padre-Hoje ___159
22. Ainda as dimensões do Padre-Hoje ___160
23. Um Padre assim, hoje, incomoda ___161
24. Povo Sacerdotal ___162
25. O Sacerdote e Maria ___163

Matrimônio

1. "Eros Cósmico" – a Natureza "Nupcial" ___164
2. Desde o Princípio ___165
3. O "Casório" de Deus com a Humanidade ___166
4. Matrimônio de Cristo com a Igreja ___167
5. O Casamento através da História ___168
6. O Casamento atravessado na História ___169
7. O que é o Matrimônio? ___170
8. "Para se amarem e Procriarem" ___171
9. E Deus criou o Sexo ___172
10. O Amor é Livre? ___173
11. Num Contrato Sagrado e Indissolúvel ___174
12. Ainda a Indissolubilidade ___175
13. "O que Deus uniu..." ___176
14. E se Deus não uniu? ___177
15. Casos delicados e dolorosos ___178

16.	O Leito conjugal é um Altar	179
17.	O Amor comanda o Sexo	180
18.	Alguns "etcéteras" do casal	181
19.	Continuam os "etcéteras"	182
20.	É com Vocês, Jovens!	183
21.	Da Boate da Vida para o Altar?	184
22.	Preparados para o Casamento?	185
23.	Os Ministros e as Cerimônias	186
24.	"Igrejas Casamenteiras"	187
25.	Lar, doce Lar	188
26.	Lar Partilhado	189
27.	O Diálogo num Lar Cristão	190
28.	Conviver com as Diferenças	191
29.	Um Lar Cristão, um Lar de Oração	192
30.	E as Preocupações com Justiça Social?	193
31.	"...para Procriarem..."	194
32.	"Evitar filhos", como?	195
33.	Menos comensais ou mais pão?	196
34.	O que Não Pode, Mesmo!	197
35.	O que pretendem o(a)s Abortistas?	198
36.	É Gente ou é o Quê?	199
37.	O Científico e o Moral	200
38.	É lícito matar um inocente e indefeso?	201
39.	Economia e Ferocidade	202
40.	E o Art. 128, II do Código Penal?	203
41.	Outro "Aborto" Criminoso	204
42.	"...para Educarem os Filhos..."	205
43.	A Família: "Mini-Igreja"	206
44.	A Família: o primeiro Seminário	207
45.	Jesus, Maria, José e a Família Cristã	208

V. SACRAMENTOS MEDICINAIS _____209
Reconciliação e Unção dos Enfermos

Reconciliação – Penitência – Confissão

1.	Sacramento medicinal: "PRC"	211
2.	Como é bom o Perdão	212
3.	O Poder de Perdoar os Pecados	213
4.	A Motivação Psicossócio-Teológica	214
5.	Confissão-Desabafo	215
6.	Como era no início da Igreja?	216
7.	A Confissão através dos séculos	217
8.	E Hoje?	218
9.	Só Ignorâncias?	219
10.	Mais Ignorâncias?	220
11.	"Obrigado, Padre!"	221

12. É uma Celebração do Espírito Santo ___222
13. Confissão Individual ou Comunitária? ___223
14. A Comunidade também perdoa? ___224
15. Quando e Como Confessar? ___225
16. Como Confessar? ___226
17. Pobre Padre Confessor ___227
18. E o "Folclore" continua ___228
19. Não faça nunca Isso ___229
20. A Absolvição e a Penitência ___230
21. As Dimensões da Confissão-Reconciliação ___231
22. "Refúgio dos Pecadores" ___232

Unção dos Enfermos (UE)

1. Jesus e os Doentes ___233
2. A Unção dos Enfermos desde as origens ___234
3. Sacramentalidade e Efeitos da Unção dos Enfermos ___235
4. Significado do Óleo ___236
5. O Viático ___237
6. Evite Duas Atitudes Erradas ___238
7. As Ignorâncias continuam ___239
8. Dimensão Comunitária da Unção dos Enfermos e do Viático ___240
9. O que você faz, "nessa hora"? ___241
10. A Morte: o nosso "32 de Dezembro" ___242
11. Uma Vida de Fé dá Sentido à Morte ___243
12. E a Missa pelas Almas? E o Purgatório? ___244
13. As Quatro Fases da mesma Vida ___245
14. O Último Gesto Libertador ___246
15. "Rogai por Nós... Na Hora da Morte" ___247

VI. CONCLUSÃO ___249

1. A Igreja, Sacramento Universal ___251
2. Igreja: Sinal do Mistério de Cristo ___252
3. Igreja-Comunhão: O Povo de Deus ___253
4. Igreja-Sacramento é Igreja-Missão ___254

BIBLIOGRAFIA ___255

APRESENTAÇÃO DA 7ª EDIÇÃO

No livro O PLANO DE DEUS, publicado em 1987 e agora na 7ª edição, ficou incompleta a mensagem sobre os sacramentos. Confrades meus, redentoristas, e principalmente meus queridos irmãos, os cristãos leigos, insistiram que eu "botasse no papel" algumas mensagens evangelizadoras kerigmáticas e catequéticas, principalmente sobre cada um dos sacramentos, para preencher a lacuna do PLANO DE DEUS. Mas, tudo no mesmo estilo boiadeiro, caipira, simples.

Essas mensagens sobre os sacramentos fazem parte, substancialmente, de programas diários na **Rádio Aparecida** e de publicações em alguns jornais do interior, sob o título popular de "Trocando em Miúdos...".

Cá estamos, pois, com SACRAMENTOS TROCADOS EM MIÚDO. São considerações sobre os sacramentos que desejam colaborar com a "Nova Evangelização", tanto como mensagem kerigmático-salvadora-libertadora, como catequética. SACRAMENTOS TROCADOS EM MIÚDO quer ser, de coração e com toda a simplicidade, uma colaboração para a Pastoral da Igreja no meu querido Brasil.

... et orate et pro me...
Pe. José Ribolla, C.Ss.R.
São Paulo, setembro de 1989

I | SACRAMENTOS EM GERAL

1. SACRAMENTOS – ENCONTROS MARCADOS

Deus nos criou para a Felicidade. E para isso fez um plano. Planejou nossa felicidade nas grandes linhas e nos detalhes. Nós, pelo pecado, escangalhamos esse plano de amor, entortamos as linhas mestras da nossa felicidade. Deus Pai, misericordioso, mandou seu próprio Filho, que se fez um dos nossos, nosso irmão, morreu por nós e por nós ressuscitou para nos garantir a continuidade do plano de amor. Tudo isso você encontra, bem explicado, no livro "O Plano de Deus". Receoso de nos perder novamente, após ter-nos restituído a Vida Nova da Graça, Jesus inventou meios de poder continuar conosco. Ele, na sua sabedoria e amor "bolou" encontros conosco. Encontros que iriam acontecer durante toda a nossa vida, nos momentos mais importantes e decisivos. Pois, tendo-se feito nosso irmão, apegou-se tanto a nós, que quis continuar a se encontrar conosco durante toda a nossa vida. Jesus não poderia encontrar-se conosco com seu corpo mortal, visível, cabelos louros, olhos azuis, 1,80m de altura... Morrendo, ele voltaria ao Pai para, "Lá", preparar-nos o "2° tempo" da Felicidade eterna. Mas, ao mesmo tempo, queria continuar encontrando-se conosco. Ele então inventou meios para poder encontrar-se conosco, desde nosso nascimento até nossa morte. Seriam encontros nos quais ele nos comunicaria a Graça, sua vida, preparando-nos, ainda no "1° tempo", para o grande encontro no "2° tempo".

Só ele mesmo, Jesus Cristo, Deus e Homem, poderia ser tão original e inventar tais encontros. Por mais que pudéssemos pedir de seu amor, certamente nunca teríamos pensado em pedir tais encontros com ele. Encontros que fossem sinais certos de sua presença amiga durante toda a nossa vida...

Esses encontros, esses meios que Jesus Cristo inventou, chamam-se SACRAMENTOS. E é dos Sacramentos que nos ocuparemos mais longamente nas páginas que seguem. Trataremos primeiro dos Sacramentos em *geral*, para termos uma ideia correta sobre eles. Depois, meditaremos sobre *cada um* deles. E iremos constatando, mais uma vez, mais vezes, como você é realmente muito importante! Você é a obra suprema do amor de Deus!

2. O QUE É SACRAMENTO?

O latim *sacramentum* corresponde a *mysterium*, em grego. Não *mistério* no sentido de adivinhação, de coisa misteriosa, mas no sentido de um amor tão grande que não podemos atingir totalmente. Tem o sentido de um plano amoroso de Deus. Etimologicamente, é um termo composto de duas palavras: *sacra*, que quer dizer: coisas sagradas. A palavra *mentum* poderá ser uma flexão do verbo *memorare*, lembrar. Assim, seria mais ou menos isso: lembrando coisas sagradas, lembrando o misterioso amor de Deus...

Mas, o que é um sacramento? É sempre um encontro com Cristo através de um sinal. Cristo, invisível após sua Ascensão, torna-se visível, não com sua figura humana, mas através de um sinal. Através de sinais – sacramentos – Deus se comunica, comunica sua Graça, a vida divina: Cristo torna-se presente em nós. Instituindo esses sinais-sacramentos e entregando-os à Igreja, Cristo conferiu a ela o poder de realizá-los. E conferiu a esses sinais, realizados visivelmente pela Igreja, o poder de tornar a ele, Cristo, presente, com sua Graça, na vida da pessoa que recebe o sacramento.

Daí a definição, ou melhor, a descrição de sacramento: é sinal sensível e eficaz da Graça, instituído por Jesus Cristo e entregue à Igreja. Não vemos o Cristo em sua figura humana, mas o temos presente através dos sinais-sacramentos. Cristo, invisível, torna-se visível através do sacramento.

No sacramento, como sinal, há três coisas, três realidades que concorrem para torná-lo visível, sensível, perceptível: a) as palavras (por exemplo "eu te batizo"...); b) o gesto (por exemplo o derramar a água); c) uma coisa, uma criatura usada (por exemplo água, óleo, vinho).

O sacramento como sinal é o "significante". A Graça, Cristo – a realidade indicada – é o "significado". O importante não é o significante, mas o significado, isto é, a Graça, Cristo. E aqui, como veremos depois, entra em cheio a ignorância, que dá mais importância ao "significante", ao externo, à materialidade do sacramento, do que ao "significado" – a Graça, Cristo.

3. A LINGUAGEM ELOQUENTE DOS SINAIS

Já reparou como nós falamos muito através de sinais? É próprio do Homem falar por sinais. Aliás, o Homem só pode exprimir-se corporalmente. O espírito, as ideias se expressam, transmitem-se por manifestações corporais: voz-palavra, gestos, letras. Por meio de sinais chamamos alguém, aprovamos, desaprovamos, expressamos alegria, tristeza. Expressamos nosso amor por alguém por sinais: abraço, beijo, sorriso, um presente. Sinal sempre é uma mensagem: guardamos uma lembrança, um lenço, uma flor, coisas materialmente sem valor, mas que valem pela pessoa tornada presente através daquele sinal de amor... Conheço um sacerdote que guarda o toco de cigarro que o pai estava fumando quando morreu.

Deus mesmo fala por sinais. Uma árvore, uma flor, uma estrela, como falam de Deus! Todas as criaturas são "o rastro", o sinal do passagem de Deus. Quando Deus quis tornar-se presente neste mundo para reconstruir seu plano, ele tornou-se um sinal: sinalizou sua presença. Tornou-se visível, palpável na imanência da carne, através da encarnação. Tornou-se, pois, um sacramento. Jesus é, por isso, o Deus feito gesto, feito sinal. Voltando para o Pai, Cristo deixa-se continuar, aqui, através de um sinal: a Igreja. E nós, que fazemos a visibilidade da Igreja, somos o sinal, o sacramento de Igreja. Por isso dizemos: Cristo = sacramento, sinal de Deus; Igreja = sinal, sacramento de Cristo; nós = sinal, sacramento de Igreja.

É um sinal que traz presença, que faz encontro. Sacramentos são gestos que celebram a vida. Não são gestos vazios, abstratos, rituais. E um gesto espera resposta. No caso dos sacramentos, uma resposta de fé. Só a fé dá sentido ao sacramento. Se, por um gesto de amor recebido, amamos uma pessoa, quanto mais deveríamos amar a Deus que tem tantos gestos de amor por nós... Um Deus que se torna sinal, gesto, presença, para poder encontrar, em nós, resposta a esse gesto... Por isso, só terá sentido você receber sacramentos, na medida em que Cristo tiver sentido na vida de você. Uma vida vazia de Cristo, que sentido tem receber o sinal do amor, que é o Sacramento?...

4. SACRAMENTOS – QUANTOS SÃO?

Em sentido genérico e simbólico, toda criatura, enquanto criação de Deus, enquanto sinal de Deus, poderia ser chamada de sacramento. Pois a função do sinal é sempre indicar outra realidade maior do que ele. Vejo uma flor: ela é um sinal de Deus Criador. É, em sentido genérico, um "sacramento". Quando vejo fumaça, penso logo no fogo. Quando vejo a bandeira, lembro-me da Pátria. Mas há uma grande e substancial diferença entre esses sinais genéricos, apelidados de "sacramentos", e os sacramentos propriamente ditos, os sacramentos da Igreja, dos quais trataremos aqui. Os sinais não produzem a realidade que representam e simbolizam: a bandeira não produz a Pátria. Agora, nos sacramentos, a realidade que eles lembram é "produzida", quer dizer, essa realidade, que é a Graça, Cristo, torna-se presente. Por isso dizemos que o sacramento é um sinal sensível (a gente percebe) e eficaz, quer dizer: ele efetua, "produz", por assim dizer, a realidade que indica.

Bem, mas a pergunta é: quantos são os sacramentos? – Os sacramentos da Igreja, costuma-se dizer, são 7: Batismo, Crisma, Reconciliação, Matrimônio, Ordem, Eucaristia, Unção dos Enfermos. Os humoristas costumam dizer que são 8; o "8º sacramento" seria a ignorância religiosa, em nome da qual muita gente vai pro céu como o burrinho e a vaquinha da gruta de Belém...

Entretanto, a rigor bíblico-teológico, propriamente só há um sacramento: Cristo. E a Igreja, que é o Cristo continuado na História, torna-se o sacramento universal de salvação. Diríamos, assim, que os 7 sacramentos tornam-se sete expressões pedagógicas da Igreja. Ela, através dos sacramentos, apresenta-nos o Cristo sete vezes em nossa vida terrena. São sete encontros que temos com ele, na vida.

Entre as várias classificações que a Catequese indica sobre os sacramentos, há esta: Sacramentos da Iniciação Cristã: Batismo, Crisma e Eucaristia. (No início do cristianismo, o adulto, depois do catecumenato da preparação, recebia esses três sacramentos, no mesmo dia.) Sacramentos "Medicinais" da Reconciliação: Confissão e Unção dos Enfermos. Sacramentos do Serviço Eclesial: Ordem e Matrimônio. A Eucaristia – amor--união-comunhão – é o maior, a síntese, o centro, contém todos os demais: pois Cristo ali está, pessoalmente.

5. SACRAMENTOS – QUEM OS INSTITUIU? ESTÃO NA BÍBLIA E NA HISTÓRIA?

Quem os instituiu foi Cristo. Diríamos quase que ele "tinha que fazer isso"... Pois veja: quando Deus resolveu salvar o Homem, quis realizar essa redenção de um modo visível, à moda humana. Por isso encarnou-se, tornou-se visível, para, visivelmente, morrer na cruz, assassinado. Ora, se Jesus quis a Igreja como continuação dele mesmo, para perpetuar a redenção através dos séculos, essa redenção continuada tinha que ser visível também. Ora, a Igreja deveria realizar essa continuação da redenção através de sinais que tornassem o Cristo e a própria Igreja visíveis. Esses sinais são os sacramentos, pelos quais a redenção de Cristo se torna visível, audível, palpável, como era o próprio Cristo.

Em alguns sacramentos, Jesus até indicou as palavras, o gesto, a coisa usada para realizar o sacramento: "Batizai em nome do Pai..." Tomando o pão: "Isto é o meu corpo..." Em outros sacramentos Jesus deixou apenas a ideia. Posteriormente, a Igreja organizou a liturgia sacramental.

Cada sacramento tem sua história. Alguns, embrionários nos primeiros tempos, somente séculos depois aparecem na Igreja, com sua plenitude atual. O modo como foram realizados os sacramentos variou de época para época. Haja vista a Penitência, o Matrimônio, o próprio Batismo e a Eucaristia. Para ressaltar a importância dos sacramentos na vida cristã, a Igreja foi cercando-os, revestindo-os, "enfeitando-os", por assim dizer, com uma liturgia adequada. Houve uma inculturação da liturgia dos sacramentos. Quer dizer, gestos, palavras, adequados à cultura, ao modo de cada povo comunicar-se com a natureza, com o outro e com Deus (cultura). Penso que há ainda uma grande caminhada a percorrer: uma maior inculturação, liturgia mais apropriada às diversas culturas... Maior abertura ritual...

Na Bíblia, onde estão os sacramentos? – Se Cristo é o único grande sacramento, é claro que tudo o que se diz de Cristo, principalmente no Novo Testamento, tudo é propriamente "texto sacramental". Sabemos que não seria de boa exegese bíblica indicar textos para cada sacramento. Veremos isso oportunamente...

6. EFICÁCIA E MEDIDA DOS SACRAMENTOS

Há, por vezes, no meio do povo, a ideia de que, quanto mais santo é o ministro do sacramento, mais vale o sacramento, mais Graça ele produz... Será mesmo verdade isso?... Não! A eficácia e a medida de maior ou menor quantidade de Graça não dependem das disposições, da santidade do ministro, do padre que administra o sacramento. Pois o único sacerdote que realmente realiza cada sacramento é Cristo. O sacerdote, o ministro só "faz as vezes de" Cristo. O ministro dos sacramentos empresta, por assim dizer, a Cristo, a voz, o gesto, a presença física visível. Mas quem garante a eficácia do sacramento, quem propriamente o realiza é Cristo. É ele quem comunica a Graça, a vida divina, a Vida Nova. Jesus instituiu os sacramentos e, entregando-os à Igreja, deu-lhes a força intrínseca, *nuclear*, de comunicar a Graça. Por isso, em linguagem sacramental técnica, dizemos que os sacramentos agem *ex opere operato*. Quer dizer: por sua própria ação, pelo simples fato de realizar-se a ação sacramental, pela força que Cristo lhes comunica. O sacramento não age, não dá a Graça na medida em que o celebrante é mais ou menos santo.

Vamos fazer uma comparação, embora muito "burrinha", para ser usada numa catequese sobre sacramentos... Se lá em casa uma criança abre a torneira ou um louco, ou uma pessoa normal, a água sai do mesmo jeito, não é? Assim, se é um Santo Pio X que batiza ou é um padre cuja vida "deixa a desejar" ou é um pároco de aldeia, o efeito do sacramento é o mesmo. É Cristo quem batiza...

Mas, se não depende do ministro a eficácia da Graça como tal, a maior ou menor "quantidade" da Graça depende da preparação da pessoa que recebe o sacramento. Outra comparação: a pessoa que vai buscar água na fonte, vai trazer mais ou menos água, dependendo do tamanho da vasilha com que vai buscar água.

É por isso que a Igreja faz tanta questão de uma boa e até demorada preparação da pessoa que vai receber um sacramento. É triste constatar a ignorância e a "burrícia" com que muita gente tenta "driblar" os tais cursinhos de preparação para alguns sacramentos que vão marcar a vida da pessoa. Muitas vezes é uma ignorância e teimosia que comprometem a própria vivência da Fé e o consequente compromisso com o Plano de Deus...

7. "ACONTECEMOS" 7 VEZES

Por que são 7 sacramentos? – Porque eles "acontecem" em nossa vida nas 7 situações/realidades principais de nossa vida...

Analisando a caminhada de nossa vida desde o nascimento até a morte, "topamos" com 7 realidades, acontecimentos ou situações que nos acompanham. E é em cada uma dessas 7 "ocasiões" que nosso amigo Jesus marcou encontros especiais conosco, através dos quais nos dá forças especiais para caminharmos com ele na realização do Plano de Deus, ajudando-nos a construir nossa própria felicidade.

Na trajetória da vida humana, o 1° acontecimento, após a concepção no seio de nossa mãe, é o NASCIMENTO. Notamos depois a 2ª realidade: o CRESCIMENTO. O Homem torna-se adulto. Outra realidade que notamos em nós, bem nossa mesmo, é a LIMITAÇÃO. Somos limitados no saber, na saúde; precisamos sempre do outro, dos outros para que nos ajudem e nos completem. Como adultos, o homem e a mulher sentem-se chamados a realizar um amor a dois, que os faz participar do poder criador de Deus: é o MATRIMÔNIO. É o 4° acontecimento, que normalmente vai dar-se na idade adulta do homem e da mulher, quando realizam sua vocação social com a fundação de um lar, de uma família. Uma 5ª realidade, que todo Homem percebe em si, é que ele é, por natureza, um ser comunitário: o Homem é vocacionado a pertencer a uma COMUNIDADE. Comunidade família, moradia, comunidade lazer, profissão. A 6ª realidade o acompanha diariamente e torna-se necessária para a vida: o ALIMENTO. O Homem tem que se sentar à mesa para se alimentar. E... a 7ª e última coisa que acontece ao Homem aqui, nesse "1.° tempo" da vida terrena do Plano de Deus, é a MORTE. O Homem morre. E morre uma vez só: *statutum est semel mori*: está determinado, o Homem morre uma só vez (Hb 9,27).

Nem para todo e cada homem ou mulher acontecem todas e cada uma dessas situações ou realidades. Mas elas atingem a natureza humana, são coisas da nossa vida terrena. Pois bem, veremos logo mais como Jesus Cristo, na sua sabedoria e amor, inventou meios, encontros especiais com o Homem, justamente nessas circunstâncias todas, na caminhada maravilhosa da vida, onde Jesus vai também acontecendo conosco...

8. JESUS CRISTO QUER REACONTECER CONOSCO

Jesus, o Filho de Deus, não se contentou em *ter acontecido* em Belém, em Nazaré, no Calvário... Ele quer de *novo acontecer* conosco ao longo de nossa caminhada, de modo especial nas 7 realidades principais de nossa vida.

Os sacramentos foram planejados por Jesus para que, por eles, o Pai, o Filho e o Espírito Santo pudessem caminhar conosco, durante toda a nossa vida. Através desses sinais-sacramentos, Cristo marcou encontros com o Homem nos momentos mais oportunos da vida humana. Para cada circunstância ou situação da vida, o respectivo encontro-sacramento dará uma ajuda especial, uma graça adequada àquela situação. Chama-se a "graça sacramental". Sabemos que a finalidade principal, ou melhor, o efeito fundamental dos sacramentos é comunicar-nos, restituir-nos e aumentar-nos a Graça como Vida Nova, comunhão com Deus, participação da vida divina. Mas, além desse maravilhoso e primeiro efeito da Graça, cada sacramento nos concede uma graça *atual*, chamada *graça sacramental*, própria para aquela situação, específica daquele sacramento.

Vejam agora o maravilhoso estratagema, a maravilhosa caminhada que Jesus Cristo "bolou" para nos acompanhar naqueles 7 acontecimentos de nossa vida:

No 1° acontecimento da vida do Homem, seu NASCIMENTO, Jesus vem tornar visível e real nosso nascimento como filho de Deus pelo BATISMO. Para estar presente à 2ª realidade do Homem, seu CRESCIMENTO, Jesus se apresenta com o sacramento da CRISMA e, com a força do Espírito Santo, ajuda o cristão a ser adulto na fé. Quando o Homem, na sua LIMITAÇÃO, cai pelo pecado, aí vem Jesus, na sua misericórdia, estende-lhe a mão para levantá-lo pelo sacramento da RECONCILIAÇÃO. Adultos, o homem e a mulher, resolvem enfrentar o CASAMENTO, com todos os seus compromissos de amor e de família. Aí se apresenta Cristo, unido ele também à Esposa-Igreja, para abençoar o casal pelo sacramento do MATRIMÔNIO. O Homem, ser social, vive em COMUNIDADE. A vida cristã tem uma comunidade: a Igreja. E, à frente dessa Igreja, para nos guiar, Cristo estabelece alguém pelo sacramento da ORDEM. Os homens todos necessitam de ALIMENTO. Para alimentar o amor na vida cristã do dia a dia, Jesus institui, Jesus "capricha" no maior dos sacramentos, onde ele em Pessoa fica presente: a EUCARISTIA. E, finalmente, na hora dura da doença, nas despedidas do "1° tempo", vem Jesus com um último gesto amigo, convidando o irmão para, juntos, fazerem a grande viagem de volta para a Casa do Pai. É o sacramento do conforto, da serenidade cristã: a UNÇÃO DOS ENFERMOS. Escute: é ou não é maravilhosa e divina essa caminhada de Cristo conosco, durante toda a vida, através dos sacramentos? O que você acha?...

9. CRISTO É O MINISTRO PRINCIPAL DOS SACRAMENTOS

Nunca será demais insistir nessa ideia. Pois aqui reside a compreensão essencial, fundamental dos sacramentos: que Cristo não só os instituiu, mas que continuam sendo atos pessoais de Cristo. São manifestações da sua presença e da sua ação redentora e santificante. Assim lembra, expressamente, o Vaticano II no documento da Liturgia *Sacrossanctum Concilium*, n. 7: "Cristo está presente pela sua força nos sacramentos, de tal forma que, quando alguém batiza, é o Cristo mesmo que batiza". E assim também quanto aos outros sacramentos. Cristo faz isso através da sacramentalidade dos ministros: mas não no sentido de que os ministros "fazem as vezes de Cristo ou o representam, como se ele estivesse ausente; os ministros são o sinal de Cristo presente e operante por si mesmo!" Diz a teologia, com mais precisão: Os sacramentos conferem a Graça *ex opere operantis Christi*, quer dizer: em virtude do Cristo mesmo, em pessoa, que age nos sacramentos.

Daí segue-se a outra ideia ou conclusão para todo cristão: cada sacramento é uma *autocomunicação* de Cristo, que tende a nos configurar a ele, tornando-nos semelhantes a ele: um outro Cristo... Configurados a Cristo na filiação divina pelo Batismo; pela Crisma ele nos confirma a presença do Espírito Santo para sermos cristãos adultos; pela Eucaristia, ele mesmo torna-se alimento que nos restaura; pela Reconciliação, Jesus nos levanta das quedas e nos reconcilia com o Pai; no Matrimônio ele abençoa a união dos esposos, sinal de sua própria união com a Igreja; na graça sacramental da Ordem, Jesus garante, na Igreja, a configuração especial com Cristo enquanto Cabeça da Igreja; e, finalmente, na Unção dos Enfermos, Jesus Cristo se faz presente ao irmão e à irmã enfermos, para que vivam a doença unidos a ele, "paciente na cruz e glorificado na ressurreição".

Se não chegarmos a entender esse sentido essencial e profundo dos sacramentos, pouco ou nada entenderemos: os sacramentos continuarão sinais rituais, "significantes", vazios do "significado", Cristo Jesus!

10. "BURRÍCIAS" QUE ENFEITAM IGNORÂNCIAS

Desculpem a expressão "burrícias". É um plural neutro aportuguesado da palavra "burrice", que enfeixa todas as burrices e ignorâncias juntas... E, realmente, há um monte de ignorâncias e ideias erradas multiplicadas quase ao infinito, a respeito dos sacramentos. Vamos aqui analisar algumas delas. O "florilégio" é muito rico...

1. *Coisificação* – Temos a mania de coisificar tudo, não é? Lembro-me até de um tio meu, na minha infância, que só sabia conjugar o verbo "coisar". A gente precisava adivinhar o que ele queria, pois ele "coisava" tudo: "ô coiso, coisa a coisa pro coiso coisá a coisa"... Muita gente coisifica os sacramentos. Muitos têm a ideia de que sacramento é uma "coisa" que a gente recebe. São capazes até de levar o bebê à igreja pra ser "coisado"! Sacramento não é "uma coisa" que se recebe. É um encontro pessoal com Cristo que acontece. E, dada a sua dimensão comunitária, sacramento é também um encontro com o irmão, membro vivo da mesma Igreja. São expressões de Cristo em nossa vida, são vivências de Igreja com Cristo. Quando recebemos um sacramento, estamos sempre *sinalizando* Cristo no mundo, através da Igreja, pela qual recebemos o sacramento.

2. *Visão individualista* – Em geral, faz-se do sacramento um acontecimento intimista, individual, como cumprimento de um dever pessoal. Quantas vezes sacramentos são procurados para "cumprir promessas" individuais e que outros fizeram para a pessoa cumprir... Como é difícil, por exemplo, realizar sacramentos comunitariamente: batizados, casamentos. Tudo bem... Mas não nos esqueçamos que salta aos olhos a dimensão comunitária dos sacramentos. Introduzidos na Comunidade-Igreja pelo Batismo, a porta de todos os demais sacramentos, daí pra frente toda vez que nos encontramos com Cristo nos sacramentos há um acontecimento comunitário de Igreja. A finalidade última dos sacramentos é a de unir-nos cada vez mais com Cristo e com os irmãos, com a Comunidade.

A dimensão comunitária dos sacramentos deveria ser uma pedagogia mais respeitada. Infelizmente, aqui também, quanto egoísmo – e mesmo racismo – tenta comandar as celebrações... Pense, por exemplo, em batizados comunitários de filhos das favelas com os da "soçaite"... E casamentos? Nem falar...

11. MAIS "BURRÍCIAS"

Continuamos a enumerar algumas das muitas ignorâncias sobre os sacramentos.

3. *Mentalidade legalista* – Há uma mentalidade legalista-tradicionalista grudada como ferrugem, como carrapato, em nosso povo, em nossos católicos. Recebem-se os sacramentos porque "é lei... é costume". É tradição: sempre foi assim. Não interessam as razões, a finalidade, o que é um sacramento... A preocupação é "cumprir a lei, o costume". É conhecida a expressão: "precisa né?"... A lista da casuística dessa ignorância é infinita: "casamento na Igreja (casar no padre), fazer a Páscoa" etc. ... Acrescente-se a isso a confusão entre os sacramentos e os sacramentais, as "bênçãos". Outro exemplo: a tal obrigação de "ir à missa" aos domingos, com a deformação da consciência da pessoa que, desde criança, ouviu a sentença condenatória, nua, fria, sem contexto nenhum, de que faltar à missa "é pecado mortal". Todos nós nos lembramos, certamente, de colégios católicos que não admitiam às aulas, na segunda-feira, o moleção que não foi à missa no domingo... Tinha que "se confessar" para entrar na aula. Depois de "umas e outras" dessas, que vida sacramental consciente, coerente e responsável vai se esperar de um cristão para o resto da vida? Com esse tipo de coisas, quantas vezes ouvimos disparates deste "naipe": "Ah! eu não preciso ir mais à missa. No meu tempo de colégio interno já ouvi missas pra vida inteira. Até acho que tenho estoque em haver..."

4. *Mentalidade mágica, supersticiosa* – É a mentalidade do "aperta o botão, paga 10... e pula o sacramento". É o medo supersticioso de que vai acontecer qualquer "coisa ruim" se não receber os sacramentos. São conhecidas as expressões: "não presta" ficar sem batizar, "dizké bom" (dizem que é bom) batizar, crismar... Lembro-me, quando eu era padre jovem, na Penha-SP, depois de uma catequese "caprichada" sobre o Batismo, perguntei a uma das madrinhas das crianças que iam ser batizadas: "Então, qual é a finalidade do Batismo, pra que serve o Batismo?" A resposta veio doída como um chute na canela: "Meu fío tá cum sapinho e disséro quié bom batizá pra tirá sapinho, né?"... Bem, aí precisava mesmo o sal da sabedoria na língua e na cuca da madrinha, não? Mas, fiquemos por aqui. Talvez você possa completar a coleção das "burrícias", a gosto do freguês...

12. SACRAMENTOS SÓ TÊM SENTIDO SE...

Fique bem claro, como primeira conclusão prática da pastoral sacramental: receber sacramentos só tem sentido, na medida em que Cristo, seu Evangelho e sua Igreja têm sentido em nossa vida. Assim como só tem sentido eu guardar e estimar uma lembrança, um presente mesmo materialmente sem valor, na medida em que estimo e amo a pessoa que me deu a lembrancinha, o presente. Pois, os sacramentos são sinais do amor, da amizade, da presença de Jesus Cristo em nossa vida. Sacramento não é só uma presença ritual, formal. Que sentido tem recebermos só ritualmente o Cristo, para "cumprir uma lei, uma tradição, um costume", se depois, durante nossa vida familiar, social, política, ele não representa nada, nem damos bola" a este Cristo?

Que sentido tem, por exemplo, receber a Comunhão eucarística uma vez por ano, somente para cumprir legal e tradicionalmente o "preceito pascal", se depois, durante o ano todo o "comungante" vive vomitando esse mesmo Cristo na vida particular, na vida familiar, social, política do dia a dia? Comungar "na Páscoa" por que, se durante o resto do ano Cristo, sua Igreja e seu Plano não me dizem nada? Se os critérios cristãos não são os critérios que orientam a vida? Que adianta comungar, "engolir a hóstia", se não me sinto comprometido com o Plano de Deus, se o Evangelho, com sua mensagem de Justiça e Fraternidade, nada me diz?

Que sentido tem, por exemplo, "casar na Igreja", se os dois nubentes "nem estão aí" com as exigências de Cristo e da Igreja quanto à vivência desse sacramento do Matrimônio? Tem sentido "casar na Igreja", receber o sacramento, quando a preocupação não é o sentido cristão do Matrimônio? Se a preocupação é talvez tão somente dar uma satisfação à "soçayte", à tradição da família ou ao aparato da cerimônia? E... quanto casamento, por aí afora, sem sentido nem validade sacramental nenhuma, pura exterioridade, "palhaçada", faz de conta!

Que sentido tem?... Chega! Deu pra entender, não?... Deu pra entender que, agindo com tamanha incoerência, estamos preocupados mais com o "significante" (o sinal festivo, legal) e nos esquecemos do "significado" (o sacramento, a Graça, Cristo)? Lembre-se, para você transmitir na sua aula de catequese, meu irmão, minha irmã: SÓ TEM SENTIDO RECEBER UM SACRAMENTO, NA MEDIDA EM QUE CRISTO TIVER SENTIDO NA MINHA VIDA...

Um presente, uma lembrança, um sinal, um sacramento torna presente a pessoa querida e amada: se isso não acontece, se isso não me interessa, que sentido tem eu receber e acolher esse sinal – no caso, o sinal-sacramento?...

13. POR QUE E PRA QUE "RECEBER" SACRAMENTOS?

A finalidade dos sacramentos, os frutos que eles nos oferecem não seriam somente para nos sentirmos bem, não só para uma satisfação pessoal, intimista. E, muito menos, o "receber" sacramento poderia ter como finalidade "pagar ou cumprir uma promessa"... Qual seria então a finalidade, a consequência de uma vida sacramental? Recebemos os sacramentos para nos tornarmos, nós mesmos, um sacramento, um sinal. Recebendo os sacramentos queremos identificar-nos cada vez mais com Cristo. E isso para podermos ser um sinal de Cristo no mundo por nosso testemunho de vida, por nossas atitudes e palavras. Para podermos, com Cristo, ser sinal do Reino. Nossos encontros com Cristo, nos sacramentos, nos identificarão cada vez mais com ele, com seu Evangelho, com sua Igreja, comprometendo-nos a assumir o Plano de Deus. Os sacramentos devem dar-nos a coragem de proclamar sempre mais esse Plano de Deus e denunciar tudo o que a ele se opõe.

Fracos como somos, nós precisamos desses encontros, desses sacramentos para, com a presença e ajuda de Cristo, poder levar até o fim nossa vida cristã. Juntamente com nossa vida de oração, os sacramentos irão moldando em nós aquela espiritualidade, aquele estilo de vida que as Bem-aventuranças pedem de nós para podermos realmente proclamar o Reino de Deus. Recebemos os sacramentos ocasionalmente, sim, para podermos ser, não ocasionalmente, mas no dia a dia de nossa vida, sinal-sacramento-testemunho.

Aqui, mais uma vez, percebemos a necessidade que os cristãos têm de conhecer melhor essas maravilhas do amor de Cristo, que são os sacramentos. É confrangedora, mesmo entre cristãos praticantes, a ignorância sobre os sacramentos. Mais do que nunca se fazem oportunos os cursos populares de teologia, a catequese sacramental, a leitura que nos ponha por dentro desse assunto e de outros assuntos da religião. O Cristianismo não é um preceituário moralista, que só aponta pecados e proibições. Há tanta beleza, tanta riqueza desconhecidas, como, por exemplo, o que se refere aos sacramentos! Por que não estudar mais? Não só para seu proveito espiritual, meu irmão, minha irmã, mas para você poder passar essas coisas aos outros. Para dissipar dúvidas e fazer com que a religião se torne, antes de tudo, uma religião de amor... Você já terá percebido, principalmente pela maravilhosa instituição dos sacramentos, que nossa religião, o Cristianismo, é realmente, acima de tudo, uma religião de amor, não é verdade?...

14. SACRAMENTO-RITO E SACRAMENTO-VIDA

Costumamos fazer dos sacramentos um acontecimento histórico: "tal dia... recebi tal sacramento..." Sempre no pretérito perfeito-passado... Mas a vida não "aconteceu", ela acontece cada dia, ela está acontecendo neste momento! Ora, os sacramentos são encontros de vida. Nos sacramentos é nossa vida que se encontra com aquele que, além de ser o Caminho e a Verdade, é Vida. Vida divina. Vida Nova. Vida da Graça. E a vida acontece em todos os instantes...

A expressão: "Recebi"... o Batismo, Crisma, Matrimônio etc. refere-se ao rito que deu início ao sacramento. Mas, o sacramento, como encontro com a Vida, vai se realizando todos os dias e a vida toda. Todos os dias, portanto, estamos sendo batizados, isto é, estamos ou devemos estar vivendo a realidade da filiação divina, o compromisso com a Igreja. Todos os dias estamos "confirmando" nosso Batismo com o Espírito Santo, tentando viver adulta e corajosamente a fé. Todos os dias aquele casal, talvez já festejando as bodas de ouro, todos os dias o casal ainda está "casando"... Durante a semana toda vamos celebrando a Eucaristia com a missa da paciência, dos sofrimentos e comungando o Cristo nos irmãos todos...

O sacramento foi um acontecimento que se deu pelo rito sacramental. Mas o sacramento continua sua celebração, continua acontecendo no dia a dia. O rito é importante, sim, pois deve marcar uma data na vida. Mas é a vivência diária dos sacramentos que realmente "realiza" o sacramento. É Cristo acontecendo conosco sempre, todos os dias...

Daqui pra frente vamos tentar falar, trocar em miúdo, sacramento por sacramento. Mas é muito importante, básico, você ter entendido com clareza a parte que trata dos sacramentos em geral. Ter uma ideia clara do que é sacramento e botar na cuca as conclusões pastorais práticas a que já aludimos: 1. Sacramentos são encontros com Cristo. 2. Só tem sentido receber sacramento na medida em que Cristo tem sentido na minha vida. 3. Recebo os sacramentos para me tornar um sacramento, um sinal, testemunho de Cristo para o mundo. 4. Mais importante do que o rito histórico é o sacramento vivido no dia a dia.

Entendido bem isso, vamos a cada um dos sacramentos.

E não esqueça: estude. Veja como tudo isso está dentro do Plano de Deus.

15. AS DIMENSÕES DOS SACRAMENTOS

Assim como no Plano de Deus, que a Fé nos revela, também em todos os sacramentos e em cada um deles podemos meditar nas duas dimensões que Deus coloca em todas as realidades divino-humanas.

A primeira dimensão, essencial e fundamental, a razão de ser dos sacramentos, é a dimensão vertical. A dimensão que nos liga a Deus pela realidade da Graça, da vida divina, da nossa comunhão com o Pai, o Filho e o Espírito Santo. Os sacramentos, como sinais, sinalizam a presença de Cristo que se encontra conosco nas diversas circunstâncias, para nos comunicar a Vida Nova da Graça, para ele mesmo se comunicar a nós, identificando-nos, configurando-nos com ele. Esta é a grande dimensão, a finalidade, a razão de ser dos sacramentos.

A par da dimensão vertical há também a dimensão horizontal, comunitária. Como sinais sensíveis, como imanências, realidades nossas, da nossa natureza, do nosso modo de ser e viver, os sacramentos são realizados numa Comunidade e através dessa Comunidade: a Igreja.

Se repararmos bem, todas as celebrações sacramentais são celebrações comunitárias, desde o Batismo até à Unção dos Enfermos. Todas as celebrações sacramentais são muito questionadoras para o Homem de hoje. Os sacramentos colocam em relevo o valor da pessoa humana, o valor dos filhos de Deus. E é nesse sentido que os sacramentos nos questionam fortemente. Estão nos dizendo que o mundo vai mal porque andamos trocando todas as prateleiras, estamos colocando os valores nas prateleiras erradas, sem observar a hierarquia dos valores que Deus quis em seu plano. Os sacramentos, celebrando sempre a Pessoa Humana, estão dizendo que vai tudo mal no mundo, quando o mundo esquece o maior valor que existe: você, a Pessoa Humana, tão banalizada em face de tantos valores perecíveis. Os sacramentos têm, pois, essa dimensão, essa missão libertadora para o Homem escravizado com tanta injustiça, quando é tratado de tudo, menos como filho de Deus: filiação divina recebida no Batismo e alimentada pelos sacramentos.

16. O PORQUÊ DOS SACRAMENTOS

Antes de "trocarmos em miúdo" cada um dos sacramentos em particular, vamos esclarecer mais ainda porque os sacramentos entram no Plano de Deus, o que significam dentro desse Projeto de Deus.

Já vimos como Deus planejou a Felicidade do Homem, fazendo-o, adotando-o como filho. Não uma "adoção de cartório", "no papel", mas uma filiação divina, através da qual Deus comunica ao Homem sua própria vida divina, como os pais comunicam a vida humana aos filhos. O Homem em comunhão íntima com Deus, como os filhos estão em comunhão íntima com os pais... Vimos como, no Plano de Deus, o Homem realizaria sua felicidade em dois tempos: um, "Aqui", passageiro, mas decisivo; e o outro, "Lá", eterno. Aqui, vivendo bem com Deus, consigo mesmo, usando bem as coisas do mundo e tratando os outros como irmãos. Mas sabemos que o Homem, pelo pecado, escangalhou tudo: entortou as quatro linhas, "chutou fora", deu canelada, expulsou o Juiz... Foi o tal de "pecado original", que dá origem a todos os pecados pessoais. Daí por diante o Homem nasce com essa "desordem", com essa situação, com essa mancha" da 1ª desobediência. O Homem nasce, por assim dizer, infeccionado pelo pecado original, por essa ofensa a Deus. Ofensa que não é propriamente pessoal, como um ato livre, mas da própria natureza humana...

Vem então o Filho de Deus, encarna-se, morre e ressuscita por nós. Jesus conserta o Plano de Deus, resgata-nos dessa "mancha", dessa situação de pecado e revolta. Ele faz a passagem – a Páscoa – da morte para a vida, trazendo-nos a Vida Nova da Graça. Por Sua morte e ressurreição Cristo nos mereceu a Graça, a Vida Nova, a Salvação. Isso é Páscoa. Mas, a aplicação disso tudo para nós é feita pelo próprio Cristo, através dos sacramentos, dos sinais da Salvação. Daí o sentido dos sacramentos: tornar presente Cristo em nossa vida, salvando-nos, redimindo-nos, libertando-nos, possibilitando-nos novamente com o "Aqui", prepararmos o "Lá". Mas, tudo pelos merecimentos da Passagem, da Páscoa de Cristo. Cada sacramento realiza em nós essa Páscoa. Como? – É o que veremos adiante.

17. SACRAMENTOS E SACRAMENTAIS

Com o que ficou meditado até aqui, provavelmente já tenhamos uma ideia mais ou menos completa do que seja um sacramento. Os sacramentos não são simples bênçãos que, a qualquer momento, podemos receber e distribuir. Sacramentos, como já vimos, são acontecimentos em nossa vida, nos quais há encontros importantes, decisivos com Cristo. Alguns são realizados uma vez só na vida, outros podem ser repetidos, em certas circunstâncias; outros, até diariamente, como a Eucaristia. Cristo se torna presente em nossa vida, através da Igreja. São acontecimentos que devem ser preparados com muita responsabilidade, são compromissos assumidos perante a Igreja.

Sacramentais, embora tenham sua importância, não têm a mesma importância e responsabilidade que os sacramentos. Embora o nome *sacramentais* venha da mesma palavra *sacramentos e os* sacramentais também usem sinais e palavras litúrgicas, fazendo assim parte da Liturgia da Igreja.

E o que são os Sacramentais? Na prática, para uma fácil compreensão, os sacramentais são orações com que a Igreja costuma abençoar pessoas, lugares, objetos: bênção das criancinhas, das mães, das casas, dos objetos mais variados, bênção da água, e semelhantes.

A palavra "bênção" quer dizer: bendizer, dizer bem. É o contrário de amaldiçoar: dizer mal, maldizer. Tem também o sentido de louvar a Deus: bendizer a Deus. Não só a Igreja abençoa, mas os pais, qualquer pessoa pode desejar o bem, "abençoar". Quantas vezes ouvimos expressões assim: Bênção, papai! Bênção, mamãe! Bênção, padre! E as respostas: Deus te abençoe! Vai com Deus!

Só a Fé pode dar valor aos sacramentais, às bênçãos. As coisas abençoadas pela Igreja impõem respeito e veneração. Assim, por exemplo, o uso da água benta. Eu, como padre, também "me benzo" com a água benta. Eu não ponho Fé na água como tal, embora ela tenha todos os valores que o Criador lhe deu, e quantos, pois a água em si já é uma bênção que Deus dá às criaturas. Mas a água benta é usada com fé porque Cristo, através da Igreja, a abençoa...

18. MARIA E OS SACRAMENTOS

É fácil entender, teológica e antropologicamente, a relação que se estabelece entre Maria, a Mãe de Jesus, Mãe da Igreja, e os sacramentos.

O Filho de Deus, para vir a este mundo, entrar na aventura humana, tornar-se "um dos nossos", assumir nossos pecados, oferecer-se em holocausto e morrer no altar da cruz, ele precisava revestir-se da nossa carne. Ele deveria tornar-se o grande, o único sacramento pela visibilidade da natureza humana, terrena. Pois, não existe a sacramentalidade sem a visibilidade, sem o contato, sem que Cristo viva e conviva conosco e com as nossas coisas. E para Deus fazer-se Homem, só haveria duas possibilidades: ou o Verbo de Deus já apareceria adulto, revestido de nossa carne, ou ele deveria ter uma Mãe, em cujo útero tomaria a carne humana, o corpo humano, como nossa vida embrionária e fetal desenvolveu-se no seio de nossa mãe. Deus escolheu, na alternativa, esse último modo. Então, por obra do Espírito Santo, Maria concebeu Deus...

Portanto, é através de Maria que Deus se tornou visível para poder realizar a obra da libertação, da redenção. De Maria ele recebeu o mesmo corpo que foi pregado na cruz, e que, transformado pela ressurreição, continua na Eucaristia. Maria, Mãe de Jesus, o único sacramento, Maria, Mãe da Igreja, sacramento universal de salvação...

Distinguimos três dimensões, entre outras, nos sacramentos: a Imanência (a realidade, o valor conatural da coisa: palavra-som, pão, óleo, água, vinho, imposição das mãos, corpos-corações). Há a Transparência: a significação que dá a transparência, a passagem, o entendimento para outro valor: Alimentar-purificar-dar vida, mãos-corpos unidos no compromisso etc. E temos, finalmente, a Transcendência: o significado, a Graça, o valor transcendente, do qual os sacramentos são sinais.

Maria possibilitou a Jesus todas as realidades da Imanência. Toda a vida de Maria dá a Transparência: sua missão, sua vida foi um espelho que transferia, apontava para a Transcendência: O Transcendente presente em todos os momentos de sua vida, a única razão de ser de sua vida de Mãe de Deus, Mãe do Redentor, Mãe do Ressuscitado...

II | SACRAMENTOS DA INICIAÇÃO CRISTÃ: BATISMO, CRISMA, EUCARISTIA

OS TRÊS SACRAMENTOS DA INICIAÇÃO CRISTÃ

No início do Cristianismo, os convertidos à Fé cristã eram adultos. Esses adultos eram preparados durante o período do catecumenato. E eram preparados para receber de uma só vez os três sacramentos da iniciação cristã. Esses três sacramentos eram: o Batismo, a Crisma e a Eucaristia. Preparados por um longo catecumenato, os adultos chegavam a receber conscientemente os três sacramentos da iniciação cristã.

Pelo Batismo, eram gerados para a Vida Nova da Graça: renasciam como filhos de Deus. Pela Crisma, recebiam, de modo sacramental, a força do Espírito Santo para viverem adultamente a Fé e defenderem-na até com a vida, se necessário fosse. E, pela Eucaristia, teriam o alimento para fortalecer a Fé. Fé cristã gerada, tornada adulta, alimentada.

Assim era ao menos nos três primeiros séculos do Cristianismo, em que os cristãos viveram perseguidos, celebrando os sagrados mistérios nos subterrâneos das catacumbas. Naqueles tempos, o cristão, para ser admitido ao Batismo, e ao mesmo tempo à Crisma e à Eucaristia, deveria estar disposto a dar a vida pela defesa da Fé, se necessário fosse. Pois a vida dos cristãos, perseguidos em todo o Império Romano, era um risco contínuo. Conhecemos bem a história das perseguições dos primeiros trezentos anos da Igreja. E acontecia muitas vezes que, juntamente com os cristãos batizados, eram presos também os catecúmenos: aquelas pessoas que estavam se preparando para receber o Batismo. E os catecúmenos, juntamente com os cristãos, professavam corajosamente a Fé perante os imperadores. Por isso, eram martirizados. Tornavam-se cristãos, não pelo Batismo da água, mas pelo Batismo no próprio sangue. É o que chamamos de Batismo-de-Sangue, a par do Batismo da água e do Batismo de consciência ou de desejo.

Vamos entendendo, assim, o porquê da insistência da Igreja, hoje, em nos conscientizar sempre mais a respeito dos sacramentos, para que eles não sejam simples "coisas" que recebemos, mas presenças de Cristo, expressões de Igreja, em nossa vida. Como os primeiros cristãos, estariam todos os cristãos de hoje dispostos a dar a vida para defender e afirmar a Fé recebida no Batismo, tornada adulta pela Crisma e alimentada pela Eucaristia?...

1. A COMEÇAR PELO NOME: "BATISMO"

Há tanta coisa linda a falar sobre o Batismo! Comecemos pelo nome. "Batismo" vem do grego: *baptitzein*, que quer dizer: "mergulhar" na água. No início do cristianismo, não havia ainda propriamente família cristã, não havia ainda crianças para serem batizadas. Batizavam-se mais adultos. E o rito batismal mandava que o batizando fosse mergulhado" na água, como que sepultado" com Cristo, para sair da água ressuscitando com Cristo para uma Vida Nova. Algumas denominações cristãs do Protestantismo ainda conservam esse costume, esse rito. Veremos logo mais porque se justifica o batismo de crianças.

A água é o elemento fundamental do Batismo, juntamente com o gesto de derramar a água (ou mergulhar na água), gesto acompanhado das palavras sacramentais: "Eu te batizo em nome do Pai, do Filho e do Espírito Santo!". Pergunta-se: por que a água? – Porque a água é fonte de vida. A Bíblia nos diz que a vida brotou das águas: o Espírito do Senhor pairava sobre as águas, fecundando-as (Gn 1,2). Nós "boiamos" durante nove meses no líquido, no útero de nossa mãe... A água, na vida quotidiana, é indispensável. Tudo se faz com a água: cozinhamos, lavamos, limpamos; a água produz a energia, movimenta. O povo hebreu, na travessia do deserto, o nosso nordestino, como contam com a água! "O povo hebreu, quando fugiu da escravidão do Egito, foi salvo pela passagem pela água", no Mar Vermelho... No dilúvio, a arca de Noé salvou as vidas boiando nas águas.

Assim, no Batismo, o simbolismo da água é riquíssimo: o líquido-água lembra o líquido-sangue de Cristo que nos lava do pecado; água, como fonte devida, lembra a Vida Nova da Graça, que o Batismo nos traz pela ressurreição de Cristo. Nos primeiros séculos, a pia batismal era propriamente uma pequena piscina, ao lado da igreja. Ali o bispo recebia o catecúmeno, o qual entrava na piscina até ficar coberto pela água. Ao sair, era revestido de uma túnica branca – símbolo da Vida Nova da Graça –, com a qual ficava vestido até o domingo seguinte. O Batismo era realizado no Sábado Santo, véspera da Páscoa da Ressurreição. É por isso que ainda hoje, no Sábado Santo, é consagrada a água da pia batismal, que servirá para os batizados durante o ano todo.

2. BATISMO: O RENASCIMENTO

Todos nós nascemos da "linha entortada" do pecado original. Por assim dizer, a natureza humana nasce em nós numa tal e qual inimizade com Deus. Em linguagem popular, nossas catequistas falaram-nos da "mancha" do pecado original. A reparação dessa ofensa feita a Deus pela humanidade foi realizada por Jesus Cristo. E como é que nós, pessoalmente, renascemos para essa Vida da Graça em Cristo Jesus? É através do Batismo. Pelo Batismo, Cristo, por sua morte e ressurreição, repara, paga e "apaga" em nós a "mancha" do pecado original e nos faz renascer como filhos de Deus. O Batismo sinaliza torna visível nosso novo nascimento como filhos de Deus. A água (a coisa, a matéria), a palavra ("Eu te batizo...") e o gesto (o derramar a água ou a imersão) constituem o sinal através do qual Cristo se faz presente (pela visibilidade do sinal) para nos "lavar", para fazer nossa passagem, nossa Páscoa, fazendo-nos ressurgir para a Vida Nova de Graça, fazendo-nos renascer, com ele, como filhos de Deus...

Você terá notado a dificuldade em encontrarmos as palavras adequadas para exprimir essa realidade humano-divina que acontece em nós pelo Batismo. Todas as cartas de São Paulo Apóstolo – que constituem o que nós chamamos de "teologia paulina" – estão nessa linha pascal-batismal. O Apóstolo nos fala repetidamente da passagem "da morte para a vida", passagem "do pecado para a Graça"; diz ele que caímos com Adão e nos levantamos com Cristo; pelo Batismo, nossa vida fica "cristificada"; não nos pertencemos mais, pertencemos í Cristo que nos resgatou. E assim por diante.

Claro que não é só o rito, o sinal do Batismo que nos salva e nos torna santos. Será a vida do batizado, conforme já meditamos. O Batismo renovado no dia a dia de nossa vida: a proclamação do Plano de Deus testemunhada por nossa vida, a denúncia corajosa de tudo o que se opõe a esse Projeto de Vida. O Batismo dá todo um sentido à nossa vida, dá uma direção. Agora, depende de nós seguirmos o Caminho, aceitarmos a Verdade, vivermos a Vida: Jesus...

3. VOCÊ CONHECE AS MARAVILHAS DO BATISMO?

São tantos e tão maravilhosos os efeitos do Batismo que você não tem dedos suficientes nas duas mãos para enumerá-los nem muito menos você encontra palavras para descrevê-los. Tentemos indicar algo a respeito.

1. O Batismo põe você "em dia" diante da situação do pecado original no qual todos nós nascemos. Cristo, através do Batismo, "paga" a dívida que você, como membro do gênero humano, tem com Deus, ao nascer. O *debitum peccati*, que nossos primeiros pais nos legaram, fica "liquidado" por Cristo, embora permaneçam as consequências daquela queda original: as más tendências do mal lutando contra as boas tendências que em nós também existem; lembranças positivas e negativas do Plano de Deus.

2. O Batismo faz você renascer como filho de Deus! Refaz a comunhão com Deus, coloca a semente da vida divina, faz-nos participantes da natureza divina: "divinae consortes naturae" (2Pd 1,4).

3. O Batismo faz você filho(a) de Deus, irmão(ã) de Jesus Cristo, templo do Espírito Santo. Você se torna a habitação, a moradia especial da Santíssima Trindade! "Viremos a ele(a)e nele(a) faremos nossa morada" (Jo 14,23).

4. O Batismo nos faz herdeiros de Deus e coerdeiros com Cristo. Pois é claro que os filhos herdam os bens dos pais. Deus mesmo, com sua felicidade, é nossa herança: o céu, a felicidade eterna.

5. O Batismo infunde, planta em nós as sementes das três virtudes teologais: Fé, Esperança, Caridade. Com o uso da razão e formação cristã, essas virtudes teologais irão comandar toda a vida do cristão; serão a fina flor da vida cristã e, vividas em grau heroico, serão a prova, a pedra-de-toque da santidade: será o Batismo levado às últimas consequências na vida do cristão.

6. O Batismo é a porta de todos os outros sacramentos. Ele me faz cristão(ã) para poder depois receber os outros sacramentos durante a vida. Por isso o Batismo é o mais importante de todos os sacramentos. É o sacramento fundamental, o carro-chefe dos sacramentos e da vida sacramental. E o que mais? – Veremos!

4. AS MARAVILHAS CONTINUAM... E COMPROMETEM!

Continuemos a meditar sobre os efeitos maravilhosos que o sacramento do Batismo produz.

7. O Batismo nos faz cristãos, quer dizer: de Cristo. Somos incorporados em Cristo e nós nos tornamos "outros Cristos". Aqui está nossa vocação cristã: tornarmos seguidores de Cristo – *sequela Christi*. Assimilaremos os sentimentos de Cristo, seus critérios de vida, espelharemos suas atitudes. E isso tudo, não numa simples "imitação" como numa representação teatral. Mas Cristo vai tornar-se nossa vida, para podermos dizer como São Paulo: "já não sou eu quem vivo; é Cristo que vive em mim" (Gl 2,20). Aí entenderemos, por exemplo, o sentido das Bem-aventuranças, quando Jesus nos diz que seremos felizes quando estivermos "na pior", por causa dele, pois ele passou por todas essas situações por nossa causa, por causa do Plano de Deus...

8. O Batismo nos incorpora, insere-nos, radica-nos na Igreja: faz-nos ser Igreja. O Batismo faz de nós membros vivos da Igreja, comprometidos com a Igreja. E aqui está, concretamente, o resumo de todo o compromisso batismal: ser Igreja. Não importa se tem ordens sacras ou não, se é religioso professo ou se é um cristão leigo, o cristão será sempre um comprometido com a Igreja, ele é Igreja. Por sua vida ele tem como vocação e missão "ser Igreja no coração do mundo", em primeiro lugar, sem deixar de ser também "mundo no coração da Igreja". Não uma Igreja "descansante", mas uma Igreja militante no mundo da cultura, da economia, da família, da política; enfim, em todas as realidades temporais, tentando cristianizar os ambientes e as estruturas, lutando por uma sociedade mais justa e fraterna. Eis aí o grande compromisso do Batismo...

5. PELO BATISMO VOCE É SACERDOTE, PROFETA E REI

Pelo que já meditamos sobre as consequências do Batismo em nossa vida cristã, chegamos à seguinte conclusão: o meu dever de ser apóstolo, de evangelizar os ambientes, de trabalhar para que as estruturas sejam mais justas e fraternas, tudo isso não é o vigário, nem o bispo, nem o papa que me mandam fazer. Qualquer cristão leigo tem que evangelizar e ser apóstolo pela própria estrutura do ser cristão, do ser Igreja... E isso tudo se confirma porque:

9. O Batismo faz o cristão participante da missão sacerdotal, profética e régia de Cristo, pois tornando você outro Cristo, faz você participar do sacerdócio de Cristo. O Batismo é, por assim dizer, a "ordenação sacerdotal" do cristão, não no sentido da Ordem sacra ministerial hierárquica, mas do sacerdócio comum. Qual é a função do sacerdote? – Consagrar. Pois bem, o cristão consagra toda a sua vida e as realidades temporais para Cristo; o cristão dá um sentido de Fé a esse mundo. O cristão participa da missão profética de Cristo quando anuncia o Plano de Deus e denuncia tudo o que se opõe a esse Projeto de Deus. A missão profética, o cristão a exerce através de atitudes ditadas por uma consciência cristã crítica. Consciência esta que ele procurará passar aos irmãos, ajudando a formar no povo cristão os critérios evangélicos. E a missão régia, o que seria isso? A primeira missão de quem reina, a obrigação primeira de toda a autoridade é: servir. E o Cristo deixou isso bem claro em sua Igreja: "Eu vim para servir, não para ser servido". Pois bem, o cristão participará da missão régia de Cristo no serviço ao irmão, na "diakonia". O serviço à Comunidade é característica do apostolado cristão.

E é justamente o Batismo que traz esse tríplice compromisso para o cristão: como sacerdote, consagra sua vida e o mundo para Cristo; como profeta, anuncia o Plano de Deus e denuncia o que a ele se opõe; e, como rei, serve ao irmão, à Comunidade. E não esqueça: isso tudo não é um dado conjuntural, quer dizer: não é pela conjuntura, pela circunstância de faltarem padres que você vai ser apóstolo; mas, pela sua estrutura de batizado, por você ser outro Cristo, como cristão e como Igreja.

6.

E TEM MAIS

Estamos descobrindo as grandezas do Batismo. Como já foi dito, uma simples dona de casa, como era minha querida mãezinha, Dona Amábile, um simples camponês, operário, professor ou magistrado, todo(a) cristão(ã), afinal, faça o que fizer, como filho de Deus, está anunciando, de algum modo, o Reino de Deus, através do seu serviço à Comunidade humana. Meditamos até agora as consequências mais importantes do Batismo como o mais importante e fundamental dos sacramentos. "E tem mais", sim.

10. O Batismo apaga, dá o perdão de todos os pecados. Evidentemente, não estamos aqui nos referindo ao Batismo conferido a uma criancinha, pois ela não tem pecado pessoal nenhum. Nela o Batismo tão somente paga a dívida do pecado original, que a natureza humana contraiu por meio dos nossos primeiros pais. O Batismo "apaga", por ele são perdoados os pecados daquele que é batizado quando já adulto. No início do cristianismo, era comum o batizado de adultos. Hoje, vez por outra, acontece que pessoas já adultas são batizadas. Nesse caso, a pessoa se arrepende dos pecados e, pelo Batismo, são perdoados os pecados, sem necessidade do sacramento da Penitência ou Confissão. Para absolvição de pecados posteriores, aí entra a Confissão.

11. O Batismo, bem como a Crisma e a Ordem, são ministrados uma só vez na vida. Não se repetem. Porque esses sacramentos marcam, tornam-se indeléveis, imprimem na pessoa o que nós chamamos de "caráter sacramental", isto é, uma "marca" para toda a vida... e para a eternidade. Quem é batizado, crismado, ordenado, é batizado, crismado e ordenado para todo o sempre "in aeternum"... O Batismo, a Crisma, a Ordem não se apagam mais, nunca mais. Por isso, esses sacramentos só podem ser recebidos validamente uma vez só. Os outros sacramentos poderão ser repetidos, como veremos oportunamente. Aqui, no nosso caso, agora, dizemos pois: o batizado é um "marcado" por Cristo, de Cristo, em Cristo e para Cristo, e isso para toda a vida. Como o próprio Cristo, você também é um "marcado" para uma Missão e para a Felicidade... Dá para entender?

7. POR QUE BATIZAR CRIANÇAS?

Depois de termos meditado com tanta insistência sobre os compromissos tão sérios que decorrem do Batismo, surge espontaneamente a pergunta: E por que batizar uma criança, um bebê que não sabe nada dos compromissos do Batismo? Por que não esperar a maturidade, quando então estará sabendo o que está fazendo?...

Não é difícil entender porque se batiza uma criança se colocarmos a criança no contexto adulto de uma família, de uma Comunidade. Aí a criança depende de um mundo de soluções e decisões das quais ela não toma parte, mas das quais ela tem direito. Por exemplo: a vinda da criança ao mundo não depende de uma decisão pessoal, livre, da própria criança... E quando ela nasce, depois de esperada com tanto carinho e calor humano, há umas tantas coisas às quais ela tem direito e que os pais resolvem por ela. Quem jamais teria a ideia de esperar que o bebezinho se torne adulto para escolher um nome?... A criança tem direito à vida e a tudo o que é necessário para a vida, sem necessidade de escolha. Quando é que você ouviu um nenenzinho acordar e exigir: "Hoje eu quero leite B!" Ou: "Hoje quero vestidinho azul!"... Que pais esperam a vida adulta, a idade universitária para que o filho escolha se quer ou não ser alfabetizado?... A criança tem direito à vida e a tudo o que é necessário para uma vida normal. É obrigação natural, vital, "etceteral" da família, da comunidade humana dar a vida e conservá-la e desenvolvê-la já na criança...

Ora, a filiação divina, a vida sobrenatural, numa família cristã, é um bem ao qual os filhos têm direito como direito eles têm à vida humana. Se a criança nasce na mini-Igreja que é a família, essa criança tem o direito à mesma vida que começa também quando inconsciente, ainda sem o uso da razão. Assim como a criança é educada na escola, ao chegar ao uso da razão, também nessa época os pais a despertarão para os deveres de cristão, como eles mesmos foram educados. Se a vida natural é sugada no leite materno, a vida da Graça é também leite materno da Mãe-Igreja ao qual a criança tem direito... Deu pra entender porque uma criança tem direito a ser filho(a) de Deus, a nascer como filha de Deus pelo Batismo, ao nascer para esse mundo?

8. SALVAM-SE SÓ OS BATIZADOS?

Em outras palavras: o Batismo é necessário para alguém se salvar? Resposta: sim, o Batismo é necessário para a salvação e quem não é batizado não se salva!... "O quê?"... "Peraí, sô padre"... No mundo, atualmente, há mais ou menos 5 bilhões de pessoas; e dessas, talvez nem um bilhão é batizado... E o resto, os 4 bilhões, vão "pro tacho"?... Agora sou eu que digo: "Peraí, sô"... E vamos tentar explicar isso aí...

Até agora nós tratamos do Batismo cristão, do Batismo da Revelação cristã, do Batismo-sinal, instituído por Jesus e entregue à Igreja. Mas, além desse batismo-sinal do cristão, há outro Batismo – se assim o quisermos chamar – e que é o tal "Batismo de desejo", ou melhor: "Batismo de consciência". O que é isso? – Uma pessoa, um pagão, lá no fundo da Ásia ou da África, que nunca ouviu falar de Jesus Cristo nem do nosso Deus-Javé, o Deus do Monoteísmo... essa pessoa, que nós chamamos de "pagão", duas ideias, duas realidades ela conhece: a) que há um Ser Superior, que para ele é deus: seja lá o deus corporificado no sol, na lua, no trovão, sei lá; b) esse pagão tem uma ideia do Bem e do Mal: ele tem uma consciência do bem e do mal; ele tem a censura, a consciência dessas realidades. Embora para ele o bem possa ser o que para nós é um mal e vice-versa. Todo ser humano tem essa consciência.

Pois bem: esse pagão será julgado por Deus, será "salvo" de acordo com sua consciência... que lhe dizia, em vida, o que ele deveria fazer e não fazer. E Deus respeita essa consciência... Esse é o Batismo de consciência. Dele fala São Paulo, na carta aos Romanos. E lembremo-nos de que a primeira religião que existe é a c-o-n-s-c-i-ê-n-c-i-a... Portanto, esse "pagão" que tem uma ideia de Deus e age conforme sua consciência, está "batizado" pela consciência e salva-se pelo batismo da consciência. É... não sei não, mas, talvez "Lá" iremos ver muitos desses que chamamos de "pagãos", talvez bem "mais perto de Deus" do que muitos cristãos que não souberam viver as riquezas do Batismo, as riquezas da Revelação, da Fé... Nós, cristãos, somos privilegiados pelas maravilhas da Revelação, pelas riquezas do Batismo... Como vivemos?

9. E A CRIANÇA QUE MORRE SEM O BATISMO?

Frequentemente é feita essa pergunta. Já estudamos o caso de um adulto que morre sem o Batismo, por desconhecer o cristianismo, como é o caso do pagão. Aí vimos que ele será salvo pelo "Batismo de consciência" ou "batismo de desejo". Vimos que há também o "batismo de sangue". Mas, como fica a criancinha que morre sem o Batismo? – Até certo tempo aventava-se a ideia do "limbo", um lugar de felicidade, sem sofrimentos, para onde iriam as criancinhas que morriam sem o Batismo; morriam, portanto, sem a filiação divina que a natureza humana perdera pelo pecado original... Mas essa ideia do "limbo" foi uma ideia episódica, já "caiu da moda", a teologia não a leva a sério.

E então, como fica? – É claro que essas criancinhas se salvam! Como? Sem o "Batismo da água"?... Alguns teólogos aventam a hipótese de que Deus, na hora da morte desses inocentes, mesmo com vida embrionária, mesmo como fetos, Deus lhes daria um momento de lucidez para que façam uma opção consciente...

Parece-nos que uma solução mais teológica, menos complicada e mais simples, sem precisarmos recorrer ao ato consciente do feto ou bebê nem à ideia esdrúxula de um "lugar separado", o limbo, para as criancinhas sem o Batismo da água – uma solução mais razoável seria a que aparece no capítulo seguinte para explicar a salvação dos que morreram antes da vinda de Cristo: Todos nós somos salvos em vista dos merecimentos de Jesus Cristo. Ele é o único Salvador. Deus, em sua consciência, tendo tudo presente, desde toda a eternidade, o passado, o presente e o futuro do Tempo, Deus já previu os méritos de Cristo e os aplicou, tanto no caso das criancinhas que morrem sem o Batismo da água, como no caso dos homens que viveram antes de Cristo...

Nosso pensamento humano, nossas hipóteses e teses teológicas tornam-se tão pequeninas e mesquinhas diante da bondade infinita de Deus Pai, que quer a felicidade de seus filhos, mesmo quando muitos deles, sem culpa pessoal, morreram sem ou antes de chegar à água do Batismo... Quem jamais mediu os pensamentos de Deus, os seus desígnios de Amor? As nossas hipóteses teológicas, tão limitadas, como vão medir o Coração de Deus?...

Para concluir: Deus nos salva, ordinariamente, através do Batismo; extraordinariamente, através de outros meios.

10. E QUEM VIVEU E MORREU ANTES DE CRISTO?

Esta é também uma pergunta que é feita muitas vezes. Os que morreram antes de Cristo ter instituído o Batismo, como é que ficam? Como se salvaram? Como se reintegraram no Plano de Deus? Como pagaram e apagaram "a dívida do pecado original"?...

Aqui a teologia, a doutrina da Igreja nos dá a resposta satisfatória. Sabemos que quando o Homem pecou, quando atrapalhou o Plano de Deus, quando o gênero humano contraiu a dívida do pecado original, Deus, que é Pai, prometeu a salvação. Essa salvação, essa libertação aconteceria oportunamente. Deus, em seus desígnios eternos, já previu a vinda do Salvador, do Messias. E esse Redentor não seria "nada mais, nada menos" que seu próprio Filho, que se encarnaria como Jesus, o Cristo, o Ungido para a grande missão redentora. O Filho de Deus encarnado, morto e ressuscitado nos mereceria a regeneração; faria a reparação, traria a nós a Vida Nova da Graça que o homem tinha perdido. Portanto, seriam os méritos de Cristo que nos mereceriam a salvação, não os nossos. Somente ele, como Deus e homem, morto e ressuscitado, é o Intercessor e nos mereceu a salvação.

Ora, esses méritos de Cristo valeriam para a salvação de todos os homens, desde Adão até o último vivente humano sobre a terra... Assim, pois, os homens que viveram antes de Cristo, foram salvos em vista dos "futuros" méritos de Cristo. A Teologia tem a expressão doutrinária: *ante praevisa merita Christi*, quer dizer: "em vista (previstos os) dos méritos de Cristo".

Foi, pois, em vista dos méritos de Cristo Redentor, isto é, com a antecipada aplicação desses méritos, que todos os homens se salvaram e se salvam! Mas, bem entendido: dependendo da colaboração livre de cada homem, livre para escolher, responsável pela escolha... Aqui, de novo, volta o mistério da liberdade do Homem que o próprio Deus respeita, misteriosa e divinamente: liberdade sempre divina e humanamente respeitada... Sem Deus, nada posso; mas esse Deus "nada pode", nada quer fazer, sem o consentimento de minha vontade, de minha liberdade... Está dando para entender também esse "Batismo"?...

11. E MARIA, A MÃE DE DEUS, FOI BATIZADA OU NÃO?

Sabemos que a finalidade "de raiz" do Batismo é, pelos méritos da morte e ressurreição de Cristo, saldar a "dívida" do gênero humano contraída pelo pecado original. Ora, sabemos também, como ensina a Igreja, que Maria foi preservada do pecado original. Quer dizer: na mente de Deus, Maria não entrou "na briga com Deus", não foi concebida "endividada" com Deus como nascem todos os homens depois de Adão e Eva. Todos nós nascemos daquela linha entortada pelo Homem, quando disse Não ao Plano de Deus. Maria, na mente de Deus, nasceu da linha reta da Justiça original do Plano de Deus. (Quem já leu o livro "O Plano de Deus" vai se lembrar do gráfico da linha reta da Graça e da linha entortada do Pecado...)

Nisso consiste o dogma da Imaculada Conceição de Maria: que Ela foi concebida no seio de sua mãe, Santa Ana, sem a "dívida" sem a natureza humana atingida pela queda original. Ela já nasceu na Graça de Deus, na plena amizade de Deus. E é justo que assim fosse, em se tratando daquela que deveria ser a Mãe de Deus... Imaculada...

Portanto, Maria não necessitava do Batismo. Embora possuindo todas as limitações humanas que seu próprio Filho teria, era digno e justo que ela viesse a este mundo livre e isenta de qualquer "inimizade" com Deus, de quem deveria ser geradora e mãe. Com as limitações humanas para gerar um homem, sim, mas com as prerrogativas para também gerar um Deus... Daí que, aquele corpo da mãe que formou o corpo de Jesus, não poderia passar pela corrupção do cemitério e tivesse sua ressurreição logo após a morte, como aconteceu com o corpo de seu Filho Jesus, homem e Deus...

Claro que também Maria teve todos os privilégios dignos da Mãe de Deus, inclusive a sua Conceição Imaculada, em vista dos méritos de Cristo "praevisa merita Christi", conforme já vimos em relação a todos os homens que viveram e morreram antes da vinda de Cristo, e morreram sem o Batismo-sinal da revelação cristã. Você já meditou que o nosso Batismo nos tornou também, de certa forma, imaculados diante de Deus? E como estamos conservando e vivendo essa situação?...

12. O PADRINHO E A MADRINHA

O padrinho e a madrinha no Batismo são ou representam bem mais do que simples testemunhas, como é o caso, por exemplo, com os padrinhos ou testemunhas no casamento. No Batismo, os padrinhos poderiam ser traduzidos como "paizinhos-mãezinhas", quer dizer: "pais" em diminutivo... Pois o padrinho e a madrinha contraem um parentesco espiritual com o afilhado. Assumem o compromisso de se responsabilizarem pela formação cristã do afilhado, caso os pais falhem ou não possam fazê-lo.

Daí que a escolha do padrinho e madrinha deverá ser feita com critérios cristãos, com os critérios da Fé. Padrinho e madrinha que tenham condições de assumir, se for o caso, a educação cristã do(a) afilhado(a). Pessoas que tenham Fé, que tenham vida cristã; pessoas que possam dar testemunho, ser exemplo, mais tarde, para o(a) afilhado(a). Nunca poderiam entrar como critérios de escolha motivações alheias à Fé, como o "status", a condição financeira dos padrinhos, motivos comandados por amizades e favores para com pessoas sem Fé e coisas e tais...

Dada a responsabilidade que devem ter o padrinho e a madrinha, é que a Igreja exige certa preparação, de caráter catequético-sacramental, para o Batismo. É o tal "curso de batismo" para os pais e padrinhos. É uma ocasião em que os pais e padrinhos irão conscientizar-se mais sobre a grandeza do Batismo e as responsabilidades que pesam sobre eles com relação à formação cristã, que deverão mais tarde transmitir aos filhos e afilhados.

E quanta ignorância, quanta resistência a esses cursinhos por parte de muitos pais e padrinhos, que teriam aí ocasião de uma preparação próxima para a formação espiritual e proveito próprio, renovando, com o batizado dos filhos e dos afilhados, as promessas do próprio batismo, talvez esquecido há muito tempo. Às vezes, a "burrícia" e a "estupidura" são tão grandes que alguns querem forçar o sacerdote a lhes "vender" um atestado do cursinho de batismo a troco de dinheiro ou esmola para a igreja.

Padrinho e madrinha, conscientizem-se da responsabilidade que assumem...

13. QUEM PODE BATIZAR? QUANDO BATIZAR?

O ministro ordinário do Batismo é o sacerdote, o padre, e também o diácono. Mas, em caso de necessidade, isto é, em caso de doença, quando não há tempo de levar a criança para a igreja ou não dá tempo para chamar o padre? – Aí, num caso desses, qualquer pessoa, mesmo não sendo cristã, pode e deve batizar a criança ou mesmo um adulto que ainda não estivesse batizado e quisesse ser batizado. Mas, para que o Batismo seja válido, há as seguintes condições:
a) Quem vai batizar deverá ter a intenção de fazer o que a Igreja quer fazer;
b) Tomar água natural, qualquer água natural, derramar sobre a cabeça e pronunciar as palavras sacramentais: "Eu te batizo em nome do Pai do Filho e do Espírito Santo".

E se a criança sarar e ficar boa de saúde, o que fazer? Bem, aí você poderá, se possível, levar a criança à igreja, para completar as outras cerimônias do Batismo: orações, vela, unção do óleo etc. para "solenizar" o sacramento. Mas, o principal, o essencial do sacramento do Batismo, que é derramar a água na cabeça da criança, isso não se repetirá!

Outra razão para levar tal criança à igreja: para que o Batismo seja registrado no Livro de Batismos da Paróquia. Por quê? – Porque mais tarde, quando essa criança vai receber o sacramento do Matrimônio ou então o sacramento da Ordenação Sacerdotal, aí será preciso provar que o fulaninho já foi batizado. Pois só poderá receber os outros sacramentos se já tiver recebido o Batismo, porque, como vimos, o Batismo é a porta para todos os outros sacramentos poderem "entrar" na vida do cristão.

Quando, com que idade batizar? – Bem, quanto antes a criança se tornar filho de Deus, melhor. Aliás, é um direito que a criança tem de receber as riquezas da Fé, pois nasceu numa família que é a mini-igreja e dessa Igreja a criança tem o direito de receber o que os próprios pais já têm. Não prolongue demais o prazo para batizar com a desculpa de esperar os padrinhos que moram longe e outros "motivos" desses, aliás, estranhos à Fé...

14. A VELA ACESA DO BATISMO

Você já reparou como a cerimônia do Batismo é bonita e rica de significação para a vida, para a Fé? Tanto as palavras, os diálogos e as coisas usadas, como são ricas de significado!...

A VELA, por exemplo. Enquanto a madrinha tem o (a) afilhado (a) nos braços, o padrinho segura uma vela acesa. Qual o significado da vela acesa? A chama lembra que Cristo é a luz do mundo, e que a vida do cristão deve ser uma vida de fé, com a qual também devera iluminar o mundo. A cera, que se consome, lembra que Jesus consumiu sua vida na cruz por nosso amor, assim como também a vida do cristão deve estar a serviço da comunidade, consumindo-se para o bem do irmão.

A vela do Batismo deveria ser guardada para, mais tarde, na Primeira Comunhão, estar nas mãos do(a) comungante. E poderá acontecer que, tratando-se de um rapaz que talvez, tendo vocação sacerdotal, se ordene, esta vela do Batismo e da Primeira Comunhão estará em suas mãos ungidas no dia da Ordenação sacerdotal... Ou, se menina que, tendo vocação para a vida religiosa, a mesma vela poderá estar nas mãos da moça que se consagra a Deus pelos votos religiosos. E por que não poderia estar esta vela no altar, quando os dois jurarem a fidelidade do Matrimônio? – Sim... E esta mesma vela talvez possa estar acesa, nas mãos do(a) cristão(ã) naquela hora derradeira, quando Cristo, no último gesto sacramental libertador da Unção dos Enfermos, ali estiver, para dizer: "Meu irmão, minha irmã, vivemos nos encontrando durante a vida toda pelos sacramentos, iluminados por esta vela da Fé... Partamos agora, juntos, para a grande viagem de volta à Casa do Pai..."

Não é lindo o significado da vela, principalmente da vela acesa do Batismo? Com esses pensamentos é que deveríamos acender velas durante a vida, nas diversas circunstâncias. A luz de Cristo, a luz da minha Fé... A cera, a vida de Cristo que se consumiu por mim... minha vida, consumida pelo Reino, pelo irmão...

15. E O QUE SIGNIFICA O ÓLEO, NO BATISMO?

Você já reparou que o sacerdote, no Batismo, faz duas unções com o óleo: uma, traçando uma cruz no peitinho da criança, antes da fórmula batismal da água; outra, depois da cerimônia principal da água, traçando um sinal da cruz com o óleo na cabeça do batizado.

O óleo, além de suas propriedades naturais, como alimento, tem vários simbolismos lembrados pela tradição e pela liturgia cristãs. Veremos mais tarde, quando falarmos da Crisma e da Unção dos Enfermos, outros significados, além dos que trataremos agora, referentes ao Batismo. Os óleos usados na liturgia dos sacramentos são abençoados e consagrados numa missa especial da Quinta-feira Santa que o bispo celebra, na parte da manhã.

Um dos significados ou símbolos do óleo é o da fortaleza. Antigamente os lutadores, antes de começarem a luta, eram untados com óleo, pois acreditava-se que o óleo dava destreza e força para os músculos. Ao menos tornava o lutador "escorregoso", difícil de ser agarrado pelo adversário. Dentro desse simbolismo de "preparação para as lutas" é feita a primeira unção no peito do batizando, significando que o cristão deverá lutar, na vida, para conservar a Fé. As palavras que acompanham essa unção: "O Cristo Salvador te dê sua força. Que ele penetre em tua vida, como este óleo, agora, em teu peito". É o chamado óleo dos catecúmenos – dos que se preparam para o Batismo.

Depois de batizado pela água, vem a unção com o chamado "óleo do Crisma". "Crisma" quer dizer: unção, ungir, ungido. Daí vem a palavra, o nome: "Cristo", o Ungido. Essa unção, no batizado, é feita na testa, com as palavras: "...Que Deus te consagre com o óleo santo para que, como membro de Cristo, sacerdote, profeta e rei, continues no seu povo a vida eterna".

Pelas unções do óleo, o batizado, o cristão é ungido e preparado para as lutas da vida, a fim de proclamar corajosamente a Fé, o Plano de Deus, como membro vivo da Igreja militante, à qual pertence de agora em diante. Como Cristo foi ungido para a sua missão, assim também o cristão.

16. E A VESTE BRANCA DO BATISMO?

Nos primeiros tempos do cristianismo, o Batismo era conferido no Sábado Santo, durante as lindas cerimônias daquela noite em que os cristãos passavam em oração, à espera do Domingo da Páscoa da Ressurreição. Os catecúmenos, preparados durante o ano, eram aí batizados e recebidos na Comunidade-Igreja. Os batizados, ao saírem da piscina, do "mergulho" do Batismo, vestiam uma veste branca e a conservavam a semana toda, até o próximo domingo. Por isso é que o domingo depois da Páscoa é chamado de *dominica in albis* – "o domingo com as vestes brancas". Era uma semana de comemoração do Batismo.

É por isso que hoje ainda, quando a criança é levada ao Batismo, geralmente vai toda vestidinha com vestes brancas. Não é isso mesmo? E qual é o significado, o simbolismo da veste branca? É claro que a veste branca lembra a pureza da Graça, da Fé, a pureza de vida. Simboliza principalmente, a Graça. Pois a Graça, como comunhão com a vida divina, comunhão de vida com o Pai, o Filho e o Espírito Santo, *é* chamada de Graça Habitual. É um estado, uma situação, um hábito, uma veste que fica. Aqui é Graça com "G" maiúsculo, não com "g" minúsculo, quando designamos "uma graça", um auxílio, um favor recebido – a graça atual: quer dizer, para aquele momento ou circunstância. Um auxílio assim seria "graça atual"; a vida divina, a comunhão permanente com Deus, seria a "Graça Habitual". É essa Graça que a veste do Batismo quer simbolizar. Ouça as palavras do rito batismal referentes à veste branca: "... nasceste de novo e te revestiste do Cristo; por isso trazes essa veste branca". E, ouça de novo a advertência aos pais e padrinhos: "Que teus pais e padrinhos te ajudem, por sua palavra e exemplo, A conservares a dignidade de filho de Deus até à vida eterna".

Não é linda e rica essa liturgia da veste branca? E que mensagem ela encerra, não? Lembra-nos que, afinal, o que importa mesmo é viver essa vida da Graça, como filhos de Deus e irmãos, como Igreja que deve ser o sinal onde o Reino de Deus deve estar acontecendo... acontecendo em nossa vida...

17. NÃO MAIS O SAL, A SALIVA E O SOPRO?

A liturgia, juntamente com a palavra, expressa-se com gestos. Sua finalidade última é sempre, juntamente com o louvor a Deus, traduzir a mensagem do Evangelho. A liturgia evangeliza. De modo especial, a liturgia sacramental é rica em gestos, em sinais. Como já meditamos, todo sacramento é um sinal que traduz e torna presente a grande realidade que é Cristo.

Ajustando-se aos tempos no modo de manifestar a mensagem, o Plano de Deus, a Igreja pode e deve, oportunamente, adaptar melhor os gestos e até mesmo suprimir os menos adequados. Assim aconteceu, por exemplo, no Batismo. Há três cerimônias, três gestos que hoje não são mais usados: o sal, a saliva e o sopro. Dois tornaram-se estranhos à higiene; o terceiro já tem seu significado suficientemente expresso nos demais gestos e palavras da liturgia batismal.

O sal era usado como símbolo da sabedoria. A função do sal, na nossa vida quotidiana, é conservar os alimentos e dar-lhes o sabor. Quando alguém era batizado – lembram-se? – o padre colocava uma pitadinha de sal na sua língua. E dizia: "Recebe o sal da sabedoria..." Hoje, a Igreja não prescreve mais essa cerimônia por motivos óbvios de higiene... e porque o significado da fé como o tempero número 1 da vida, já está bastante expresso na liturgia do Batismo.

Antigamente o padre batizante soprava com a boca, três vezes, na face do batizando, lembrando o sopro da vida, o sopro do Espírito Santo. Hoje, "a cerimônia do sopro" não é mais usada, também pelos mesmos motivos da supressão do sal ("o bafo do padre"...).

E a saliva? A certa altura do Batismo, o padre molhava o dedo na sua própria saliva e tocava nos ouvidos do batizando com as palavras que Cristo disse ao surdo-mudo quando o curou com cerimônia semelhante: "Efeta", o que quer dizer: "Abre-te!" É evidente o motivo razoável da supressão da cerimônia "do cuspe", como me perguntava um observador atento, quando notou a falta desse gesto "salivado"... Sal, saliva e sopro são gestos ricos de simbolismo, sim, mas perfeitamente dispensáveis pelo bom senso da Igreja.

18. O BATISMO ESTÁ NA BÍBLIA?

Está, sim. E como! No Antigo Testamento, há símbolos, alusões, pré-figurações do Batismo. No Novo Testamento, o Batismo é anunciado e promulgado pelo próprio Cristo, explicitamente.

TEXTOS BÍBLICOS SOBRE OS SACRAMENTOS: Antes de iniciarmos a indicação de textos sobre os sacramentos – e sobre cada sacramento – será necessário lembrar o seguinte, em nome da boa Exegese e Teologia Bíblica:

Falando com propriedade, não seria teológica e biblicamente exato destacar este ou aquele texto para "provar" este ou aquele sacramento. Pois, se sabemos e afirmamos que, propriamente, só existe um sacramento que é o Cristo, então a conclusão certa é que toda a Bíblia, principalmente o Novo Testamento todinho, é um texto sacramental. Pois os quatro evangelhos, os Atos dos Apóstolos e todas as cartas, até o Apocalipse, falam de Jesus Cristo, o grande e único Sacramento, o Deus feito sinal por sua encarnação.

Entretanto, há certa "condescendência" da teologia e exegese bíblica que nos permitiria destacar um ou outro texto do Novo Testamento, mais "apropriado" a este ou àquele sacramento. Aliás, há sacramentos para os quais o Novo Testamento aponta textos que não precisam ser "forçados" para serem aplicados ao sacramento, mas que, literalmente, falam dele: assim a Eucaristia, o Batismo, como veremos logo mais.

O BATISMO no Antigo Testamento: Há, como já vimos, simbolismos, pré-figurações, como por exemplo Gn 1,2, quando diz que o Espírito de Deus pairava sobre as águas, fecundando-as (a água do Batismo nos faz nascer para a Vida Nova da Graça). As águas do dilúvio "lavaneo" o mundo de suas iniquidades. Salvo pelas águas do Mar Vermelho, o Povo de Deus inicia sua Páscoa (passagem) para a Terra Prometida (Cristo, nossa Páscoa, pelo Batismo nos faz renascer). Moisés, no deserto, faz brotar a água da pedra, salvando o povo da morte pela sede (o Batismo, fonte da água da vida eterna). E assim, outras passagens bíblicas do Antigo Testamento, nas quais se pode ver figurado o Batismo. Sem falar da circuncisão, rito de consagração, de pertença ao Senhor.

19. O BATISMO NO NOVO TESTAMENTO

Logo no início do Evangelho da vida pública de Jesus encontramos o "batizador" João Batista batizando Jesus (Mt 3,13-17). Que "batismo" era esse que o próprio Jesus "recebeu"? Jesus precisava ser batizado? Ele não tinha pecado original nem pecado nenhum; Ele era o Filho Deus, era Deus. "Claro, claro que Jesus não precisava ser batizado". Em primeiro lugar, o "batismo" que João Batista realizava não era o Batismo que Jesus mais tarde iria promulgar. O batismo de João Batista não era o Batismo da Igreja que você, eu recebemos. O batismo no rio Jordão era uma cerimônia simbólica de conversão, de arrependimento dos pecados, de penitência. As pessoas que vinham ouvir o missionário João Batista e se convertiam, demonstravam seu arrependimento e propósito de mudança de vida, através da cerimônia do "batismo", do mergulho nas águas do rio Jordão, que "lavavam" a vida, a alma dos arrependidos.

E por que Jesus também quis "ser batizado" no Jordão? – Em primeiro lugar, Jesus quis dizer-nos que ele tomou sobre si toda a nossa miséria, todos os nossos pecados para lavá-los, mais tarde, com seu próprio sangue, agora simbolizado nas águas purificadoras do Jordão. Em segundo lugar, ele quis dar um exemplo de humildade, de penitência, como homem e membro do povo, que era. Em terceiro lugar, podemos deduzir que com esta cerimônia Jesus já estava pré-anunciando o Batismo que ele iria logo mais promulgar. E o próprio Deus confirma a missão de Jesus e nos dá a certeza de estarmos ouvindo a ele, Deus, quando ouvimos Jesus: "Ouvi-o! Este é meu Filho...". Manifestação clara da Santíssima Trindade – já repararam no texto? Aparecem o Pai, o Filho, o Espírito Santo.

A promulgação do Batismo está em Mt 28,19-20. Foram as últimas palavras de Jesus, despedindo-se dos apóstolos e discípulos, no dia da Ascensão, ao voltar para o Pai: "...vão e façam de todos os povos discípulos meus, BATIZANDO-OS EM NOME DO PAI, DO FILHO E DO ESPÍRITO SANTO, e ensinando-os a observar o que eu ordenei. E eu estarei sempre com vocês, até o fim do mundo." Aqui Jesus, proclamando ou instituindo solenemente o sacramento do Batismo, indicou até a forma, as palavras rituais e sacramentais. Tanta importância dá ao Batismo que, com ele, revela mais uma vez, explicitamente, o mistério da Santíssima Trindade.

20. BATISMO: UM "LEITMOTIV" NO NOVO TESTAMENTO

Tanto nos Evangelhos como principalmente nas cartas paulinas, o tema do Batismo é o fio condutor, como um "leitmotiv" da pregação dos apóstolos e da catequese das primeiras comunidades cristãs. Procure no índice analítico de uma Bíblia, na letra "B", a palavra "Batismo", e você verá a multidão de textos.

A necessidade do Batismo, por exemplo, está em Jo 3,5: "Eu lhe afirmo com toda a certeza: se a gente não nascer da água e do Espírito (Batismo), não pode entrar no Reino de Deus". Assim dizia Jesus a Nicodemos.

Que a água é a matéria necessária para o sinal-sacramento-Batismo, isso está claramente afirmado em vários lugares. Por exemplo, em At 8,36-38: "... chegaram a um lugar onde havia água e o eunuco disse a Filipe: 'Aqui temos água; que impede que eu seja batizado?' Desceram ambos à água e ele, Filipe, o batizou".

O Batismo é uma celebração, é um novo acontecimento Pascal. Isso você poderá constatar claramente em São Paulo, no texto dinâmico de Rm 6,4 e seguintes: "O Batismo nos sepultou com Cristo na morte, para que, assim como Cristo foi ressuscitado dentre os mortos, assim também nós começássemos a viver uma vida nova... Se ficamos incorporados a ele por uma morte semelhante à sua, também estaremos incorporados a ele por uma ressurreição semelhante à sua". Que texto dinâmico, belo e completo, hein? A 1ª Carta de Pedro é uma catequese do Batismo para as primeiras comunidades da Igreja.

Afiliação divina é restituída pelo Batismo: veja em Gl 3,26-27: "... vocês todos são filhos de Deus pela Fé em Cristo Jesus. Todos os que foram batizados em Cristo, se revestiram de Cristo". E, para completar essa ideia linda e fundamental da filiação divina, leia e medite todo o capítulo 8 da Carta de São Paulo aos Romanos. Em Cl 2,12, o Batismo nos ressuscita com Cristo: "Pelo Batismo vocês foram sepultados com Cristo; mas também ressuscitaram com Cristo, por causa da Fé..." Mais textos? – Procurem. Já dissemos que é só olhar no índice analítico de uma Bíblia, na letra "B" = Batismo.

E a Igreja, a Teologia, o que diz? – Já tentamos dizê-lo, nessas vinte meditações "rabiscadas" sobre o Batismo. Mas consultem o Vaticano II, Puebla, CNBB... Leiam "O Plano de Deus" e outros livros "do gênero"...

21. O BATISMO NA "VERTICAL" E NA "HORIZONTAL"

O sacramento do Batismo, o mais necessário, por ser o sacramento de base da vida cristã, a porta de todos os outros sacramentos, é um sacramento que questiona fortemente o homem, hoje. Questiona o homem em sua dimensão vertical e na dimensão horizontal, social, comunitária.

O homem, hoje, é um atormentado pela realidade: Deus! No seu íntimo, lá no fundo do coração e da inteligência, o homem sente a necessidade de Deus. E quanto mais o nega, mais ele o está afirmando. O homem está, mais do que nunca, à procura do sentido da vida. Está cansado de respostas. Ele quer a resposta.

Ora, o Batismo é o sacramento que dá essa resposta única: Você é filho de Deus. Deus criou você para, como filho, ter a mesma felicidade que o Pai, Deus. É uma felicidade que não morre com a última respiração do homem sobre a terra. O Batismo liga o homem diretamente a Deus.

Mas o Batismo dá ao homem angustiado de hoje resposta também para sua sede de justiça. O que mais está revoltando o homem, hoje, principalmente a juventude, é a injustiça instalada como sistema. As estruturas nos desconhecem como seres humanos, como irmãos, filhos do mesmo Pai, Deus; e somos tratados como coisas, como bichos. O Batismo vem lembrar nossa filiação divina, que nos compromete numa Comunidade, com a qual temos o dever de proclamar o plano de justiça de Deus e o dever de denunciar tudo aquilo que se opõe a esse plano. O Batismo nos faz cristãos, outros Cristos. Faz-nos membros vivos e responsáveis dessa Comunidade, a Igreja; Comunidade comprometida com o Projeto de Deus, com a justiça libertadora dos filhos de Deus. O Batismo é um dedo em riste, lembrando-nos durante a vida toda, em todas as circunstâncias da vida, que nós, como Igreja, assumimos a missão de proclamar, instaurar o Reino de Deus no mundo de hoje. Com a certeza da fé que alimenta nossa vida divina, na dimensão vertical, nosso compromisso cristão do Batismo é a dimensão social da justiça e da fraternidade. Estamos vivendo essas duas dimensões do Batismo?

22. SÍNTESE PANORÂMICA E CONCLUSIVA DO BATISMO

Chegando ao fim dessa vintena de meditações sobre o Batismo concluamos, lembrando alguns pontos fundamentais.

O Batismo é um dom, embora recebido por nós inconscientemente, como recebemos a própria vida e sua manutenção. Vida à qual não desejaríamos renunciar e que agradecemos a quem no-la deu e sustentou. Como a vida, o Batismo nos compromete com nós mesmos, com a Comunidade-Igreja, com o mundo, com Deus.

É maravilhosa nossa filiação divina, nossa comunhão com a vida do próprio Deus (Compromisso com Cristo e com o irmão na construção de uma sociedade justa e fraterna. Compromisso de traduzir em vida o que expressamos quotidianamente ao rezarmos o Pai-Nosso).

O gesto sacramental plantou em nós a semente que deverá ser cuidada como planta que produz frutos a serem colhidos: assim como plantamos as sementes e cuidamos do crescimento e da maturação. Sabemos que o vinhateiro, Cristo, virá um dia pedir contas, colher os frutos.

Vimos muito bem que não é o rito batismal que salva. É a vida, o testemunho do cristão. Muitos homens que, embora pertençam ao Reino de Deus, ainda não são Igreja-Povo de Deus, esperam de nossa vida o sinal da realização do Reino como Igreja, como Povo de Deus. Fomos batizados para nos tornarmos um sacramento, para sermos sinal do Reino.

O Batismo, porta de todos os outros sacramentos, lembra-nos, de raiz, que só tem sentido receber sacramentos, na medida em que Cristo tem sentido em nossa vida. Sacramentos não são "coisas" que recebemos, são encontros vitais com Cristo, são expressões de Igreja em nossa vida. Eles têm sempre um sentido comunitário, de Igreja, de fraternidade.

E, finalmente, você sabe o dia em que foi batizado? Comemore-o como um dia "diferente" dos outros 364 dias do ano. Achegue-se mais a Deus, confira sua vida com a de Cristo. Reze mais nesse dia. E viva o seu Batismo nos 365 dias de cada ano de sua vida.

1. "A" CRISMA OU "O" CRISMA?

Quando queremos indicar o sacramento, é "a" crisma: o sacramento da crisma. "O" crisma é o óleo sagrado usado para o sacramento. A palavra "Crisma" é vocábulo grego que designa também unção, ungido. Daí vem a palavra Cristo, isto é, o Ungido. O Filho de Deus foi ungido para a sua missão de Redentor, revestindo-se da natureza humana. A unção sempre tinha um significado de missão. Alguém, quando investido ou enviado para uma missão importante, era ungido. Assim, por exemplo, até os reis e imperadores, na Cristandade, eram ungidos pela Igreja para a sua missão...

A Crisma tem um nome mais compreensível e comum em nossa língua: é a Confirmação. O sacramento da Crisma ou Confirmação. Por que "Confirmação"? Porque é ó sacramento que confirma o Batismo. Se no Batismo a pessoa já recebe o Espírito Santo que a faz filha de Deus, na Confirmação o batizado recebe, dizemos, uma plenitude do Espírito Santo, uma força especial do Espírito Santo que dará ao cristão a força adulta para defender a Fé, para viver adultamente a Fé, para enfrentar as lutas da vida na vivência da Fé.

A Confirmação faz parte dos sacramentos da iniciação cristã. Esses sacramentos iniciais são: o Batismo, a Confirmação ou Crisma e a Eucaristia. Nos primeiros três séculos do Cristianismo, quando a maioria de batizados eram adultos convertidos do paganismo, os candidatos eram preparados pelo Catecumenato, um longo curso de preparação. No dia em que eram batizados, eram também confirmados (recebiam o sacramento da Crisma) e também começavam a participar plenamente da Eucaristia, da missa, fazendo a Primeira Comunhão. Batismo, Confirmação e Eucaristia eram, portanto, os sacramentos da iniciação cristã. O Batismo nos dá a filiação divina, a Eucaristia alimenta em nós essa vida divina, e, pela Crisma, o Espírito Santo nos confirma, com sua força, na vocação cristã e nos ilumina e fortalece para as lutas, para o testemunho da Fé... Era assim que os primeiros cristãos se encaminhavam para o martírio, quando presos e condenados à morte por causa da Fé cristã...

2. O SACRAMENTO "GATA BORRALHEIRA"

Desculpem a comparação do sacramento da Confirmação com a história daquela mocinha do conto de fadas: aquela pobrezinha, desconhecida no palácio do rei e que era a eleita do príncipe... Assim, mal comparando, o sacramento da Confirmação é quase que o sacramento "gata borralheira", tão desconhecido dos cristãos. Muitos vão crismar-se ou mandam os filhos à crisma, sem saber bem porque... levados pelo costume ou acionados pelo velho slogan simplificado da ignorância religiosa: "diz-ké-bão, né?" (dizem que é bom...).

Numa Igreja puramente tradicional, numa Igreja de Cristandade, numa Igreja estabelecida, a Confirmação (como até certo ponto também os outros sacramentos) funcionava como que automaticamente. Os sacramentos, o setenário sacramental "aparelhava" todo cristão. Com um mínimo de preparação, os filhos eram "levados" aos sacramentos. A Crisma, de modo especial, era passivamente recebida, na qual sobressaía "o tapinha do bispo", sem se levantar o problema, o questionamento da missão, do testemunho que ela envolvia. Pois, o martírio era uma história já passada... a sociedade já era mais ou menos salgada de catolicismo... as práticas religiosas eram mais ou menos cumpridas, as dimensões da Fé eram mais de caráter ritual, de "práticas religiosas"... a dimensão política e social da Fé "não fazia parte da religião"...

Mas, os tempos mudaram. O Concílio Vaticano II nos desperta para uma tomada de consciência teológica, litúrgica, questionando o Povo de Deus sobre o significado da Confirmação para os batizados. Principalmente com a descoberta do Cristão Leigo, ou melhor, sua redescoberta como apóstolo evangelizador insubstituível das realidades temporais, a importância do sacramento da Crisma destaca-se sobremaneira.

Daí surgem várias perguntas questionantes que tiram a Confirmação de certo anonimato; perguntas que exigem respostas e compromissos: Qual é o sentido do sacramento da Confirmação? Que acrescenta ao Batismo? Em que idade deve ser administrado? Respostas a essas e outras perguntas irão aparecer nos capítulos seguintes.

3. O SACRAMENTO DO ESPÍRITO SANTO

Sabemos que o Espírito Santo, prometido pelo Filho e enviado pelo Pai, está presente na Igreja, santificando-a principalmente através dos sacramentos. Mas, de modo especial a Crisma, ou Confirmação, é o sacramento do Espírito Santo. Em Pentecostes, o nascimento da Igreja era visivelmente confirmado pela descida do Espírito Santo, em forma de línguas de fogo, sobre os Apóstolos e Maria. Mesmo quando Jesus iniciava sua missão evangelizadora, após seu batismo no Jordão, o Espírito Santo confirmava essa missão, manifestando-se em forma de uma pomba. Várias vezes, quando os Apóstolos confirmavam o Batismo dos cristãos, manifestava-se o Espírito Santo de diversas formas.

Como veremos depois, a própria liturgia da Confirmação é toda ela um referencial e uma invocação do Espírito Santo. Podemos dizer que a Confirmação nos fundamenta, estrutura-nos, enraíza-nos sacramentalmente na devoção ao Espírito Santo. Infelizmente, muito cristão não está consciente dessa presença do Espírito Santo; presença enraizada, presença totalizante de todo o nosso ser. Toda a nossa vida cristã deveria respirar Espírito Santo, como nossos pulmões respiram o ar para viver. Torna-se confrangedora a constatação de que, para muitos cristãos, o Espírito Santo não passa de uma devoção a um "santo" representado na "pombinha" do "Divino", fincada na ponta de uma haste enfeitada de fitas coloridas e bamboleantes ao ritmo de um "cururu" corcoveado num terreiro! Devoção popular, religiosidade popular? – Muito bem, apoiado. Mas, para-se nisso ou vai-se para frente? Onde fica a devoção ao Espírito Santo da luta pelas exigências da Fé nas dimensões da Família, da Política, das estruturas sociais, dos Meios de Comunicação Social etc.? Confirmação ou Crisma é sacramento do cristão adulto, da Fé amadurecida e esclarecida, corajosa na defesa da Justiça evangélica...

O Espírito Santo da nossa Confirmação, do nosso Batismo nos leva a essa maturidade? Que sentido tem a Crisma, o Espírito Santo em nossa vida cristã?

4. DIMENSÃO COMUNITÁRIA DA CRISMA

Um sacramento nunca é uma devoção privada, pessoal, mas tem uma dimensão comunitária, de Igreja, de Comunidade. Deve ser sempre um sinal para o mundo. Desde o Batismo até a Unção dos Enfermos, todos os sacramentos têm dimensão comunitária; todos eles fazem parte, são sinal do Sacramento Universal de Salvação que é a Igreja.

De modo muito especial a Confirmação tem esse caráter comunitário, eclesial. Esse sacramento foi inaugurado em Pentecostes, com o nascimento da Igreja. Confirmados pelo Espírito Santo, os Apóstolos, até aí medrosos, egoístas, deixam o Cenáculo e vão às multidões, às comunidades, enfrentando todas as adversidades e a própria morte, por Cristo e pela Igreja.

Se pelo Batismo o cristão se faz membro vivo da Igreja, pela Confirmação o Espírito Santo o arma combatente desse Reino e o faz responsável adulto dessa Comunidade-Igreja. Confirmado, o cristão tem de ser sinal, testemunho, presença de Cristo e da Igreja no mundo. "O cristão não é crismado para pagar uma promessa" de pais e padrinhos nem para cumprir um preceito religioso tradicional. É crismado para se tornar um cristão adulto na Comunidade, um soldado de Cristo na defesa da Fé, comprometido com a Comunidade-Igreja. Daí também que se deixou de crismar criancinhas, mas espera-se uma idade mais adulta e o sacramento da Confirmação é precedido de uma preparação consciente do crismando. Aliás, a própria celebração da Confirmação tem, como a Eucaristia, uma celebração comunitária mais frequente que os outros sacramentos. (Como é difícil botar na cabeça de muita gente a beleza e o significado da dimensão comunitária dos sacramentos quando se propõem as celebrações comunitárias, por exemplo, do Batismo, do Casamento!)

Se o Pentecostes é o nascimento da Igreja como missionária, pela Confirmação, os batizados, que formam a Igreja, são investidos pelo Espírito Santo, para serem enviados ao mundo para a santificação dos homens, para a transformação cristã do universo, até que Deus seja tudo em todos...

5. A CRISMA COMPLEMENTA O BATISMO

Durante os três primeiros séculos do Cristianismo, o Batismo era celebrado pelo bispo, durante a noite pascal ou na vigília de Pentecostes. Ao sair da água do batismo, o adulto recebia a imposição das mãos, a unção com o óleo santo (o crisma) e era assinalado com o sinal da cruz na fronte.

No século IV começou o batismo de crianças. As Igrejas orientais adotaram o costume de batizar e logo em seguida crismar a criança ou o adulto. As Igrejas do rito ocidental preferiam batizar e adiar a crisma para outra oportunidade. Naqueles tempos, a Igreja não "esquentava a cabeça" em dar número aos sacramentos, em contá-los. Só no século XII é que foi aparecendo o número sete (7) para designar os sacramentos.

Assim, a Igreja primitiva administrava em conjunto o Batismo e a Crisma, principalmente tendo-se em vista que os candidatos ao Batismo, Confirmação e Primeira Comunhão já eram adultos, na maioria. Batismo e Confirmação: dois ritos diferentes para duas graças diferentes, mas complementares. As duas faces da mesma moeda.

O Batismo já dá o Espírito Santo; a Confirmação dá-o em plenitude. Após o nascimento vem o crescimento. São Paulo nos diz: "Fomos todos batizados num só Espírito" – eis o Batismo – "e todos bebemos de um só Espírito" – eis a confirmação do Batismo. O diácono Filipe evangeliza a Samaria e dá o Batismo; Pedro e João seguem-no para dar a Confirmação, impondo as mãos" (At 8,14-17).

Conclusão pastoral muito prática para todos nós, cristãos: Se o Batismo nos faz filhos de Deus e membros vivos da Igreja, comprometidos com o Reino de Deus; e a Crisma ou Confirmação do Batismo nos dá o Espírito Santo para o crescimento na Fé e nos tornarmos adultos na Fé, devemos viver adultamente essa Fé, proclamando o Plano de Deus em todas as estruturas temporais e denunciando corajosamente aquilo tudo que se opõe a esse Plano. O Batismo nos faz filhos de Deus, Igreja; e a Confirmação nos faz defensores desse Reino de Deus. Esta é a vocação do cristão no mundo de hoje; para isso ele tem o Espírito Santo do Batismo e da Confirmação!...

6. O RITO DA IMPOSIÇÃO DAS MÃOS

Geralmente o ministro ordinário da Crisma é o bispo. É o general que arma o soldado para o campo de batalha. Na falta do bispo, um sacerdote delegado por ele poderá crismar.

A cerimônia da Crisma começa com uma oração invocando o Espírito Santo e seguem-se as leituras do Antigo e do Novo Testamento (Isaías, Joel, Ezequiel, Atos dos Apóstolos, Cartas de São Paulo).

Em seguida às leituras, vem a imposição das mãos. É um gesto bíblico de bênção ou de consagração. Jesus abençoava as crianças e curava os doentes impondo-lhes as mãos. Os patriarcas impunham as mãos para abençoar. Os apóstolos curavam os doentes, ordenavam presbíteros e diáconos e invocavam o Espírito Santo sobre as Comunidades pela imposição das mãos. Na Cristandade da Idade Média, os papas consagravam e entronizavam reis e imperadores pela imposição das mãos. Hoje ainda, a ordenação sacerdotal e episcopal é feita pela imposição das mãos. É um gesto de transmissão de algo superior.

Na liturgia cristã, é gesto que significa a tomada de posse de um ser pela potência de Deus e plenitude do Espírito, a fim de investi-lo de um poder espiritual, de uma aptidão, em vista de uma missão.

E, com a imposição das mãos, a oração: "Roguemos a Deus Pai que derrame o Espírito Santo sobre estes seus filhos, já renascidos no Batismo, a fim de confirmá-los pela riqueza de seus dons e configurá-los, pela unção do Cristo, a seu Filho". Após a imposição das mãos, continua: "Ó Deus,... que pela água e pelo Espírito Santo fizestes renascer estes vossos servos, enviai-lhes o Espírito Santo; dai-lhes, Senhor, o espírito de sabedoria e inteligência, o espírito de conselho e fortaleza, o espírito de ciência e piedade e o espírito do vosso temor".

O sucessor dos Apóstolos, em nome de Jesus Cristo, pede ao Pai que envie a plenitude do Espírito Santo sobre o crismando para que ele se configure com Cristo, isto é, torne-se testemunho de Cristo por sua vida cristã.

7. O RITO DA UNÇÃO DA CRISMA

O óleo usado pela liturgia na administração do Batismo, da Crisma, da Ordenação sacerdotal e da Unção dos Enfermos é um óleo consagrado pelo bispo numa missa especial celebrada na Quinta-feira Santa.

Na Confirmação, por que o óleo? Quando falávamos dos sacramentos em geral, dissemos que sacramento é um sinal, quer dizer, uma realidade que indica outra realidade de ordem superior: a água do batismo indica a Água Viva, a vida divina da Graça; o pão, na eucaristia, indica que o Pão que está aí, após a Consagração, é o Pão da Vida, Cristo. Pois bem, mas e o óleo, por que o óleo na Crisma? É o seguinte: antigamente, quando um lutador ia para a luta, antes de entrar na arena, era besuntado, ungido com óleo, pois atribuía-se ao óleo a propriedade de enrijecer e adestrar os músculos; ou, ao menos, tornava o lutador "escorregoso" quando o adversário tentasse segurá-lo. E o que tem isso a ver com a Confirmação?

O óleo, símbolo de destreza e força para a luta, lembrava ao crismando que ele era ungido pelo Espírito Santo para as lutas da vida cristã; a Confirmação, pela unção, conferia-lhe a força do Espírito Santo, adestrando-o para as lutas na defesa e testemunho da Fé.

Nesse momento, o bispo, depois de colocar a mão no ombro do crismando, impõe a mão sobre sua cabeça e, tendo mergulhado o dedo no óleo do crisma, traça em sua fronte o sinal da cruz com o óleo, dizendo a oração essencial, a fórmula da Crisma: "N..., RECEBE, POR ESTE SINAL, O DOM DO ESPÍRITO SANTO!" E o crismando responde: Amém!

Depois de convidar a Comunidade a orar pelos crismandos, o oficiante termina a cerimônia com a oração: "Confirmai, ó Deus, o que realizastes em nós e conservai nos corações de vossos filhos os dons do Espírito Santo, para que não se envergonhem de confessar perante o mundo o Cristo crucificado e cumpram com dedicado amor seus mandamentos. Por Nosso Senhor Jesus Cristo, na unidade do Espírito Santo".

8. BOM CHEIRO OU...

O santo óleo do crisma é azeite de oliveira e nele misturam-se essências balsâmicas. O óleo fica perfumado. Por quê? Lembrem-se de novo que os sacramentos usam o simbolismo, o significado para indicar a realidade, Graça, Vida Nova, Cristo. Pois bem. Na literatura cristã, diz-se que o cristão, que a vida do cristão, deve ser "o perfume de Cristo"...

Já entenderam, não? O sacramento da Confirmação, usando o óleo, está dizendo que o cristão, como o lutador ungido pelo óleo, deve estar sempre pronto para as lutas da vida, dando testemunho de sua Fé, até mesmo com sua vida. O bálsamo que perfuma o óleo do crisma quer indicar que a vida do cristão deve ser uma vida limpa, transparente, de bom exemplo: uma vida que tenha o bom odor das virtudes, uma vida que espalhe o perfume de Cristo. O cristão deve ser alguém junto do qual qualquer pessoa possa sentir-se bem, possa respirar o perfume da Justiça, do Amor, da Bondade, da Confiança e de todas as virtudes. Deu para entender?

A estas alturas, não sei se você talvez teve o mesmo "mau pensamento" que eu... Mas, perdoem-me a indiscrição, sem o jeito e a sem-cerimônia de dizê-lo, mas... Estou pensando que, às vezes, muito cristão, por aí, em vez de estar perfumando o mundo com o bom odor de Cristo, está exalando mau cheiro... Em vez de odor, há muito fedor! Mau cheiro de contratestemunho de cristão que não vive seu Batismo... Mau cheiro de muito cristão que não vive o sacramento da Confirmação, acovardando-se, ficando em cima do muro, "nem sim nem não, muito pelo contrário", à margem da Caminhada da Igreja-Brasil-Hoje. Muito cristão que, em Movimentos de Igreja, fala "divinamente", faz lindas palestras, mas a vida não "bate" com o que diz...

Puxa!... O óleo perfumado do crisma mexe com a gente, não? Oxalá esta meditação faça com que você, eu e nós todos nos decidamos a diminuir o "mau cheiro" anticristão que anda espalhado por aí e nos resolvamos a ser melhor odor de Cristo em nossos ambientes, em nossa sociedade, em nossas famílias e paróquias...

9. E O TAPINHA DO BISPO?

Lembro-me de quando era molecote e me preparava para a Crisma. "A curiosidade maior era a espera do tal tapa do bispo." Ouvia-se falar muito até de um pé d'ouvido que o bispo daria na gente. Infelizmente, "coisas e tais" constituíam muitas vezes a expectativa na realização dos sacramentos e quase nada se ficava sabendo do real significado de cada sacramento. A prática sacramental obrigava mais do que a vida sacramental.

Mas, e o "tapinha do bispo"? – Até pouco tempo ainda, logo após a imposição das mãos, o bispo dava um tapinha no rosto do confirmando; não um tapa propriamente dito, mas como um desses tapinhas que a gente dá nas costas do amigo, animando-o a seguir em frente, a ter coragem.

Esse gesto tinha um significado interessante pela sua origem. Em tempos de antanho, como se vê frequentemente nos filmes de cinema, os guerreiros, os cavaleiros eram treinados, com vários exercícios práticos, para as batalhas, para as lutas, para a guerra. Havia um instrutor que adestrava o soldado para a luta corporal com ou sem armas, geralmente vestido com a couraça. Dizem que no dia em que terminava o longo treino, o soldado, todo encouraçado e armado, recebia do instrutor a última "lição".

O instrutor, em dado momento, de surpresa, dava um violento safanão no soldado ou enfiava-lhe a lança no meio das pernas, à altura dos joelhos e dava-lhe um golpe. Se o soldado soubesse defender-se e não caísse no chão, era aprovado. Era como se o instrutor lhe dissesse: "Vai e aprende a lutar, a defender-te contra todos os ataques do inimigo!"

Assim também, o tapinha do bispo significaria aquele safanão do instrutor. O bispo, general, diz ao crismando, soldado: "Toma lá... vai pela vida, armado com as forças do Espírito Santo, defender a tua Fé que recebeste no Batismo... Não sejas covarde, mas valente cristão!" Aqui só não acontece o safanão pé d'ouvido, é claro... Mas, o significado é muito oportuno, não?...

10. CATÓLICO OU "CAÓTICO"?

Dizem que no Brasil – mas não é só no Brasil, não! – muitos católicos adotam um cristianismo original. Em vez de: católico-apostólico-romano, passa a ser: caótico-apostático-romântico... E bote isso tanto no masculino como no feminino!

Comecemos pelo "católico-caótico". A palavra católico "é um adjetivo da língua grega que, no masculino, feminino e gênero neutro corresponde respectivamente a: katolikós, katoliká, katolikón. O significado de católico é: universal. Quer indicar que o cristianismo deve ser universal, abranger todos os povos de toda a terra e de todos os tempos. O Evangelho é universal, é para todos. No caso, o substantivo é: cristão; católico é adjetivo, que poderia ser substituído por universal"; mas, ficaria um tanto pernóstico dizer: sou cristão universal"... E por isso, ficamos com o adjetivo "católico" mesmo, querendo dizer "universal". Entendido?

Pois bem. Mas, em nossa querida Pátria e alhures, o cristão em vez de "ser católico", isto é, aceitar todo o Evangelho, a Igreja-Hoje, o tal cristão- "caótico" faz uma misturança de tudo e faz uma religião das suas conveniências, catando aqui e ali meias verdades e... bota tudo no "liquidificador" do seu egoísmo e da sua ignorância, aperta o botão das suas conveniências, e... dá aquela mistura caótica de católico-umbandista-cientificista-espiritualista-isotérico-maçonista e... diabo-a-quatro. E depois se mete a discutir religião sem entender bulhufas.

A Fé desse cristão caótico fica na periferia. E, no fundo mesmo, ele não quer é se comprometer com as dimensões da Fé: a dimensão pessoal da consciência limpa, a dimensão social da Justiça, a dimensão Política do compromisso com a ética do bem-comum e por aí afora. O cristão caótico cria um caos entre Fé e Vida, entre Fé e as realidades-temporais em que ele deve atuar. O "caótico" cria uma religião liberaloide, à imagem e semelhança de suas ideias e gostos. Assim é fácil, não?...

11. APOSTÓLICO OU "APOSTÁTICO"?

Outro tipo de católico original, mas muito comum, é o que afirma, nos recenseamentos, ser católico-apostólico, mas, em vez de "apostólico", ele é "apostático". Sem querer fazer muita apologética nem muita discussão sobre o assunto, é fácil verificar qual é a verdadeira religião cristã (universal = católica), a que vem desde os tempos dos apóstolos, do tempo de Cristo, portanto. É só ver nos Evangelhos como Jesus quis sua Igreja como sinal do Reino. E logo constataremos que Jesus quis, nessa Igreja, uma autoridade que fosse a pedra fundamental, garantia da unidade. E sabemos que ele colocou Pedro como a primeira autoridade, que depois vai tomando o nome de papa (pai). Está clara, nos Evangelhos, a indicação do Apóstolo Pedro como o primeiro chefe. E como essa Igreja deveria perdurar e continuar através dos séculos, vemos, na história da Igreja, que vieram Lino, Cleto, Clemente... até o nosso atual Papa Francisco. Então esta será, claro, a Igreja Apostólica, a Igreja que o Cristo quis... apesar de todas as misérias acontecidas com a necessidade de contínuas reformas na parte humana da Igreja.

Pois bem. O nosso católico "apostático", em vez de ficar com essa Igreja, ele vai "apostando", como o "caótico", num sincretismo religioso, numa mistura de religiões ou fantasias religiosas, superstições e "etceterões" que não podem caber num "mesmo saco", numa mesma vida...

Assim, de manhã, o "apostático" aposta na missa. Ao meio dia, aposta no horóscopo (alguns jornalistas-horoscopistas disseram-me como fazem quando "falta assunto": pegam horóscopos de uns anos atrás e recopiam com algumas mudanças e publicam o "horóscopo do dia"...). E à noite, em que "aposta" o nosso "apostático"? No terreiro, saracoteando na macumba e quejando...

E assim vai ele, pela vida, "apostando", até que acaba é apostatando mesmo, sem eira nem beira, sem convicção cristã nenhuma, sem compromisso com a Fé. Uma religião na base da emoção, da fantasia, sem firmeza histórica, sem firmeza evangélica, sem firmeza da Fé. Apostando no que lhe convém no momento... Nem cristão, nem católico, nem apostólico, mas: "apostático"...

12. ROMANO OU "ROMÂNTICO"?

Vimos os dois tipos de cristãos batizados e crismados com os quais o Espírito Santo da Crisma não terá chance nenhuma de contar para o testemunho da Fé. São os católicos "caóticos" e os "apostáticos".

Mas há um 3º espécimen, muito caracterizado e muito comum entre eles e entre elas... É o chamado cristão-católico "romântico": "ái Jésúis"! E como os há, por aí afora... Dizemos "romântico" em oposição a romano; isto é, sem a adesão incondicional à Igreja de Jesus Cristo, desde os inícios sediada em Roma. "Romano" só porque, desde Pedro, os 266 papas sediaram-se em Roma.

"Romântico" é o católico superficial, que tem as emoções como termômetro da Fé, o que se apega às periferias da religião, sem convicções profundas, e que age ao sabor do "gosto, não gosto". Neles e nelas não é a firmeza da Fé, a constância da Esperança nem a fidelidade do Amor que orientam a vida, mas sim, os "gostinhos" e preferências da ocasião, da "moda".

"Romântico" é o católico que não perde a procissão do Senhor Morto e faz questão fechada de depositar seu ósculo no esquife do Senhor Morto... Mas foge, na vida do dia a dia, de "beijar" o Senhor vivo do Evangelho, o Cristo da justiça, do amor ao irmão, do perdão. É fácil beijar um "Senhor Morto" de madeira, de pedra, de gesso: quero ver é você beijar o Cristo do Evangelho, quando exige tomadas de posição na caminhada da Igreja, na justiça etc.

Católica "romântica" é aquela que me dizia: "Ah! padre, o dia da 1ª comunhão de minha filha, quero que fique "indelééévvelll"... na minha vida..." Mas, ela mesma nem "limpou a cocheira" dos pecados para poder comungar com a filhinha... "Romântico" é o cristão que lê o Evangelho, concordando com umas coisas que Jesus disse e não concordando com outras que o mesmo Jesus disse... "Eu acho... eu não acho..." como se cristianismo fosse "achismo"... E, por aí afora, meus amigos, quantos cristãos e cristãs romântico(a)s", não? E onde fica o Batismo dessa gente, onde fica a Crisma com o Espírito Santo exigindo uma vida coerente com o Evangelho, com a Igreja e não com os caprichos de cada um?

13. A CRISMA E OS MÁRTIRES CRISTÃOS

O sacramento da Crisma ou Confirmação dá ao cristão a plenitude do Espírito Santo para ele ter a força e a coragem de viver sua Fé e morrer pela Fé. A gente constata isso, à evidência, logo no início da Igreja, com os próprios Doze Apóstolos. Quando lemos no Evangelho o dia a dia de Jesus com eles, ficamos admirados como é que Jesus foi escolher aqueles "caras" tão ignorantes, medrosos e até mesmo egoístas, como várias vezes se depreende dos Evangelhos. Um grupo de medrosos que, na hora "H", largam o Mestre sozinho e dão o fora, comandados pela covardia do chefão, o Pedro. Mesmo após a ressurreição, quanto medo, quanta incerteza, quanta dúvida!

Pentecostes: que transformação maravilhosa! Confirmados pelo Espírito Santo, os Doze enfrentam as multidões, desafiam os perseguidores, impõem-se às autoridades pagãs e judaicas, pregam corajosamente Cristo e o Evangelho, contrariando todos os princípios e filosofias da época. É a força do Espírito Santo, que transforma as trevas em luz, a fraqueza em fortaleza, a covardia em coragem. E, um após outro, os Apóstolos vão dando sua vida por Cristo, pelo Evangelho, pela Igreja, pela Fé! É Pedro, o querido "Pedrão", crucificado de cabeça para baixo; é Bartolomeu, esfolado vivo; é Tiago, o corpo espatifado; é João, emergindo da caldeira de óleo fervente; é Paulo, com a cabeça cortada...

E os outros mártires cristãos? Conhecemos-lhes a história. Nos primeiros três séculos a Igreja foi a Igreja dos Mártires. A Igreja das catacumbas. A Igreja dos cristãos moídos pelas feras, crucificados, queimados vivos. Comunidades, famílias inteiras levadas ao martírio! Coragem humana, força humana? – Não, impossível, humanamente falando. É o Espírito Santo de Pentecostes, da Crisma, da Confirmação... E, assim, através dos séculos, nos campos de concentração (lembrem-se de São Maximiliano Kolbe, que no campo de concentração nazista se ofereceu para morrer no lugar daquele pai de família condenado?).

E quanto heroísmo escondido, por aí, com mães de família, pais, jovens, doentes, injustiçados – cristãos testemunhando a presença de Cristo em suas vidas... Força admirável do Espírito Santo da nossa Confirmação. E conosco, como é?

14. A CRISMA-CONFIRMAÇÃO ESTÁ NA BÍBLIA?

Sim, e como! Sem falar especificamente no sacramento da Confirmação, você encontra o Espírito Santo, como o fio-de-meada agindo na história do Povo de Deus, desde a criação do mundo. De modo muito especial, o Espírito Santo se faz presente na vida e na missão dos profetas, nos momentos mais difíceis e decisivos da história de Israel.

No Novo Testamento, já nos Evangelhos, inúmeras vezes Jesus Cristo promete o Espírito Santo: Mc 13,11 e Lc 12,12: "...naquela hora, não são vocês que falarão, mas o Espírito Santo"; Jo 7,39: "Disse isto, Jesus, referindo-se ao Espírito Santo que haviam de receber..."

Mas a parte da Bíblia, do Novo Testamento, na qual o sacramento da Crisma ou Confirmação encontra as mais claras afirmações é o livro dos Atos dos Apóstolos. Aí se descreve a vida das primeiras comunidades apostólicas, organizadas pelos próprios Apóstolos. Nos 28 capítulos dos Atos dos Apóstolos encontram-se numerosíssimos textos a respeito da Confirmação. At 1,8 descreve a Ascensão de Jesus e suas últimas palavras: "Vocês vão receber a força do Espírito Santo, que descerá sobre vocês para serem minhas testemunhas...". Em 2,1-13 os Atos descrevem o acontecimento de Pentecostes, a vinda do Espírito Santo sobre os Apóstolos reunidos no Cenáculo com a Mãe de Jesus, Maria. Daí por diante, a cada passo são descritas várias manifestações do Espírito Santo pela imposição das mãos dos Apóstolos: At 8,18: "...o Espírito Santo era dado pela imposição das mãos dos Apóstolos". Em At 19,6: "...e quando Paulo lhes impôs as mãos, o Espírito Santo veio sobre eles..." Essa cena é descrita logo após o Batismo que o Apóstolo Paulo administrara a um grupo de pessoas, em Éfeso.

Nas passagens e textos acima indicados nota-se como a imposição das mãos (a Confirmação) era feita logo após o Batismo. Desde o começo, pois, a Crisma era tida como a confirmação do Batismo. Pelo Batismo, nascidos para a Vida Nova da Graça, os cristãos deviam crescer, com o Espírito Santo, para a vivência adulta da Fé.

15. CRISMA – SACRAMENTO ATUALÍSSIMO!

Se há um sacramento que deve despertar a atenção de modo especial, hoje, é o sacramento da Crisma ou Confirmação. E isso por diversos motivos:

1. Hoje, mais do que nunca, exige-se do cristão que tenha e viva uma vida de Fé. Não basta, como em outros tempos, contentar-se com uma prática religiosa sacramental: receber os sacramentos, cumprir os ritos religiosos, viver uma vida espiritual mais ou menos pessoal, intimista, vertical, ser "bonzinho"... Hoje não se pode dissociar a religião, a Fé, da vida. Fé e vida não se separam. A Fé tem de ser vivida na política, na sociedade, no emprego, na família, em todas as estruturas. E, para isso, o cristão tem necessidade de viver o seu Batismo, tem que ter atitudes que confirmem a sua Fé em todas as situações da vida, o que não consegue sem a força do Espírito Santo, recebida de modo especial na Confirmação.

1. Depois do Concílio Vaticano II, depois do que nos diz a Igreja da América Latina, depois do despertar dos leigos, inclusive no último Sínodo, o cristão leigo ou o fiel leigo não pode mais ficar de braços cruzados na caminhada de uma Igreja-Brasil-Hoje. Vocação e missão do cristão leigo não é fugir para a sacristia, contentar-se com as práticas religiosas no templo. Sua missão é estar evangelizando as estruturas, os ambientes temporais, com sua presença-testemunho de batizado e confirmado. Mais do que nunca, ele necessita da força do Espírito Santo.

2. Os jovens, hoje, mais do que nunca, precisam das luzes e da fortaleza do Espírito Santo para o amadurecimento cristão, para as tomadas de posição numa sociedade onde há tanta falta de critérios cristãos, tanta falta de uma consciência cristã crítica. Nossa mocidade, mais do que nunca, necessita da presença do Espírito Santo para realizar o ideal de justiça, de fraternidade, de amor, valores que tanto empolgam nossos jovens. Mais ai! Quantos deles estão envolvidos por tantos desvalores do nosso tempo! Como a Crisma deverá ser um atrativo forte para o jovem cristão!

16. A VOZ PROFÉTICA DA CRISMA

De tudo o que meditamos sobre o sacramento da Crisma, salta aos olhos que este sacramento também tem duas maravilhosas e comprometedoras dimensões:

A dimensão vertical da Crisma é o Espírito Santo. A presença real, maravilhosa e consoladora da Terceira Pessoa da Santíssima Trindade em nós, em nossa vida. Presença, aliás, tão lamentavelmente esquecida por muitos cristãos de nossos dias.

Recebido no Batismo e confirmada sua Presença na Crisma, o Espírito Santo está sempre conosco, no fundo do coração, em nossa consciência, inspirando-nos para o bem, advertindo-nos do mal. O mesmo Espírito Santo, presente na Igreja, santificando-a, convidando-nos continuamente a ser Igreja, a caminhar com essa Igreja libertadora...

E aqui, a outra dimensão do sacramento da Crisma: a missão profética da Crisma. Oportuníssima a missão profética, hoje, na Igreja! Na confirmação do Batismo, o cristão recebe de modo especial o Espírito Santo para poder clamar, como João Batista, no deserto do mundo de hoje, onde se perde de vista a justiça. Como o mundo, a América Latina e, de modo especial, o Brasil, como precisam dos João-Batistas, corajosos, cheios da ira santa, da indignação ética de um Elias, de um Amós dos templos bíblicos!...

Quanta covardia de cristãos batizados, filhos de Deus e membros vivos da Igreja, confirmados pelo Espírito Santo! Quanta covardia de cristãos fajutos, encolhidos, medrosos diante das injustiças das estruturas pecaminosas onde irmãos deixam irmãos morrerem de fome! Onde estão, nos nossos Congressos Parlamentares, na América Latina, os confirmados do Espírito Santo para exigirem a feitura e a promulgação e o cumprimento de leis justas, que respeitem as exigências evangélicas em favor da justiça e da fraternidade, da dignidade humana, do respeito ao irmão? Quantos "afogamentos" do Espírito Santo no coração de cristãos acovardados em cumprir com a missão profética que a Crisma lhes deu!

17. O SACRAMENTO DA NOVA EVANGELIZAÇÃO

Fala-se muito atualmente em "nova evangelização". Evangelizar o mundo moderno é uma tarefa difícil, assustadora mesmo, e que, sem o Espírito Santo, será impossível. É necessário um profundo dom de discernimento. Há um mundo de valores que devem ser colocados e recolocados em seus devidos lugares. Há muitas dimensões da própria Fé que devem ser consideradas. Haja vista a modernidade (a cultura moderna em que estamos), os resquícios reais da cultura não moderna ou popular; o processo insubstituível da inculturação; a realidade da teologia da libertação na América Latina.

Em meio a essas realidades todas, as realidades das inversões dos valores: constatamos que o mundo trocou uma porção de prateleiras, botou valores nas prateleiras erradas. Valores de fundo, de núcleo, são trocados facilmente por valores periféricos de "amizades coloridas"; infância e juventude "xuxadas" para "levarem vantagem em tudo". Valores e princípios éticos agredidos, explícita e frontalmente uns, implícita e subliminarmente outros...

Bem, diante de tudo isso e de outras realidades mais, a religião, o Cristianismo, hoje, não pode limitar-se a práticas religiosas e rituais. A Fé tem que ser inculturada nessas realidades todas. O cristão tem de ser continuamente movido pelo Espírito Santo da sua Crisma, iluminado e fortificado nessa tremenda luta.

Os Movimentos de Igreja, por exemplo, já não poderão contentar-se com suas práticas intimistas de espiritualidade vertical e pessoal. Os grupos, as comunidades desses Movimentos não podem continuar dando-se as mãos, fechar o círculo e abaixar a cabeça piedosamente para o centro, espiando o umbigo... Terão de dar-se as mãos, sim, mas olhar para fora, enfrentar o mundo, ser sinal do Reino. Pois é para isso que Cristo quis sua Igreja: para ser sinal da realização do Reino...

Daí que, mais do que nunca, hoje, o sacramento da Confirmação deve "funcionar", isto é, ele deve questionar-nos, reconscientizar-nos e comprometer-nos com essa "nova Evangelização"...

18. E MARIA, FOI CRISMADA?

E como! Pessoa nenhuma no mundo foi tão bem "crismada" como Maria, a Mãe de Jesus. Leia-se em Lc 1,35: "O Espírito Santo descerá sobre ti, e a força do Altíssimo te cobrirá com sua sombra". E com a presença do Espírito, nesse mesmo instante ela "concebeu do Espírito Santo". O Verbo de Deus, Segunda Pessoa da Santíssima Trindade, com a presença do Espírito Santo e com o "Sim!" de Maria, começa a ser gente como nós, no seio de Maria.

Já vimos que o sacramento da Crisma é a confirmação do Batismo por uma presença especial do Espírito Santo em nossa vida de cristãos. Presença que é força e coragem para sermos cristãos adultos. Crisma é presença do Espírito Santo em nossa vida para, profeticamente, proclamarmos o Plano de Deus por palavras e testemunho de vida e pela denúncia corajosa de tudo o que se opõe a esse Plano.

Como é admirável essa presença profética do Espírito Santo na vida de Maria! Confiada nessa presença do Espírito Santo, que passa a ser seu Esposo na Encarnação do Verbo, Maria dá corajosamente seu "Sim!" à proposta que Deus lhe faz, mesmo sem ela entender do Mistério da Encarnação. Que vigor tem a voz profética de Maria, ao proclamar, com seu "Magnificat", a dimensão ao mesmo tempo vertical e social da vocação cristã! Já meditamos, de fato, nessa proclamação profética de Maria, quando ela clama por justiça, quando ameaça "os homens de coração orgulhoso", "os poderosos em seus assentos", "os bolsos recheados dos ricos"? Quando ela se lembra dos "humildes, dos famintos" como filhos de Deus, com os mesmos direitos humanos? Que voz profética, a da Esposa do Espírito Santo, para os nossos tempos tão surdos a esses apelos!

A vida toda de Maria, com seu silêncio tão eloquente, mais de trinta anos preparando a Hóstia viva do Calvário... Que Mulher admirável, que "Crisma" extraordinária recebeu Ela! E vamos encontrá-la, no Calvário, aos pés do Filho agonizante: a agonia mais terrível que homem algum jamais sofreu! A hora sagrada da agonia foi, para Jesus e para Maria, a hora mais injuriada... Que força do Espírito Santo, naquela Mulher! Ela foi, realmente, a expressão máxima, o maior testemunho da ação do Espírito Santo.

1. EUCARISTIA – SACRAMENTO DA INICIAÇÃO CRISTÃ

Como já vimos, nos primeiros séculos do Cristianismo, os cristãos, convertidos do paganismo, após longo catecumenato catequético, recebiam de uma vez só, no mesmo dia, os três sacramentos da iniciação cristã: o Batismo, que os fazia membros da Igreja como filhos de Deus; a Crisma, que os confirmava no Batismo dando-lhes em plenitude o Espírito Santo para viverem adultamente a Fé; e recebiam também a Eucaristia, pela primeira vez, o alimento da vida divina da Graça e da Fé. Era a Primeira Comunhão.

A Eucaristia, portanto, fazia parte da iniciação cristã. Daí por diante o cristão participava do Pão e do Vinho, do Corpo e do Sangue de Cristo em todas as assembleias dominicais. Não se concebia um cristão que não vivesse da Eucaristia, da Comunhão sacramental. Tanto que a Eucaristia era levada aos que não podiam comparecer à assembleia dominical, onde quer que estivessem. O diácono ou o chefe da família levava-lhes a Eucaristia.

Nos três primeiros séculos, não era o domingo o dia de descanso semanal. Isso só entrou a vigorar do século IV em diante. Nos primeiros trezentos anos da Igreja, a Eucaristia era celebrada à noite, após o trabalho do dia. E, no tempo das perseguições, as assembleias eucarísticas cristãs eram celebradas às escondidas, nas catacumbas.

Naqueles tempos, como os nossos irmãos deveriam sentir a necessidade da força e presença do Espírito Santo e a necessidade da Comunhão, da Eucaristia, para alimentar a Fé! Pois, a cada momento, o cristão poderia ser preso pelos imperadores pagãos e obrigado a renunciar à Fé ou a dar a vida pela Fé cristã.

Também hoje, num mundo que se torna cada vez mais alheio e hostil aos princípios da Fé, há situações nas quais é difícil viver como cristão. Não deveríamos, então, também nós, sentir a necessidade da comunhão semanal, da presença da Eucaristia em nossa vida? O Cristo que quer ser nossa força hoje, é o mesmo Cristo dos mártires dos primeiros séculos do cristianismo!

2. EUCARISTIA NOMES... DATAS...

Eucaristia é uma palavra grega: "eu" = bem, bom, boa; "xaris" = graça: boa graça, boa notícia, dar graças. No nosso caso, no sacramento, quer dizer: dar graças, agradecer. E não deixa de ser o sacramento da boa Graça, da Boa Nova.

A Eucaristia está intimamente ligada à Páscoa: histórica, teológica e biblicamente. "Páscoa" é palavra greco-latina, com raiz no hebraico-aramaico. Páscoa quer dizer passagem. Para os judeus era a passagem da escravidão, no Egito, para a Terra Prometida, na Palestina. Tem, portanto, o sentido de libertação: passagem da escravidão para a libertação.

Já conhecemos o fato, que foi todo revestido de uma liturgia especial: os hebreus, na véspera da saída do Egito, de pé, rins cingidos para a viagem, bordão à mão, comeram o cordeiro novo, de um ano, assado, com ervas amargas, pão ázimo (sem ter fermentado), com vinho e água. O sangue desse cordeiro assinalava a casa onde havia hebreus preparando-se para a Passagem (Pascha), sinal de sangue esse que impedia a ação exterminadora do anjo de Deus. Após a refeição, saíram do Egito e caminharam, caminharam até chegar à Palestina.

Pois bem. Como todo o Antigo Testamento é prefigura do Novo Testamento, o cordeiro pascal simbolizava o verdadeiro Cordeiro que morreria para libertar o Homem do pecado. Um Cordeiro que se tornaria Alimento.

Ora, os judeus celebravam todos os anos essa festa da libertação – era o "7 de setembro" deles. E Jesus, na noite em que celebrava essa Pascha dos judeus, durante a cerimônia, instituiu o sacramento da Eucaristia. Jesus antecedeu de um dia a celebração. Seria na sexta-feira, véspera da Pascha judaica. O dia para os judeus começava às 18 horas da tarde. Na quinta-feira, após as 18 horas, à noite, Jesus, celebra, realiza a verdadeira Páscoa. No dia seguinte ele seria o Cordeiro a ser sacrificado. Na véspera, então, ele antecipa a Páscoa, institui o sacramento que iria, daí em diante, reatualizar, sacramentalmente, realmente, o sacrifício da cruz: ele se imola sob as aparências do pão e do vinho. Mas como é isso?

– Acompanhe os próximos capítulos.

3. O "REI" DOS SACRAMENTOS

Todos os sacramentos, como já vimos, foram instituídos como encontros de Jesus Cristo conosco, comunicando-nos sempre mais a vida da Graça e comunicando-nos o Espírito Santo, fazendo valer em nós a graça sacramental. Graça sacramental é a graça, o auxílio específico, próprio de cada sacramento: graça adequada para agir naquelas circunstâncias da vida na qual recebemos o sacramento. Por exemplo: na Crisma, a força especial para vivermos e defendermos a Fé; no Matrimônio, auxílio especial para o estado de casados, para a vida cristã do casal; a Unção dos Enfermos dá a tranquilidade espiritual na agonia; e, assim, cada sacramento.

Pois bem: nessas ocasiões, Jesus Cristo tem o encontro sacramental conosco através dos sinais sensíveis: a palavra, o gesto, a água que dá vida, o óleo que unge etc. E, de modo especial, Jesus Cristo se faz presente através do ministro do sacramento, que o representa, pois ele não pode estar presente com sua forma humana. Nos sacramentos, portanto, Cristo se encontra conosco, está presente, tornando-se visível através do ministro e dos sinais.

Mas, na Eucaristia, a presença de Jesus não acontece só através de sinais e do ministro. Ele está presente de modo diferente: tem uma "presença real", pessoal, substancial, em Corpo e Sangue, Alma e Divindade. Na Eucaristia, a substância do pão, isto é, aquilo que faz o pão ser pão, não está mais ali, pois é convertida no corpo glorioso de Jesus Cristo. O mesmo se dá com o vinho. O Concílio já declarou: na Eucaristia, Jesus Cristo está presente "verdadeiramente, realmente, substancialmente". Portanto, o pão e o vinho, isto é, as substâncias do pão e do vinho convertem-se na substância, na realidade do corpo e do sangue de Cristo. Só permanecem, do pão e do vinho, os elementos físico-químicos, isto é, o que chamamos de "aparências", o que é sensível, visível, as "espécies", ou seja: tamanho, cor, cheiro e sabor.

4. JESUS "CAPRICHOU" NO MAIOR DOS SACRAMENTOS

Vimos a diferença entre a Eucaristia e os outros sacramentos. Nos outros sacramentos dá-se um encontro com Jesus Cristo mediante uma palavra onipotente, um gesto divinizante. É Cristo que batiza, confirma, absolve, une, ordena, pelo ministério da Igreja. Mas ele não está pessoalmente na água, no óleo etc.; apenas se serve da água, do óleo...

Mas na Eucaristia, Cristo está presente real, pessoal e corporalmente e não apenas por sua influência espiritual. "Isto é o meu corpo". Segundo os entendidos em grego, o verbo "é" em grego – *estín* – não é simplesmente um verbo qualificativo como se dissesse: "é branco, é bom"... Mas é um verbo "efetivo", quer dizer, que efetua, "produz". É como se dissesse: Meu Corpo é agora "produzido", torna-se presente, é realizado".

Portanto, fique bem claro: a presença de Jesus na hóstia consagrada, na Eucaristia, não é um símbolo, uma representação, como a bandeira simboliza e representa a Pátria. É presença real de Jesus Cristo!

Realmente, Jesus "caprichou", como só ele podia fazer, para demonstrar seu amor aos Homens. Não contente em se ter tornado gente como nós, vai tornar-se Pão e Vinho para poder continuar conosco. E, mais ainda, para poder identificar-se conosco, como o alimento se identifica, transforma-se, transubstancia-se em nós. Quem poderia, jamais, pensar num gesto desses ou fazer tal pedido? Que alguém – e que "seguem"! – se transforme em alimento para uma perfeita identificação substancial de dois em um só, à moda de assimilação celular-sanguínea.

Jesus Cristo, prevendo a dificuldade de os homens entenderem e aceitarem isso, já foi preparando o ambiente e os discípulos um ano antes da instituição da Eucaristia. E, na noite da quinta-feira santa, ao instituir a Eucaristia, celebrando a Páscoa judaica, Jesus exclama, como um prefácio da realização da Eucaristia: "Desejei ardentemente comer esta Páscoa com vocês". Como se dissesse: "Eu não via a hora de chegar este momento para realizar a verdadeira Páscoa com vocês, instituindo a Eucaristia"...

5. EUCARISTIA – PÁSCOA

Teológica, bíblica e liturgicamente, a Eucaristia é uma celebração pascal. Não só porque historicamente ela foi celebrada no dia da Páscoa, comemorando a libertação do povo hebreu. Não é uma coincidência histórica. Há um significado, uma realidade. A Páscoa-Libertação dos hebreus, o cordeiro sacrificado e comido naquela celebração judaica, eram símbolos, figuras daquilo que Jesus Cristo, o Messias, deveria realizar, tornar real e verdadeiro. Como assim?

A libertação da escravidão do povo hebreu era símbolo da verdadeira libertação, redenção, salvação do gênero humano que pecou em Adão e Eva. Jesus veio libertar-nos dessa situação, trazendo-nos a Vida Nova da Graça, resgatando-nos com seu próprio sacrifício na cruz.

E o cordeiro pascal? Era a figura, o símbolo do verdadeiro Cordeiro, Cristo Jesus, que deveria ser imolado, sacrificado por nós. E Jesus quis completar a realização do cordeiro simbólico dos judeus. Quis também ser, tornar-se comida, alimento, tornar-se uma refeição, como acontecia com o cordeiro pascal judaico nas vésperas da Passagem-Páscoa. Jesus quis fazer algo inacreditável, novo: perpetuar o seu sacrifício cruento e sangrento da Sexta-feira Santa; perpetuá-lo, não de um modo sangrento, como naquela Sexta-feira Santa, mas que não deixasse de ser o mesmo sacrifício. E que fosse ao mesmo tempo uma refeição, na qual ele, o Cordeiro sacrificado, se tornasse também alimento. Só ele mesmo, em seu imenso e infinito amor, poderia "bolar" uma coisa dessas! Daí ele "usa" o pão e o vinho, converte a substância do pão e do vinho em seu corpo e sangue, o mesmo corpo e o mesmo sangue visíveis na cruz, invisíveis na Eucaristia, ficando visíveis somente as aparências do pão e do vinho. É o mesmo sacrifício da cruz, reatualizado agora, no altar; altar que ao mesmo tempo se torna mesa de refeição. O mesmo sacrifício da cruz, o mesmo cordeiro pascal, aí presente, de modo sacramental, misterioso, mas real e verdadeiro.

6. "MYSTERIUM FIDEI"...

Mistério da Fé... Sim, a Eucaristia é um mistério, como o é o mistério da Santíssima Trindade, o mistério da encarnação, morte e ressurreição de Jesus. Mistério porque não podemos explicá-lo cientificamente. Exame químico nenhum vai comprovar que, após a consagração eucarística, já não existe mais pão nem vinho; pois as aparências físico-químicas continuam as mesmas: tamanho, cor, cheiro de pão e vinho...

O que nos dá a certeza da presença de Jesus Cristo na Eucaristia é tão só e unicamente a Fé. E a Fé é um conhecimento que adquirimos, não pela constatação experimental da coisa, mas pela informação, pela revelação que alguém me faz da coisa ou do acontecimento. É uma questão de credibilidade e de confiança que temos na pessoa que nos revela tal coisa. Na Eucaristia, assim como em todos os mistérios de nossa religião, nós os aceitamos, não porque os entendemos e os comprovamos por qualquer ciência, mas porque confiamos em quem nos revelou esses mistérios. Esse alguém tem credibilidade junto a nós. Ainda mais quando sabemos que esse alguém, que é o próprio Deus, não se engana nem tem interesse em enganar-nos. E, mais ainda, quando esse alguém deu provas irrefutáveis de que nos ama e quer nosso bem.

O nosso ato de Fé na Eucaristia, por exemplo, não se dirige diretamente àquilo que nos é revelado, mas à Pessoa que nos revela. Pouco importa se eu entendo ou não a coisa: o que importa é saber "quem" me revelou.

No mistério da Eucaristia, portanto, nós não podemos entender como é que Cristo está presente sem ocupar espaço, sem ser visto etc.: isto seria a essência do mistério que não posso entender. Mas o que eu entendo é a existência do mistério: ele existe porque alguém me revelou. E eu aceito esse alguém que me revela o mistério, abandono-me, com toda a credibilidade e confiança, a esse alguém. Isso é Fé. Depois, claro, vem a vivência dessa Fé, pois ela me compromete, compromete a minha vida. Daí é que devo ser coerente, vivendo de acordo com o que creio!

7. JESUS DISSE E REALIZOU MESMO?

Se a Fé se baseia no que foi dito e revelado, onde e como Jesus falou a respeito da Eucaristia? É fácil demonstrar isso, pois a Eucaristia é uma das verdades que Deus fez questão de deixar bem clara na Bíblia.

Já no Antigo Testamento, como vimos, há vários símbolos, figuras, prenunciando a Eucaristia: o maná no deserto, o sacrifício de pão e vinho de Melquisedec, o cordeiro pascal.

No Novo Testamento, um ano antes da realização-instituição da Eucaristia, Jesus faz a promessa dela. Está em Jo 6,1-15: Jesus multiplica os pães, como "prévia" da promessa clara que iria fazer logo mais. Na noite do mesmo dia, Jesus "passa um susto" nos apóstolos que estavam no mar, pescando: aparece-lhes andando sobre as águas... Dava-lhes a entender que ele tinha o poder para dar a seu corpo propriedades, qualidades, que o nosso corpo, por si, não tem. Ainda mais quando aquele corpo de Jesus tivesse as propriedades de um corpo ressuscitado, certamente fugiria a todas as leis da física e da química e poderia "caber" numa hóstia.

Mas a promessa claríssima da Eucaristia está mesmo em Jo 6,35-69, precedidos pelos versículos 22-34. Aí Jesus diz: "Eu sou o pão da vida..." Bem, os ouvintes certamente entenderam que a doutrina, a mensagem, o Evangelho de Jesus era como um pão que alimenta... Mas Jesus não queria dizer só isso não, pois ele declara com todas as letras: "...o pão que eu darei é a minha carne... Se não comerdes a carne do Filho do Homem e não beberdes o seu sangue, não tereis a vida em vós". Nessas alturas, os ouvintes começaram a murmurar e talvez pensassem que Jesus tivesse ficado "biruta" (desculpem a expressão) e diziam: "Como pode ele dar-nos a comer a sua carne?" Ora, se Jesus quisesse dizer outra coisa, como, por exemplo: "minha carne é uma doutrina", poderia ter dito. Mas não! Ele insiste: "Minha carne é verdadeiramente uma comida, meu sangue é verdadeiramente uma bebida..."

Foi então que, diz o Evangelho, a grande maioria dos discípulos foi embora. Não podia acreditar no que ouvia. E o que acontece?

8. PALAVRAS E ATITUDES DE JESUS

Jesus deixou clara a promessa da Eucaristia: "Darei minha carne para ser comida e meu sangue para ser bebida. Quem não come da minha carne e não bebe do meu sangue não tem a vida eterna!" Como vimos, grande parte dos ouvintes o deixou, pois não queria acreditar. E Jesus repete uma meia dúzia de vezes essas palavras. Não volta atrás. Aliás, se Jesus quisesse dizer outra coisa, se estivesse fazendo só uma comparação, como se sua doutrina fosse comparada à comida e bebida, ele, como fizera outras vezes, teria chamado de volta a turma e dir-lhes-ia: "Esperem aí... vocês não entenderam... eu quis dizer outra coisa". Mas, não! Ele confirma suas palavras. E tanto assim, que diz aos doze apóstolos que ainda permaneciam em sua presença: "E vocês, querem ir também? Podem ir..." Jesus estava disposto a sacrificar as "doze colunas", o apostolado dos Doze que ele vinha preparando há uns dois anos; estava disposto a mandá-los todos embora e começaria tudo de novo mas não voltou atrás. Ou aceitavam a promessa e a verdade sobre a Eucaristia – comer sua carne e beber seu sangue – ou podiam ir embora todos!

Aí é que Pedro, sempre o nosso querido "Pedrão", o "chefe do bando", adianta-se e, em nome de todos, faz uma primeira profissão da Fé na Eucaristia. "Senhor, para quem iremos? Tu tens palavras de vida eterna; e nós acreditamos...". "Éta Pedrão" formidável, hein? Que homem de Fé simples, humilde e inabalável, apesar de todas as fraquezas.

Muitos ouvintes, claro, entenderam "comer a carne e beber o sangue de Jesus" num sentido grosseiro, como se devessem "morder" Jesus e mastigá-lo, bebendo o seu sangue. Mas Jesus já dera a entender que se tratava do seu corpo, verdadeiro, sim, mas ressuscitado: "Isto vos escandaliza? E se virdes o Filho do Homem subir onde estava anteriormente? O espírito é que dá a vida; a carne (essa, que se morde) não serve..." Claro que Jesus falava do seu corpo ressuscitado; falava de um mistério que somente a Fé – Fé nas palavras de Jesus – pode nos fazer aceitar: a Eucaristia.

9. UM ANO DEPOIS, A REALIZAÇÃO!

Mais ou menos um ano depois do episódio da promessa, Jesus realiza a Eucaristia: institui o sacramento.

Estamos nas vésperas da Páscoa judaica, na Quinta-feira Santa, após as 18 horas, que era quando começava o novo dia, para os judeus. O fato é narrado por Mt 26,26-28; Mc 14,22-25; Lc 22,19-20; e por São Paulo, em 1Cor 11,23-25. Aliás, a narração eucarística de Paulo é o escrito mais antigo, anterior mesmo a Marcos, evangelista que escreveu o primeiro Evangelho.

Os evangelistas e Paulo descrevem o mesmo fato e nos fazem ouvir as mesmas palavras de Jesus. Estando Jesus com os Doze à mesa, para celebrar a Páscoa, Jesus toma o pão, abençoa e o dá aos apóstolos, dizendo: "Isto é o meu corpo que será entregue por vós" (o mesmo corpo que será sacrificado amanhã, na cruz). "Tomai e comei". Depois, tomando o cálice com vinho, deu graças, e entregou-lhes, dizendo: Bebei dele todos; este é meu sangue, sangue da aliança, que vai ser derramado por muitos para a remissão dos pecados" (o mesmo sangue que amanhã escorrerá do meu corpo, na cruz).

Nessa ceia, portanto, Jesus realizava, tornava realidade, o que prometera um ano atrás, em Jo 6. As palavras, tanto as da promessa como as da instituição, são claras, não deixam dúvida nenhuma. Jesus está coroando a obra maravilhosa dos sacramentos, instituindo, aí, na ceia, o maior deles, no qual, pelo pão e pelo vinho, ele está em pessoa, real e substancialmente presente. O pão e o vinho se transubstanciam, mudam, convertem-se no corpo e no sangue de Jesus, o Filho de Deus. Na Eucaristia, está o mesmo corpo e o mesmo sangue que no dia seguinte, na Sexta-feira Santa, estarão na cruz. Portanto, Jesus institui um sacramento para renovar, reatualizar sua morte e ressurreição. Ele perpetua a Páscoa, a grande Passagem da escravidão do pecado para a libertação da Graça, da Vida Nova. E, para alimentar essa Vida Nova da Graça, ele se fará diariamente presente, tornando-se nosso alimento. Eis aí o que é a Eucaristia.

10. MARIA – EUCARISTIA – ENCARNAÇÃO – RESSURREIÇÃO

A Eucaristia faz a ligação entre a encarnação e a ressurreição. Na Eucaristia está Jesus, a mesma pessoa encarnada no seio de Maria. O mesmo Jesus que, com a colaboração do Espírito Santo e de Maria, recebeu um corpo. Só que não é a mesma matéria do corpo e do sangue – a matéria físico-química, uma carne mastigável; mas a carne, o corpo exaltado e glorificado do Senhor pela Ressurreição.

Quem nos coloca nessa linha de pensamento é o apóstolo João, que escreve para combater uma heresia gnóstica dos docetas que tentavam negar a realidade carnal da Encarnação. Por isso, em vez de "corpo", João prefere a palavra "carne". E, para deixar bem clara a promessa de Jesus – sua carne como comida e sangue como bebida –, chega a empregar um verbo que, propriamente, diz mais "mastigar" do que comer (Jo 6,54,56,58). Aliás, já na abertura de seu Evangelho: "No princípio era o Verbo...". João emprega a expressão: "e o Verbo se fez carne". Mas de outro lado, João deveria também fugir de uma acusação de antropofagia, se acentuasse só os termos "carne" e "mastigar" (refeição "cafarnaítica"). Por isso ele acentua (Jo 6,62) que o que a Eucaristia oferece para ser comido é o corpo e o sangue do Senhor exaltado e glorificado e não matéria sem vida. As palavras da promessa joanina da Eucaristia tratam de carne e sangue enquanto contêm em si a vida que é dada pelo Espírito.

A nós, que tanto amamos Maria, a Mãe de Jesus, fique-nos, pois, aqui, a lembrança do discípulo amado que, por exortação de Jesus, aos pés da cruz, "levou a Mãe de Jesus como sua" (accepit in sua). A lembrança de que, também a Eucaristia, devemo-la a Maria. Pois Maria formou, deu carne ao corpo de Jesus: deu à Pessoa divina um corpo que, morto, deveria ressuscitar e ficar presente na Eucaristia. Maria e Eucaristia, inseparáveis, portanto! "O Verbo se fez carne" (Jo 1,14) no seio de Maria (Lc 1,31). Esse Filho, com a carne que Maria lhe deu, morrerá ensanguentado numa cruz, ressuscitará glorioso para continuar presente na Eucaristia.

11. EUCARISTIA: AMOR EM TRÊS DIMENSÕES

A Eucaristia, como ato do amor de Deus para conosco, comporta três dimensões ou realidades, que nos dão a medida desse amor incomensurável.

A Eucaristia é vista como **sacrifício da Missa,** como **alimento/ Comunhão** e como sacramento da "presença amiga no Sacrário". Vamos tratar, de agora em diante, detalhadamente, cada um desses aspectos.

Como é que essas três dimensões da Eucaristia traduzem ou tentam traduzir o amor incomensurável do Deus Conosco? Resumidamente, seria mais ou menos o seguinte (depois iremos explicar com mais detalhes):

1. O sacrifício da missa recorda, reatualiza o maior ato de amor que alguém pode fazer por outro: morrer, dar a vida por amor a esse outro. E alguém fez isso. E o fez de um modo cruentíssimo, pregado numa cruz. Esse ato supremo de amor, que Jesus realizou por nós, é real e verdadeiramente atualizado pela Eucaristia, embora não cruentamente, mas de modo sacramental e misterioso, porém real e verdadeiro. O ato mais heroico de amor que alguém pode fazer por outro. A paixão, morte e ressurreição de Jesus Cristo por nossa Salvação e por nosso amor, essa redenção é "exercida" novamente, cada vez que se celebra o santo sacrifício da missa (LG 3).

2. A Eucaristia torna-se uma **refeição** para alimentar nossa Vida Nova, a vida da Graça, e faz a **Comunhão** nossa com Cristo e com os irmãos. É a comunhão eucarística. Cristo torna-se alimento: vai para o nosso sangue, para a nossa vida. Por assim dizer, "transubstancia-se", passa para a nossa vida, para que nós nos assemelhemos cada vez mais a ele, aos seus pensamentos e sentimentos e atitudes. Para que nos tornemos "outros Cristos".

3. Eucaristia é "presença do amigo no Sacrário", nas hóstias consagradas. É o "Santíssimo Sacramento", como o chamamos. Aí fica, à espera de nossas visitas, à espera do nosso "papo". Mas, não esqueçamos: Jesus não instituiu a Eucaristia para, primordialmente, ficar aí, na frieza do sacrário. Eucaristia é alimento, é nutrição, é refeição para a comunhão com ele e com os irmãos. O Deus do amor, por nosso amor se fez gente, se fez crucificado e se fez pão!

12. POR QUE O NOME "MISSA"?

Vocês se lembram, quando o padre rezava a missa em latim? No fim, a última palavra que ele dizia, despedindo o povo, era: *Ite, missa est!* Dessa palavrinha missa "é que a eucaristia, como sacrifício, como celebração pascal dominical, tomou o nome. Mas, o que quer dizer missa"?

Etimologicamente vem do verbo latino *mittere*, quer dizer: enviar. Missa" é o particípio passado: *enviado, enviada. Ite missa est* quer dizer, literalmente: "foi enviada". O que foi enviado? A oblação, o sacrifício de louvor e reparação de Cristo: a ação de graças por meio de Cristo. Isto é: a ação sacrifical de Cristo, de valor infinito, já foi enviada, apresentada ao Pai, em nome de vocês todos.

Realmente, é um tanto estranho que a eucaristia, como ação renovadora da morte e ressurreição de Cristo, tenha ficado com esse nome um tanto estranho – "missa". Embora o significado profundo, teológico, seja muito expressivo: Cristo, em nome de vocês todos, já enviou ao Pai a ação de graças, a reparação, a adoração e os pedidos de vocês... *Missa est*, quer dizer: foi enviada a grande Ação, a grande Mensagem!

Outro significado, ou melhor, um significado que completa o acima explicado seria este: Agora, que Cristo apresentou ao Pai, em nome de vocês, o louvor, a ação de graças, a reparação e os pedidos de vocês, agora vocês, que aqui estiveram com o Cristo e o receberam na comunhão, agora, "vão" (*ite*) e continuem esta "missa", esta oblação de ação de graças, de reparação, de louvor, através da vida de vocês. Quer dizer: Vão, agora, na vida do dia a dia de vocês, e celebrem Cristo, tornem a Fé uma realidade em suas vidas. Celebrem a missa da vida! Como participantes do sacerdócio de Cristo, ofereçam suas vidas a Deus, consagrem as realidades do mundo a Deus! Como profetas, anunciem a palavra de Deus, o plano de Deus ao mundo de hoje! Participantes do Reino de Deus, anunciem esse Reino, servindo aos irmãos, vendo, em cada pessoa humana, a pessoa do próprio Cristo! Tenham coragem de viver, proclamar o plano de Deus, denunciando tudo o que a ele se opõe! Agora vocês devem ir para a missão de vocês, no mundo...

13. POR QUE "SACRIFÍCIO" DA MISSA?

Por que e o que quer dizer a palavra "sacrifício"? É uma palavra latina que significa: *sacrum facere*, isto é, fazer o sagrado, uma coisa sagrada. E a coisa mais sagrada que se possa fazer é adorar, louvar a Deus, entrar em contato com ele. E a coisa supremamente sagrada que uma criatura pode fazer é oferecer a vida, imolar-se por Deus, para reconhecer sua soberania. Seria o maior ato de adoração e de amor a Deus: o sacrifício da própria vida por Deus.

Ora, todas as religiões demonstravam reconhecer a divindade, adoravam seu deus, louvavam-no, reconhecendo-o como senhor da vida. E para reconhecer essa soberania de seu deus, ofereciam-lhe dons. E, entre esses dons, ofereciam, nos altares, a vida de criaturas: sacrificavam animais e até mesmo vidas humanas. Faziam sa-cri-fí-ci-os, quer dizer, faziam o sagrado – *sacrum facere*. Daí a palavra sacrifício", sacrificar. Era fazer a coisa mais sagrada possível: oferecer a vida à divindade, reconhecendo que deus era o senhor da vida.

A religião judaica, como sabemos, tinha também os sacrifícios, tão frequentemente lembrados na Bíblia. Não só sacrifícios de coisas, alimentos, que queimavam no altar, mas sacrifícios de animais, de vidas. Queriam dizer, reconhecer com isso, que Deus é o primeiro princípio e o último fim, o Senhor da vida.

Ora, Jesus Cristo veio e aboliu todos esses sacrifícios de criaturas, de animais, e colocou-se no lugar da criatura, para oferecer a Deus um sacrifício de valor infinito. *Sacrum fecit* – fez a coisa mais sagrada possível: tomou nossa carne e sacrificou-a no altar da cruz para, em nosso lugar, adorar, louvar, agradecer, reparar o pecado. E para que este ato supremo de amor se perpetuasse, se reatualizasse, Jesus instituiu a Eucaristia, conforme já meditamos. Daí que ela toma o nome de "sacrifício", isto é: a Eucaristia faz a coisa mais sagrada imaginável: reatualizando a morte e ressurreição do Senhor, possibilita-nos participar do próprio sacrifício de Cristo, que se torna nosso sacrifício.

14. A EUCARISTIA CELEBRA A VIDA E A MORTE?

Sim, a Eucaristia celebra a morte e a ressurreição de Jesus. Celebrando a ressurreição, mais do que nunca, celebra a vida. Pois Jesus veio para nos trazer a Vida Nova da Graça, conquistada por sua morte e garantida por sua ressurreição. E essa vida é alimentada pela Eucaristia.

A morte de Jesus, o Filho de Deus, encerra um mistério humano e divino. Ela tem a dimensão da providência, da onisciência e sabedoria de Deus e a dimensão da maldade, da miséria humana.

De um lado, claro que Deus, em sua onisciência, absorvendo o conhecimento prévio da própria liberdade humana, Deus sabia de como seu Filho morreria, submetido às limitações e maldades humanas. Deus enviou seu Filho "para" morrer por nós. Essa expressão não quer dizer: "Deus assassinou seu Filho por nós". Deus, até certo ponto, "submeteu-se", aceitou a decisão dos homens de matarem seu Filho. Deus, como Deus, já sabia de tudo o que aconteceria com Jesus. Nesse sentido, Deus enviou seu Filho "para morrer por nós". Não deixa de ser um mistério, apesar de todas as expressões que encontramos, tanto na previsão do Antigo Testamento a respeito das profecias sobre Jesus como também no Novo Testamento, a respeito da morte de Jesus. "Deus entregou seu Filho à morte... e Jesus foi obediente até à morte... e morte de cruz" e outras expressões semelhantes nada diminuem do real amor de um Deus que morre por nós.

Mas, de outro lado, houve uma deliberação humana. Houve uma condenação. Houve uma crucifixão deliberada pelos poderes da época. Houve um assassinato. Sim, podemos dizer, com todas as letras: Jesus de Nazaré foi assassinado. Morreu assassinado na cruz. Só que ele, como Deus, poderia livrar-se. Mas não o fez, para cumprir a vontade do Pai: do Pai que aceitou a maldade humana, respeitou a decisão, tudo previsto por ele, e desde toda a eternidade... Mistério, sim, do divino e do humano quando se encontram. Tudo isso torna maior ainda, para nossa "compreensão", o amor infinito de Deus por nós... Ainda mais quando vemos Jesus perpetuar esse mistério de amor na Eucaristia!

15. O CORDEIRO DE DEUS

EUCARISTIA

Lemos e ouvimos tantas vezes essa expressão: Cordeiro de Deus. João Batista "batiza" Jesus com esse nome. Os apóstolos repetem isso muitas vezes. No Apocalipse, lemos umas trinta vezes a comparação de Cristo como o Cordeiro. E sempre vem com a expressão clara de sua missão: "tirar o pecado do mundo". Ao nos apresentar a hóstia para a comunhão eucarística, o sacerdote nos lembra: "Eis o Cordeiro de Deus, eis aquele que tira o pecado do mundo..."

Agora entendemos porque: é que Jesus tomou o lugar dos cordeiros que eram diariamente sacrificados no templo judeu. Jesus deixou-se pregar numa cruz e nela morreu, realizando o maior ato de amor que jamais será ultrapassado: morrer em nosso lugar, pagando nossa "dívida", como São Paulo gosta de lembrar, como slogan, em suas cartas.

Assim o sacrifício torna-se o gesto mais lindo da vida. Quando você sofre e une seu sofrimento a Cristo, você está, com ele, fazendo o maior ato de amor por alguém. Pois, como lembra São Paulo, você está "completando o que falta à paixão e à morte de Cristo". Claro que não falta nada, mas Jesus quis precisar de você para salvar o mundo.

Daí que a Igreja pergunta: "Que árvore haverá, mais bela que a cruz? Que fruto mais maravilhoso do que aquele que pende dessa cruz, dessa árvore da Vida?" E que celebração maior você poderá fazer, do que celebrar novamente esse mistério de amor? Todos os dias, todos os domingos, semanalmente, você é convidado a essa celebração.

Agora certamente você estará entendendo melhor que não seria necessário mandamento nenhum para me "obrigar" a participar da missa, da Eucaristia. Participar da imolação do Cordeiro que por esse sacrifício não só me coloca na presença do Pai, mas me alimenta com sua carne e sangue. O Cordeiro que se torna uma refeição para a Comunidade-Igreja!

Vamos, porém, "esmiuçar" ainda mais a Eucaristia como missa, como celebração comunitária, tentando ajudar você a crescer na compreensão e no amor a ela.

16. É UMA CELEBRAÇÃO COMUNITÁRIA

Não se entende a Eucaristia, a missa, sem a dimensão comunitária. Jesus a instituiu, a celebrou numa comunidade e para uma comunidade. Os Atos dos Apóstolos e Paulo falam intensa e fortemente do caráter comunitário da Eucaristia. "Reuniam-se" é a expressão repetida como nota constitutiva da celebração. A assembleia, a comunidade, os irmãos reuniam-se para ouvir a palavra, para a oração e para a "fração do pão", como era denominada a Eucaristia nos primeiros tempos.

Além da leitura e oração em comum, o que caracterizava a "fração pão" era a refeição. Aqui está o ponto alto da Eucaristia como celebração comunitária: a refeição, o ágape, a mesa. O Cristo se dá como alimento aos irmãos, numa refeição.

Era uma comunidade que se conhecia, que se cumprimentava, que repartia o pão da Eucaristia e também o pão material com os irmãos necessitados. Daí a expressão forte da Bíblia, quando descreve essas comunidades dos primeiros tempos: "tudo era comum entre eles" (At 2,42-47; 4,2).

Nos primeiros séculos, a celebração comunitária da Eucaristia era muito marcada pela fraternidade. São Paulo "passa um pito" forte nos cristãos de Corinto quando, na "fração do pão", no "ágape" fraterno, se esqueciam dos irmãos pobres. Naqueles tempos, após terem todos os participantes recebido o corpo do Senhor, recebiam também o irmão: quer dizer, socorriam os necessitados. Após a missa repartiam os bens trazidos para socorrer os necessitados. Para eles, o "tomai e comei, isto é o meu corpo", não estava dissociado do "Tudo o que fizerdes ao menor dos meus irmãos é a mim que o fazeis" – "quem recebe um desses pequeninos é a mim que recebe"... Por assim dizer, "estava no sangue" dos primeiros cristãos que só posso receber o Cristo no pão se eu o receber no irmão.

Assim, pois, Eucaristia e fraternidade, missa e comunidade eram realidades inseparáveis. O caráter comunitário, podemos dizer, é, assim, intrínseco, está essencialmente ligado à celebração da Eucaristia.

17. MISSA: REFEIÇÃO ESTILO ORIENTAL

O desenrolar litúrgico da missa faz lembrar uma refeição no estilo oriental. Aliás, foi durante uma refeição que Jesus a instituiu. E numa refeição oriental, embora com as características de um ritual celebrativo histórico da libertação dos hebreus.

Vamos então tentar descrever como se desenvolvia um jantar festivo dos orientais e vejamos como a Eucaristia-missa conservou vários elementos típicos dessa ceia oriental festiva.

Quando um personagem oriental queria celebrar uma data importante para ele ou para a família, fazia um jantar festivo e convidava os amigos. Jesus quis e quer comemorar um grande acontecimento – o acontecimento pascal – e por isso preparou uma refeição e nos convida a todos para participar. Quando os convidados chegavam à casa do festejado, chegavam cantando. A missa começa com uma procissão e com cânticos. (Essa procissão foi desaparecendo com o tempo, mas ficou o "cântico de entrada".)

O dono da casa saía à porta para receber os convidados com uma saudação. O sacerdote, que representa Cristo, recebe os participantes da missa, os convidados, com uma saudação: "Bem-vindos... A graça de Nosso Senhor Jesus Cristo, o amor do Pai..." E lembra a "senha" – o sinal da cruz – que identifica todo cristão: "Em nome do Pai..."

Antes de entrar na casa, ali no átrio, havia, nas casas orientais, vasilhas com água para os convidados que viessem de longe poderem lavar os pés, as mãos; e toalhas para enxugar. Era uma espécie de purificação ritual. Assim também na missa, há o ato penitencial pelo qual pedimos perdão a Deus para podermos "celebrar dignamente os santos mistérios"...

Em seguida, o festejado, saudando alegremente os convidados, fazia uma oração pedindo a proteção divina. Faz lembrar aqui a alegria do "Glória" e o "Oremos". Essa oração é também chamada de "Coleta". Olhem, não é coleta de esmolas, não. É que o diácono saía e recolhia da comunidade os pedidos, as orações e as levava para o altar.

18. AINDA A MISSA COMPARADA À REFEIÇÃO ORIENTAL

Com os convidados do jantar já dentro de casa, era a hora dos discursos. O dono da casa lia algum documento referente ao acontecimento, fazia um comentário, um discurso. Dava, afinal, a motivação da festa. Na missa também há a hora da liturgia da palavra. Essa é uma parte da missa que é herdada da Sinagoga: a leitura da Bíblia. A leitura principal, é claro, é a do Evangelho, no qual o próprio "dono da festa", Jesus Cristo, vai falar.

Terminadas as leituras e discursos, o próprio dono da casa, o festejado, cingia um avental e servia à mesa. E isto era uma grande honra para os comensais. Exatamente o que fez Jesus, pessoalmente, na Quinta-feira Santa, e continua fazendo em cada missa. Só que aqui, ele mesmo é o "prato especial", se assim me permitem dizer.

Vamos deter-nos um bocado aqui. Lembram-se de que os convidados lavavam os pés e as mãos como rito de purificação, não é? Na 1ª Eucaristia-missa que Jesus celebrou, ele quis enfatizar de um modo original e muito forte que a Comunidade é muito importante. Jesus, naquele momento solene, quer proclamar, até de um modo gritante, que ele veio para servir e não para ser servido. Insiste, de um modo insólito, que a Comunidade-Igreja que ele quer deve ser uma comunidade de serviço. E deixa a lição de que ele quer, para a refeição eucarística, a vida bem limpa, sem os ídolos da prepotência, do egoísmo, do desamor, do comodismo e de outros "ismos". Por isso, cinge-se com uma toalha, pega uma bacia com água e lava os pés dos apóstolos. Conhecemos por demais a cena: "passa um pito" no "Pedrão" e lembra que ele quer uma Igreja servidora, livre de ganâncias e egoísmos: "Eu vim para servir e não para ser servido"... A Eucaristia deve reunir irmãos à mesa e não competidores gulosos das honrarias humanas. A Eucaristia deverá fazer comunhão entre Jesus e nós e entre nós e os irmãos, como servidores uns dos outros.

E a ceia continua.

19. REFEIÇÃO E MISSA CHEGAM AO FIM

Preparada a refeição oriental, os convidados recostam-se à mesa e o festejado faz as honras da casa e dos hóspedes, servindo-os. Na Eucaristia-missa, o Senhor da festa prepara o banquete. Renova, reatualiza o que ele mesmo fez na Sexta-feira Santa, no alto da cruz. Seu corpo e seu sangue, o Cordeiro Pascal, são a comida. Ele se oferece de novo ao Pai, resgata-nos novamente, dá-nos a Vida Nova e alimenta-a com a Eucaristia. Tudo isso ele tornou possível com a sua Ressurreição.

O jantar festivo oriental, como qualquer outra refeição festiva, reúne uma comunidade. A mesa, realmente, faz a comunhão, reúne e une os convidados, os participantes. Imagine um convidado que ficasse na soleira da porta, fora, e não quisesse participar da refeição. Um convidado que aí estivesse, formalmente, só para dar uma presença-convite, como se tivesse vindo como um pacote pelo correio. Uma presença fria, até mesmo indisposto com o festejado ou com os convidados... Que "papelão" estaria fazendo o "cara", não? Pois esse é mais ou menos o "papelão" que faz um cristão batizado, crismado, já adulto, mas que só vai a essa refeição, até uma vez por semana, mas só pra "espiar", para cumprir mecanicamente ou costumeiramente uma lei... Cumprimento formalístico, só para evitar qualquer outro incômodo humano ou até com medo de castigos, "represálias" por parte do "chefe", e coisas e tais... Pois essa seria a atitude incompreensível e ridícula do cristão que não participa, que não se dispõe, pela limpeza de vida, a participar dessa refeição. E quanto cristão "pirado" desse "naipe", por aí afora, não?...

Bem, a refeição oriental chega ao fim. Há as despedidas, congratulações, agradecimentos, cantos de despedida, alegria da festa. Assim também a Eucaristia-missa chega ao fim com orações de agradecimento, despedidas, recomendações para próximos encontros da Comunidade... Há umas dezenas de anos dizia-se: *Ite, missa est!* Isto é: "Missão de Cristo, cumprida!" Ele já fez tudo o que podia, por nós! Agora, vão vocês para as realidades temporais, para a família, para o mundo e tratem vocês, agora, de cumprir a Missão! Que a vida de vocês continue essa Eucaristia, essa missa!

20. CURIOSIDADES EM CIMA DO ALTAR

Muita gente fica curiosa em saber o nome das "coisas" que o padre usa para celebrar a missa. Eu não gostaria de dar a impressão de estarmos perdendo um tempo precioso falando dessas minúcias, quando há tanta coisa importantíssima para se falar da Eucaristia. Mas, como "Trocando em miúdo" é pra "trocar em miúdo" mesmo as coisas, vamos lá...

Comecemos com o **altar**. É, na verdade, uma mesa. Mesa de todos os jeitos e estilos e materiais. Na família é a mesa que reúne a turma, não é? A família cristã, a comunidade também se reúne ao redor da mesa, tanto para tratar dos assuntos de família, como para tomar as refeições. Cobre-se a mesa com uma toalha branca. Aí em casa, em dias de festa, a mamãe cobre o oleado da mesa com uma toalha, não é? É sinal festivo. E missa é sempre uma refeição festiva.

Embora não seja obrigatório, no centro da mesa, geralmente há uma pedra chamada pedra d'ara, quer dizer: pedra do altar. Nessa pedra quadrangular, encaixada no centro da mesa, costuma-se incrustar uma relíquia de um santo mártir: um pedacinho de osso, em geral. Por quê? – Nos primeiros séculos, a Eucaristia era geralmente celebrada tendo como altar o túmulo de um mártir; ou no lugar que lembrasse a vida e morte do santo mártir. Por quê? – Porque o santo mártir era o que mais lembrava a morte do Mártir dos mártires, Cristo.

O que mais se usa para celebrar a Eucaristia? Os vasos sagrados. O **cálice,** geralmente de metal, dourado ou prateado por dentro, onde está o sangue de Cristo. O cálice poderá ser também de vidro. Há ainda a **patena:** um prato pequeno, onde fica a hóstia consagrada. Também deve ser dourada ou prateada, em respeito ao corpo de Cristo, que aí estará, após a consagração. Há também a **âmbula,** um vaso de metal também dourado, onde ficam as hóstias pequenas para a comunhão. É uma "sopeirinha" (perdão da palavra!) onde fica a comida para os fiéis...

21. MAIS CURIOSIDADES EM CIMA DO ALTAR

Além da toalha do altar, já repararam que há outros "paninhos", não é? O **corporal** é um pano quadrado, de uns 30 centímetros, que é estendido no centro do altar e em cima do qual ficam o cálice, a patena e a âmbula. O **sanguíneo** é o "guardanapo do padre". Um pano para enxugar o cálice e os lábios do sacerdote após a comunhão do corpo e sangue de Cristo. Há também a **pala**. É um pano pequeno, quadrado, envolvendo um papelão duro. Pala quer dizer: pequena cobertura. Qual a sua função? – É cobrir o cálice enquanto está dentro dele o vinho, até a consagração, e, depois, o preciosíssimo sangue de Cristo. Por que cobrir o cálice? – É porque, principalmente em tempo de calor, quando a missa é celebrada debaixo de uma lâmpada, pode haver muito mosquito amolando. E, às vezes, há uns mosquitinhos "paus-d'água" danadinhos, que insistem em entrar no cálice.

Há também outro paninho, o **manustérgio,** uma toalhinha para o padre enxugar as mãos ou os dedos, logo após o Ofertório. Manustérgio vem do latim *manus tergere*, isto é, enxugar as mãos.

E a comida em cima da mesa? É **pão**. Por si, poderia ser qualquer pão, desde que verdadeiro pão de trigo. Pão, afinal. E por que o pão ficou reduzido àquela rodela branca, fininha? – É por causa da praticidade. Numa pequena comunidade, adulta, esclarecida, não haverá problema em celebrar com outras formas de pão. Mas, com as numerosíssimas comunhões, o problema é outro... Imagine, por exemplo, em Aparecida, onde há certos domingos em que são distribuídas dezenas de milhares de comunhões!... Se fôssemos usar pães comuns, seria necessária uma "padaria", não? E o problema das sobras, das pequeninas porções, as migalhas, dificuldade em partir tanto pão. **Hóstia** quer dizer vítima.

Há anos perguntou-me um moleque: "Por que a hóstia do padre é "grandona" e a da gente é "piquininha"? O padre é mais "guloso"? – É que na elevação da hóstia, após a consagração, ela tem que ser grande para todo povo enxergá-la; uma hostiazinha pode "desaparecer" entre os dedos do padre. Não é "gula", não, rapaz: é para povo enxergar melhor, tá?...

22. O PÃO E O VINHO

Numa refeição não pode faltar a bebida, nem que seja água, não é? Nós costumamos definir a mesa, quer dizer, a alimentação dos homens, com a expressão "pão e água". Os dois elementos elementaríssimos que não podem faltar nem na mesa do pobre. No Oriente, como em outras partes, fala-se em "pão e vinho". Em muitos lugares, o vinho é como água, tão comum à mesa mesmo dos pobres. Lembro-me de, quando eu era menino, meu avô, como bom italiano, fabricava o vinho anualmente. E, todos os dias, à mesa, desde o netinho até os velhos, todos tomavam um "bichierino" (copinho) de vinho. E como fazia bem... *Vinum laetificat cor huminis*, diz a Escritura: "o vinho alegra o coração do homem". (O "causo" é tomar cuidado pra não alegrar "demais"...)

O pão e o vinho têm um significado profundo, no caso da Eucaristia. O trigo, para dar pão, tem de morrer, quando plantado na terra; e depois, quando colhido, deve ser moído para dar o pão. A uva, colhida, deve ser esmagada, para dela escorrer o suco que se fermentará em vinho. Assim, Cristo teve que ser moído na cruz, morrer para si mesmo; teve que ser esmagado para dele escorrer o sangue da salvação.

Mas a Eucaristia não para aí. Diz-nos que nós, como cristãos, outros cristos, devemos também ser como o trigo: morrer para dar fruto; ser moído para ser pão do Evangelho e da Boa-Nova. O cristão, colhido na "vinha do Senhor", ele também, como o Mestre, deve estar disposto a ser esmagado na cruz do compromisso com o Plano de Deus, na defesa do irmão, no amor ao outro. Aliás, essa espiritualidade, esse estilo de vida, Jesus nô-lo ensinou nas Bem-aventuranças e dele nos deu exemplo em toda a sua vida.

Veja, pois, meu irmão, minha irmã, como a Eucaristia é realmente o coroamento do Evangelho, a síntese de todos os sacramentos, a cartilha da vida cristã. É o pão e o vinho – corpo e sangue – que devem alimentar nossa caminhada. É possível, pois, cristão sem Eucaristia?

23. MAIS CURIOSIDADES...

E o que mais você nota, em cima do altar, na celebração da missa? – O **missal,** o livro da missa. Aí estão as orações litúrgicas para a celebração da missa. Algumas orações são fixas, sempre as mesmas. Por exemplo: o glória, o credo, as palavras da consagração etc. Outras orações são variáveis; há vários modelos próprios para as diversas celebrações que se fazem. O missal é um símbolo de unidade. Esquematicamente, a missa é a mesma, tanto no Brasil como na China, na África e na Europa. Até há pouco, essa unidade era representada até por uma mesma língua: o latim. Em boa hora, graças a Deus, o Espírito Santo inspirou a Igreja permitindo as necessárias adaptações da liturgia. Haja vista o uso do vernáculo, língua da gente, que a gente entende.

No altar estão também as **velas.** Vela é para iluminar. Antigamente, sem a luz elétrica, a vela era usada mais para iluminar o ambiente, principalmente quando se sabe que a Eucaristia era celebrada normalmente à noite, e, muitas vezes, às escondidas, nas catacumbas escuras. Hoje, as velas estão no altar mais como lembrança histórica e como simbolismo. Que simbolismo? – A chama lembra que Cristo é a luz do mundo, e a cera, que se consome, lembra a vida de Cristo consumida por nosso amor. E, para o cristão, lembra também que: a chama da vela é o símbolo da Fé que deve iluminar a vida do cristão, que por sua vez, deve iluminar o mundo. A cera lembra que a vida do cristão só tem sentido se consumida no serviço ao outro, no amor ao irmão. E é justamente a Eucaristia que alimentará, de modo especial, a vida do cristão para ser luz do Evangelho no mundo.

Além do pão e do vinho, há no altar também a **água.** Uma gota d'água é misturada com o vinho que se transformará no sangue de Cristo. Ela lembra nossa humanidade assumida pela divindade de Cristo (vinho). Lavará também as mãos ou os dedos do sacerdote, após o ofertório. Hoje essa ablução dos dedos é só simbólica: a pureza de vida, para celebrar. Antigamente era pra lavar mesmo as mãos que se sujavam ao receber, durante o ofertório, os alimentos que eram trazidos para os pobres.

24. OS TRÊS REINOS DA NATUREZA SOBRE O ALTAR

Você já reparou que os três reinos da natureza – o mineral, o vegetal e o animal – estão representados no altar, na celebração da eucaristia? O reino mineral salta aos olhos quando você vê um altar de mármore ou semelhante; está presente também no metal do cálice e da patena. O reino vegetal está representado no pão, no vinho, na toalha de linho, nas flores que enfeitam o altar (quando não são de um mau gosto plástico...). E o reino animal? Primeiro, o reino animal irracional, onde está representado? (Há anos eu explicava essas coisas a um grupo e, a certa altura, perguntei à assembleia onde estaria representado o reino animal irracional. Uma mocinha levantou timidamente a mão para falar e animei-a a responder: "Pois não, irmãzinha, diga o que representa o animal irracional, aqui no altar"? E lá veio a vozinha sumida, respondendo: "é o padre"...). "É... moça, você quase acertou..." Mas é claro que o reino animal irracional também está representado no altar: são as velas, cuja cera é produzida pelas nossas irmãzinhas, as abelhas. E o animal racional? – Agora sim... é o homem: o sacerdote e os participantes da Eucaristia.

Aliás, quando oferecemos o pão e o vinho, esse alimento é uma síntese do universo. Todo o cosmo está em nossas mãos quando tomamos o pão, quer para nos alimentar, quer para oferecê-lo a Deus como reconhecimento ao Senhor da vida. E, mais do que o pão e o vinho, o homem, o rei da criação, ali está, oferecendo todo o universo que ele, homem, representa. E, na Eucaristia, de modo divina e humanamente original, está o Verbo, "pelo qual foram feitas todas as coisas" (Jo 1,3), síntese de toda a humanidade, de toda a criação, oferecendo ao Pai, em nosso nome, o cosmo todo, como sacrifício de louvor, adoração, ação de graças, reparação – o grande, o maior ato de amor que jamais o mundo seria capaz de fazer.

Só mesmo Jesus, o Filho de Deus, poderia realizar a maravilha da Eucaristia! E nós, que valor damos a tudo isso?

25. E OS PARAMENTOS?

Em todas as religiões, nos seus mais variados ritos, o sacerdote sempre apresenta-se no altar com vestes sacerdotais. Por quê? – É o momento em que ele, oficialmente, vai mediar entre Deus e os homens, entre o Criador e as criaturas. É um ato, uma ação que foge dos nossos atos comuns do dia a dia da vida. O sacerdote vai agir, naquela hora, como representante de Deus e dos homens. No Antigo Testamento, havia prescrições minuciosas a respeito da liturgia e das próprias vestes sacerdotais.

A liturgia cristã também quer solenizar os atos sacerdotais, a ação litúrgica. E, entre as diversas prescrições, há também uma regulamentação sobre as vestes sacerdotais para as celebrações, mormente da Eucaristia. É claro que o sacerdote celebrará validamente, se celebrar a missa sem as vestes sacerdotais. Mas, celebrando em público, é razoável que o faça mais adequadamente, usando as tais vestes sacerdotais. Trata-se também de certo respeito ao próprio povo, que certamente não deseja ver o sacerdote celebrar a eucaristia em mangas de camisa.

Bem, antigamente, para celebrar a missa, os paramentos eram complicados: havia a alva, o amito, o cíngulo, o manipulo, a estola e a casula. Hoje o "arreio" está bem simplificado: túnica e estola. A túnica pode lembrar a veste do tempo de Cristo ou o "ar sacerdotal" que empresta ao sacerdote. A estola é o símbolo do poder sacerdotal. O uso da estola vem do tempo dos romanos: era símbolo do poder e era usada pelo cônsul, quando promulgava uma lei.

E as cores dos paramentos? – A cor indica as características da comemoração litúrgica ou o tempo litúrgico. Sabemos que o ano litúrgico está dividido em vários períodos: **Advento,** que é o tempo da preparação para o Natal (usa-se a cor roxa em sinal de penitência); **Natal** e as semanas que o seguem (usa-se a cor branca, significando alegria); **Quaresma,** em preparação para a Páscoa (cor roxa-penitência); **Páscoa,** comemoração da Ressurreição (novamente a cor branca da alegria); **Pentecostes-Espírito Santo** (cor vermelha, na festa); de **Pentecostes** até o **Advento** (cor verde-esperança): o tempo mais longo, de espera. E o "filme colorido" continua...

26. O FILME COLORIDO CONTINUA... MUSICADO

Além das fases litúrgicas durante o ano, as cores caracterizam também a festa do dia. Assim: nas missas de Nossa Senhora – cor branca; a mesma cor, a mais comum, é usada nas festas dos santos que não foram mártires. Comemorando um santo mártir, a cor é vermelha: sangue derramado por Cristo. A cor roxa, sempre como símbolo de penitência, além da Quaresma, Advento e também usada nas celebrações da dor: "missa de defunto" (se é que se possa ainda usar essa expressão inadequada). Nessas missas pode-se também usar a cor preta; embora hoje seja quase sempre substituída pelo roxo.

Essas são as quatro cores litúrgicas fundamentais, embora às vezes se encontrem algumas cores intermediárias: "lusco-fusco", "nem-sim-nem-não".

Além das cores, a **música**! Não esqueça que a Eucaristia é uma celebração festiva. A música é parte integrante, indispensável na liturgia cristã. Há mesmo até um adágio: *Qui bene cantat, bis orat*: "quem canta bem, reza duas vezes". Como a música é divina, como ela eleva a Deus, não é? Você já apreciou um canto gregoriano, o cantochão bem executado?... Mavioso, limpo, ajuda a rezar! Ou mesmo a música figurada, quando bem executada, afinadinha, adequada à celebração... E mesmo os instrumentos modernos, com violão e tudo, como tudo isso pode ajudar a gente a rezar. Mas é uma barbaridade quando um "saco-de-gatos" se põe a "miar", todo desafinado, tanto que até os ouvidos de pau de um "zéribolla" percebem a desafinação...

27. AS DIVERSAS PARTES DA MISSA

Ainda dentro da dimensão litúrgica da missa, vejamos como se divide estruturalmente a missa, quais são as partes componentes.

Desde os tempos apostólicos, das comunidades cristãs, sabemos que havia duas grandes partes estruturais na missa: a 1ª parte constituía a liturgia da palavra: orações, leituras, comentários; a 2ª parte, chamada a "fração do pão", constituía propriamente a Eucaristia: a liturgia eucarística. Após a "fração do pão", que incluía a consagração e a comunhão, fazia-se a ação de graças e, em seguida, atendiam-se os irmãos necessitados, distribuindo-se-lhes os alimentos e as ofertas que eram trazidos pela comunidade. Essas coisas eram recebidas pelo sacerdote e diáconos e tudo era colocado ali no presbitério, na frente do altar, para a devida entrega aos irmãos necessitados. Não se separava o Cristo-no-Pão do Cristo-no-irmão...

Atualmente, a missa ainda conserva, estruturalmente, a grande divisão: na 1ª parte, a liturgia da palavra; na 2.ª parte, a liturgia eucarística. Podemos dividir a 1ª parte em mais subdivisões: o ato penitencial do início, as orações da "coleta" e das preces após as leituras; e as próprias leituras com o comentário (homilia) do presidente da ação litúrgica e comentários dos próprios participantes.

Na 2ª grande parte da missa, a liturgia eucarística, também há três subdivisões: o Ofertório, a Consagração e a Comunhão com a ação de graças. Oportunamente insistiremos que a comunhão é parte integrante – e mais do que integrante – da missa. Terá sentido ir a uma refeição e não comer, não participar da refeição? Claro, supõe-se que o participante esteja "em dia" com Deus, esteja "preparado". Mas, disso falaremos ainda.

Essa divisão esquemática da eucaristia-missa não está dizendo quando você deverá chegar para poder ter participado "validamente" da missa e ter "cumprido o preceito dominical"... Só mesmo uma ignorância e uma mesquinhez sem tamanho ficariam medindo, milimetrando, com sinais vermelhos e verdes, para ver até onde você dá sua vida a Deus e ao...

28. COMO ERA A MISSA?

Na Igreja das origens, isto é, no tempo dos Apóstolos e logo em seguida a eles, a Eucaristia era celebrada durante uma refeição. Era chamada "a refeição do Senhor". Era chamada também de "a fração do pão", em memória do gesto de Cristo ao celebrar a Eucaristia.

Como decorria essa "refeição do Senhor"? – Havia o ensino dos Apóstolos, a oração eucarística, a fração do pão; compartilhavam-se o pão e o vinho consagrados, seguiam-se salmos de ação de graças. Tudo isso no decurso de uma refeição festiva, o ágape. A língua usada era o aramaico nas comunidades da Palestina; nos outros lugares, mesmo em Roma, era usado o grego. Só no século III é que o latim vai substituir o grego.

É São Justino que, no ano 150, nos deixa a primeira "reportagem" da celebração eucarística daqueles tempos. São Justino era um leigo, professor de filosofia, que mais tarde morreu mártir em testemunho da Fé.

Resumidamente, assim descreve ele as primeiras missas: "No dia chamado 'do Sol' (domingo), moradores da cidade e do campo reúnem-se para ler as memórias dos Apóstolos e dos Profetas. Terminada a leitura, aquele que preside exorta os assistentes a imitarem tão belos ensinamentos. Em seguida, de pé, a assembleia faz preces pelos novos batizados e por todos os cristãos. Depois abraçam-se uns aos outros. Em seguida vem a eucaristia propriamente dita: quando a assembleia é mais numerosa, não se assentam mais, mas ficam de pé ao redor da mesa, presidida pelo bispo e seu presbitério. Aí dá-se o ofertório do pão e do vinho com água. Há a oração eucarística improvisada pelo bispo a partir do relato da instituição da eucaristia, invocação do Espírito Santo, e um poderoso 'Amém' da assembleia. Seguem-se a 'fração do pão' e a comunhão de todos sob as duas espécies. Há ainda a partilha das ofertas aos irmãos pobres, a Eucaristia é levada aos irmãos que não puderam estar presentes". Diz Justino textualmente: "este alimento é eucaristiado por um discurso de oração que vem de Jesus Cristo: é a carne e o sangue desse Jesus feito alimento. Reunimo-nos no 'dia do Sol' por ser o primeiro dia em que Deus fez o mundo, e Jesus Cristo, nosso Salvador, no mesmo dia ressuscitou dos mortos"...

29. COMO É A HISTÓRIA DA MISSA?

Acabamos de ver como era celebrada a missa nos dois primeiros séculos do Cristianismo. E daí para frente, como caminhou a missa?

Na segunda metade do século III (250), a liturgia romana substitui o grego pelo latim. Toda mudança sempre provoca reações: naquela época, Santo Hipólito, um padre romano, zanga-se, até com o Papa, porque mudou o grego para o latim, a fim de acompanhar a evolução do povo.

Durante os séculos foram introduzidos acréscimos nas orações, nos gestos, justamente para enriquecer, para se adaptar aos tempos, para tornar mais compreensível e solenizar mais esse ato tão importante.

Assim, no século IV introduziu-se o Aleluia ao Evangelho e o Pai-Nosso. No século V surgem várias "novidades": os ritos iniciais, a oração inicial (coleta), a oração preparatória do ofertório, o rito da comunhão. É nessa época que as missas de pequenos grupos começam a ser substituídas pelas missas de multidões... Daí a necessidade de uma animação inicial para essas missas: organizam-se então a procissão de entrada, a procissão das oferendas, os cânticos apropriados de entrada, do ofertório, da comunhão; aí nasceu o "gradual", de gradus: marcha.

No século VI, o grande Papa Gregório Magno enriquece a missa com o Glória, e introduz uma oração eucarística – o *Cânon* – que viria, substancialmente, até os nossos dias. (*Cânon* quer dizer: regra, vara para medir.) É dessa época o *Sanctus* e o *Benedictus*, finalizando o prefácio da missa.

Os séculos VII-VIII nos trazem o círio pascal e as velas, as vestes litúrgicas com grande variedade e festivas. Introduz-se o "lavabo" (cerimônia simbólica do lavar as mãos do sacerdote, antes do ofertório). Acrescenta-se o *Agnus Dei* (Cordeiro de Deus). O *Cânon* até então era rezado em voz alta e o povo sabia por que respondia, ao final, com o "Amém". Nessa época foram cortadas algumas partes cantadas do "Cânon" e a voz alta foi substituída pelo "sotto você" (voz sumida, baixa): a Oração Eucarística passou a ser rezada por um murmúrio... e o povo respondia: Amém!

A mentalidade mística e simbólica do século IX primou pela variedade das cores litúrgicas... E como continuou? Veremos logo mais...

30. AINDA A MISSA ATRAVÉS DOS SÉCULOS

Nos séculos X até XII continuou a tendência de "emudecer" a missa e o celebrante foi ficando cada vez mais "o dono da Eucaristia". O padre celebrante vai rezando várias orações em voz baixa, desde o paramentar-se e durante a missa e até o fim dela.

Os séculos XII e XIII introduzem o *Orate, fratres* (Orai, irmãos) e a elevação da hóstia consagrada. Nessa época já rareavam as comunhões e então os "assistentes" da missa desejavam ao menos ver a hóstia. Havia até uma crença supersticiosa na época: quem via a hóstia na missa, tinha a certeza de não morrer naquele dia nem naquela semana...

No século XIV aparece a elevação do cálice em seguida à elevação da hóstia. Nessa época começou a ser recitado pelo padre o prólogo do Evangelho de São João, no fim da missa, depois do *Ite, missa est!*. Atribuía-se a esse Evangelho um poder de exorcismo, de "oração forte".

Do século XVI ao século XX, portanto do Concílio de Trento ao Concílio Vaticano II houve estabilidade. São Pio V, dominicano, aplicou as decisões disciplinares do Concílio de Trento também à liturgia. Daí por diante só podiam conservar sua liturgia própria as Igrejas que, há 200 anos antes, já tinham sua liturgia. No mais, toda a Igreja ocidental deveria seguir a liturgia imposta por Pio V, que reformava e unificava tudo numa linha, numa só oração eucarística, numa só língua: o latim...

Vem o Vaticano II. Aproveitando os valores da tese (tradição) e os da antítese que se formara em 400 anos – as exigências dos novos tempos –, o Vaticano II atualizou a liturgia da Eucaristia e dos sacramentos. E aí temos a missa em vernáculo, missa concelebrada, maior participação dos leigos, comunhão sob as duas espécies, comunhão na mão, várias orações eucarísticas (*Cânon* diversificado) etc. Enfim, uma liturgia na qual as palavras e os gestos exprimam, anunciem real e compreensivelmente o que devem anunciar: o louvor a Deus e a Boa-Nova para os homens. E é incrível como ainda hoje há gente abominando a "missa em português", a missa concelebrada, a comunhão na mão... Como se "missa de hoje" não fosse "a missa de sempre".

31. A MISSA ERA DOMINICAL?

Domingo vem de *Dominus*, o Senhor. *Dies dominica* quer dizer: o Dia do Senhor. Para os judeus, era o 1º dia depois do sábado, o 1º dia da semana. Com a ressurreição de Cristo, esse dia passou a se chamar domingo, o dia do Senhor. Desde o início, já com os Apóstolos, a Comunidade cristã reunia-se, semanalmente, no domingo, para celebrar a Eucaristia. E sempre depois do sol se pôr, pois o domingo era dia de trabalho. Somente no século IV é que o domingo passou a ser dia de descanso, dia sem trabalho. Imagine-se o sacrifício para os cristãos reunirem-se, semanalmente, após o dia de trabalho, para celebrar a Eucaristia!

A celebração eucarística do domingo era uma celebração pascal. A Igreja primitiva celebrava a Páscoa hebdomadária, semanal, e não anual. Somente em meados do século II é que aparece a Páscoa como solenidade a ser celebrada anualmente, como festa solene. No início, todo domingo era Páscoa. O domingo era chamado também de "Ressurreição".

Naquele tempo não havia um "preceito dominical" como lei. Pois a participação na Eucaristia dominical era uma lei que estava escrita no coração de todo batizado: lei escrita pela Tradição do próprio Senhor e dos Apóstolos. Santo Inácio de Antioquia, mártir do século II, já dizia: "Não vir habitualmente a essa reunião (Eucaristia) é desligar-se da Igreja".

E por que aos domingos? – Já vimos que era o dia do Senhor e celebrava-se a Páscoa, a Ressurreição. Mas também porque era ocasião de a Comunidade se reunir. Só se entende Eucaristia com a Comunidade. E era ocasião da oração em comum, da leitura sagrada e da doutrinação dos Apóstolos. Páscoa é também festa de família. E, além do mais, Eucaristia era refeição; e refeição toma-se em comum, em família, em comunidade. Por isso, devia-se "marcar" um dia para toda a Comunidade estar reunida. E esse dia já fora indicado pelo próprio Senhor, por sua Páscoa e Ressurreição. Por que reunir-se? – Porque Igreja quer dizer: assembleia. E pode haver assembleia sem a reunião? Se Igreja é comunidade concreta, viva, ou ela se reúne como Comunidade ou ela não existe como Igreja!

32. A MISSA E A CASUÍSTICA MORAL

Antes de tocarmos numa dimensão negativa, ao perguntarmos à casuística da teologia moral se é pecado não ir à missa, completemos o quadro positivo.

Por que participar da eucaristia aos domingos? – Depois de tudo o que meditamos, certamente nem caberia mais essa pergunta, não é? Mas, vamos lá:

Meditemos na seguinte dimensão da eucaristia na vida cristã diária: Passamos a semana toda em nossas ocupações diárias, com nossas preocupações e problemas do dia a dia. No domingo, vamos à Eucaristia-missa para, na primeira parte, com a liturgia da palavra, conferirmos nossa vida com a palavra de Deus, com os ensinamentos do Evangelho. Depois, no ofertório, colocamos no altar nossos corações, nossas vidas, para serem ofertados ao Pai, por Jesus Cristo. Na consagração, Cristo, encarnando-se no pão e no vinho (que representam nossa vida), ele se encarna também em nossa vida. E, na comunhão, recebemos o Pão da Vida e iremos com ele viver mais uma semana. No próximo domingo reunimo-nos novamente com a Comunidade para conferir nossa semana com a palavra, colocamos nossa vida no altar no Ofertório, Cristo se encarna em nossa vida pelo pão e pelo vinho... Vem a nós na Comunhão... voltamos ao mundo para viver, com ele, mais uma semana...

Deu para entender? Deu para entender que a Eucaristia se torna um imperativo em nossa vida? Dá para entender que não podemos passar sem a Eucaristia, que não podemos passar sem a missa no domingo?...

Ora, para quem entendeu isso, ainda será necessária uma lei que obrigue o cristão, batizado, consciente, a vir à missa "sob preceito de pecado mortal"? Cada vez que você faltar à missa, ainda é necessário correr ao padre e perguntar se foi pecado? O padre ainda tem que ser o "travesseiro de soluções" para você, até para lhe dizer se sua consciência pecou ou não? Num domingo em que você teve um motivo para faltar à missa, você mesmo deve saber que não foi pecado. Pois quando você entendeu que nossa religião é uma questão de amor e não de temor servil, você irá participar da missa, da Eucaristia por amor! Você mesmo concluirá que não poderá passar sem a Eucaristia, você sentirá fome da Eucaristia... Deu para entender?

33. MISSA: POR CONVICÇÃO OU POR OBRIGAÇÃO?

Desculpem insistir no assunto, mas é importante a gente ter clareza! Para ajudar, citarei a declaração de uma Comissão de Liturgia da França, de 1969: "Responder ao apelo do Ressuscitado e realizar juntos o sinal da Igreja visível são duas perspectivas que fazem compreender que a importância da celebração do domingo (Eucaristia) não depende, em primeiro lugar, de uma lei ou de um preceito a satisfazer, mas bem antes de uma necessidade vital e de uma exigência interior da fé de todos os cristãos, do povo cristão enquanto tal. É por isso que a Igreja jamais cessou de se reunir todos os domingos, fosse qual fosse o perigo que isso lhe fizesse correr ao longo de sua história".

Vemos, portanto, que a celebração do domingo não depende, em primeiro lugar, de uma lei ou de um preceito! Depende, sim, do conhecimento, da convicção pessoal que se tem da importância da Missa de domingo. É, portanto, uma pedagogia errada ameaçar com pecado mortal se a pessoa não entende o que é, não tem convicção; se ela não tem consciência do que seja a missa, essa pessoa não comete pecado mortal faltando à missa. Pois cada um só é culpado segundo a sua consciência. E é incrível como muitos pais e até padres (!) ameaçam uma criança, no albor de sua consciência, com inferno se faltar à missa! Isso é comodismo pecaminoso, é "burrícia" inominável: pois é mais fácil fazer tais ameaças do que tentar explicar a fé na Eucaristia e transmitir o gosto por ela, numa dimensão de amor, tudo adequado à compreensão da criança e do próprio adulto que ignora as coisas da Fé. Será necessária uma pedagogia de muita prudência, de muito discernimento para adequar a necessidade de certa disciplina, de certo treinamento da vontade para formar hábitos bons e a necessidade de fazer a inteligência entender o valor, a necessidade humana da Eucaristia. A criança será sempre sensível à motivação do amor, principalmente quando esse amor toma a dimensão de um Deus que se fez um dos nossos, morre ensanguentado numa cruz, ressuscita para nos garantir a felicidade e... torna-se Pão, na Eucaristia, para estar conosco todos os dias... todos os domingos na missa.

34. MISSA "INTEIRA"?

Há muito católico de mentalidade mesquinha, que vive medindo as coisas da fé com matemática, vive medindo tudo com a fita métrica do comodismo. Até a Eucaristia-missa passa pela tabuada. Há os que perguntam de que ponto, de que parte em diante a missa é **válida**. Quer dizer, querem saber qual é o último **prazo** em que devem chegar à missa para ter cumprido o **preceito dominical:** "chegando no Evangelho... no Ofertório... a missa ainda é válida?" Por incrível que pareça, ainda há tais perguntas.

Como resposta-matemática, mas tão tola como a pergunta, responder-se-ia que a parte essencialíssima da missa é a Consagração... Você daria uma disparada à Igreja, ouviria as palavras da Consagração, daria uma espiada na hóstia erguida pelo celebrante e... iria embora, mesmo sem a Comunhão (Como se você pudesse tomar parte numa refeição sem comer!). Não seria um absurdo dizer ao cristão "matemático" que nesse caso teria "participado" da eucaristia, da missa? Pois olhe, há muita gente, por aí, com ideia parecida com essa, quanto à missa dominical... Ideia legalista, mania de tratar as coisas de Deus como sinal de trânsito: até onde posso avançar sem "ser multado"?... São cristãos, não de vida religiosa e cristã, mas de prática, e prática reduzida pelo relógio e pela fita métrica do comodismo...

Olhem, a Eucaristia tem duas mesas: a mesa da Palavra de Deus e a mesa do Pão. Ora, a fé nasce da Palavra de Deus. Jesus diz: "Quem escuta o ensinamento do Pai e dele aprende, vem a mim" (Jo 6,45). A missa não começa com o Ofertório, começa com o Sinal da Cruz. Dispensar-se da Palavra de Jesus e **assistir à** missa somente do Ofertório em diante seria mais ou menos você dizer assim: "Olha, Senhor, o que falas, isso não me interessa. Entrarei na missa quando fizeres o favor de calar-te..."

Claro, outra coisa será se você chega **atrasado** sem culpa, uma vez ou outra. Vá lá! Mas, **por princípio** dispensar-se da Liturgia da Palavra porque você **resolve** assim, ou porque o "sermão do padre é chato"... Pois faça como aquele sábio que ouvia com atenção o **sermãozinho** reduzidinho do vigário e dizia: "Não ouço o **modo** como ele prega, medito **o que** ele prega". Lembre-se: a missa tem duas mesas: a da Palavra e a do Pão!

35. SÓ NO DOMINGO?

Como já vimos, desde os tempos apostólicos, a Eucaristia-missa era celebrada pela Comunidade no domingo, dia do Senhor.

Pergunta-se se a missa semanal, celebrada no sábado-domingo há quase dois mil anos, não poderia ser em outro dia da semana.

Há várias razões em favor do domingo e que excluiriam outro dia. Em primeiro lugar: o domingo é o dia do Senhor, celebra a Ressurreição, a Páscoa. Desde as origens da Igreja foi assim. Domingo já é o dia do descanso semanal e facilita a presença para participação na missa. Outra razão muito importante: seria difícil, num dia de semana, dia de trabalho e ocupações, reunir a Igreja, isto é, a assembleia. A reunião dessa assembleia maior facilita a explicação da Palavra de Deus. A assembleia reunida expressa melhor a fraternidade, o sentido de comunidade. A comunidade reunida no domingo, para celebrar o maior ato religioso do Cristianismo, é um forte indicativo a nos ensinar que a fé deve ser publicamente professada reconhecendo em ato comunitário que Deus, autor da vida e da sociedade, tem direito a uma manifestação pública, comunitária, da religião: É uma lembrança, um ensinamento, de que a religião não é tão somente uma questão particular, pessoal, mas um dever da própria sociedade. Do contrário, a Igreja deixaria de ser sinal, sacramento universal, social, comunitário.

Claro que, se uma pessoa ou um grupo de pessoas, por diversas circunstâncias, que não dependem da vontade da pessoa ou do grupo, não puderem participar da missa no domingo, impedidas por algum motivo justo, legítimo, é claro que estão dispensadas da missa dominical. E se a missa só puder ser celebrada em outro dia da semana, claro que essa missa não deixará de ter os mesmos frutos que a missa dominical. Alguém até poderia dizer: "Valem mais quatro missas anuais participadas na segunda-feira do que nenhuma nos domingos". Ou então dizer: "É melhor a missa bem aproveitada na segunda-feira que uma missa distraída no domingo". Pode até ser que você, pessoalmente, intimisticamente, devotamente, possa ter alguma razão; mas isso não invalida as razões acima expostas em favor da missa dominical.

36. COMUNHÃO: EUCARISTIA É UMA REFEIÇÃO

A Eucaristia é a Redenção exercida, tornando presente, reatualizando o sacrifício da morte e ressurreição de Jesus. É o sacrifício da cruz renovado no altar, pelo qual Jesus oferece ao Pai, por nós, o louvor, a ação de graças, a reparação... Tudo isso é verdade. Mas, a Eucaristia é, além de tudo, caracteristicamente, uma refeição: quer alimentar. É a Comunhão.

As palavras com que Jesus institui a Eucaristia são incisivas: "Isto é o meu corpo: tomai e comei! – Este é o cálice do meu sangue: tomai e bebei!". E mais: a Eucaristia foi instituída durante uma refeição.

Para encontrar-se conosco durante nossa vida, Jesus torna-se presente nos atos profundamente humanos e cotidianos: banho/água no batismo, unção com óleo... A partir da significação humana e cotidiana, Jesus os torna sinais eficazes da sua ação divina. Assim ele faz com a Eucaristia: manda repartir, comer e beber (Lc 22,17): "Tomai e reparti entre vós"! "Comei!" "Bebei!" É uma refeição fraterna. É uma refeição de pão e vinho, carregada de sentido humano, para nos comunicar realidades infinitamente superiores: seu corpo e sangue sacrificados na cruz e glorificados pela ressurreição. É uma refeição que faz a Comunhão com Deus e com os irmãos: mistério de fé!

Insiste-se, sim, que a maravilha do sacramento da Eucaristia é a presença real de Cristo no pão e no vinho consagrados. Mas, ressalte-se que essa presença tem uma finalidade: ser uma refeição; ser **comida** e ser **bebida**! E **comida** e uma **bebida,** para serem partilhadas pela Comunidade. O **sinal** do sacramento, na Eucaristia, completa-se pelo **sinal-alimento,** e alimento partilhado na Comunidade. O sinal eucarístico é uma assembleia que consagra e compartilha um repasto sacrifical. É um repasto, uma refeição que congrega irmãos, torna irmãos aqueles a quem essa refeição congrega.

Vamos tirando, pois, uma conclusão que não teria sentido participar de uma Eucaristia, de uma missa sem tomar parte na refeição, sem comungar. Seria o mesmo que ir a um banquete, convidado, e não comer.

37. COMUNHÃO: POR QUE UM ALIMENTO?

O mundo, o Homem, sem comida, deixa de viver. Sem comida nem bebida os corpos mais vigorosos definham: a vida é alimentada pela comida e bebida. Assim também a vida divina da Graça, a Vida Nova, tem, no corpo e no sangue de Cristo, o alimento. E por que o pão e o vinho? – Porque são alimentos básicos e são o símbolo de todos os outros alimentos.

Pela comida e bebida o homem comunga com o universo. Os frutos da terra recolhem dela, pelas raízes, todas as energias profundas e obscuras do solo; assimilam a chuva, o ar, o calor, as forças cósmicas: há um encontro do Universo no grão de trigo e no cacho de uvas. Pelo pão e pelo vinho, realmente o homem tem o universo em suas mãos e todo o cosmo se comprime à mesa do homem. Transformando os alimentos e passando-os ao seu corpo, o Homem integra o mundo à sua carne e ao seu sangue, à sua vida. Toma o alimento em suas mãos, toma o universo em suas mãos, leva-o à boca, assimila-o ao seu corpo. Ora, o cosmo, com seus elementos: a água, o ar, o sol, o leite, o pão, o vinho, tudo é dom de Deus; é o amor divino feito alimento, feito vida para o Homem: "o Homem come da mão de Deus", diz Ecl 2,24.

Ora, o Autor do cosmo, através do Verbo seu Filho, torna esse mesmo alimento (pão) e essa bebida (vinho), torna-os, pelo Espírito Santo, o corpo e o sangue de Jesus. E isso a fim de que o Homem possa comer, alimentar-se, comungar não só o universo, mas o próprio Autor do universo, que se torna alimento.

Dizia um materialista que o "Homem é o que ele come". Imagine agora o que diz então a fé vendo o homem comer a carne e o sangue do Filho de Deus. Ao menos dirá que o cristão é outro Cristo, tem a vida participada de Deus, já que, pela comunhão eucarística, ele **assimila** Deus à vida humana. Daí se compreende como São Paulo podia dizer: "Já não sou eu quem vive, mas é Cristo que vive em mim" (Gl 2,20). A presença contínua de Cristo em nossa vida pela Eucaristia vai alimentá-la, vai fazer-nos entender que **vida e fé** serão uma realidade só no nosso dia a dia.

38. COMUNHÃO: COMER JUNTOS

Eucaristia, Comunhão não é um "comer sozinho, mas juntos": ação comunitária. Na mentalidade judaica, a maior prova de amizade e fraternidade era "comer juntos". Daí que se escandalizavam quando viam Jesus comer junto com os que eram considerados pecadores públicos (Zaqueu, Mateus), e por isso condenavam esse procedimento de Jesus. Na instituição da Eucaristia, Jesus enfatiza a dimensão fraterna e comunitária da Comunhão de um modo inaudito com a cena do Lava-pés. Faz-se o último, o servidor de todos numa Igreja servidora, faz desaparecer todas as diferenças, dando bem a entender como devem tratar-se entre si os que recebem o mesmo corpo e sangue do Senhor. Eucaristia é o sacramento da ternura de Deus e da fraternidade.

Só tem sentido receber Cristo no pão, se eu receber, aceitar, amar esse mesmo Cristo no irmão. Em Mt 25,31-46, Jesus enfatiza bem onde nós o encontramos, acima de tudo: no irmão.

Daí que São Paulo, em 1Cor 11,18-28, reprova o procedimento de uma Comunidade de Corinto que, na celebração da ceia eucarística, fazia sofrer em humilhações alguns irmãos mais necessitados. São Paulo não se escandaliza com a falta do jejum eucarístico ou com alguma incorreção teológica, mas "passa um pito" pela falta de caridade, justamente na hora em que todos iam receber o mesmo corpo do Senhor. Como se dissesse: "Não se pode alimentar-se de um mesmo corpo de Cristo, sem formar realmente um só corpo com os irmãos".

Impõe-se aqui, parece-me, uma conclusão prática, mas muito séria: Como é que se pode admitir que uma Comunidade, que se diz cristã, católica, como é o caso da Igreja na América Latina, no Brasil, comungue o mesmo corpo de Cristo, no templo, ao lado e juntamente com tantos irmãos que, fora do templo, são tratados com indiferença por essa mesma Comunidade que se cala diante das criminosas injustiças que existem por aí? Meu Deus, quanto cristão descomprometido com o Cristo que é comungado na missa e, depois, é vomitado covardemente na conivência com injustiças, no desamor aos irmãos! Comungar para quê?...

39. COMUNGAR UMA VEZ POR ANO?

A essa altura, depois de ter revisto tanta coisa maravilhosa sobre a Eucaristia e a Comunhão eucarística, poderia você perguntar-se: "Mas por que, em seus Mandamentos, a Igreja fala em comungar uma vez por ano?" – Bem, em primeiro lugar, a Igreja não diz que é para comungar "uma vez só" durante o ano. Esse Mandamento está assim expresso por diversos motivos históricos, e, também, com uma finalidade pedagógica, como a nos dizer: "Não esqueçam..." Pois poderá haver realmente circunstâncias em que dificilmente, durante o ano, será possível participar da eucaristia. Em todo caso... ao menos uma vez por ano... É esse o sentido, tá?...

Para um cristão consciente, de fé adulta, hoje, comungar só uma vez por ano, talvez somente para cumprir uma lei, é um absurdo, uma enormidade! Compreendemos que, sendo a Eucaristia uma refeição, faz parte da refeição, o comer. Imagine você convidado para um jantar: você entra na sala da refeição, reza as orações da mesa, participa da conversa e... fecha a boca e não come... Pois, toda vez que participamos de uma Eucaristia, de uma missa, deveríamos comungar, como a coisa mais "natural".

Sim, claro que, para comungar, há uma condição, um pré-requisito indispensável: que estejamos preparados, isto é, na amizade com aquele que vamos receber na Comunhão. Mas, não seria normal, na vida de um cristão que vive seu Batismo, não seria normal que ele estivesse sempre **preparado** para receber em seu coração aquele que ele, cristão, se esforça por proclamar em todas as circunstâncias do dia a dia? Só mesmo a consciência de uma falta grave, de um pecado mortal, impediria a Comunhão e então o pecador deveria procurar antes o sacramento do perdão. Mas, pequenas faltas, misérias que nos acompanham cada dia, essas não impediriam nossa comunhão eucarística. O arrependimento, vontade de sempre melhorar, o esforço e uma "espanada" geral, numa confissão ocasional, fazem com que tudo "se arranje", quando se ama verdadeiramente a Cristo. E que cada um siga as orientações que recebe na direção espiritual ou por ocasião da confissão sacramental. Vamos acabar, pois, com a "comunhão imposto de renda", a comunhão anual "obrigatória, por lei"!

40. E O JEJUM EUCARÍSTICO?

Embora seja uma coisa secundária, na Eucaristia, muita gente fica encabulada com o jejum antes da comunhão, o jejum eucarístico.

Como lemos na Bíblia, nos Atos dos Apóstolos, no início, a Eucaristia fazia parte de uma refeição normal entre os cristãos: o ágape. Depois, devido a abusos, como o próprio São Paulo nota, a Igreja foi ficando mais rigorosa e foi disciplinando a liturgia da Eucaristia, da Comunhão. E, para impor mais respeito; para darem mais valor à Eucaristia; para os participantes terem em vista a diferença entre o pão comum e o pão eucarístico, a Igreja começou a usar um meio pedagógico como preparação para a recepção da Eucaristia-Comunhão: um período de jejum. Não que fosse incompatível receber a comunhão eucarística durante uma refeição comum; mas para que o povo aprendesse a distinguir uma refeição comum da refeição eucarística.

No correr dos séculos, a disciplina da Igreja tratou de modo diferente esse jejum eucarístico. Até meados do século XX, aí por 1950, o jejum era rigoroso: para quem iria celebrar a eucaristia (o padre) ou para quem iria receber a Comunhão no dia seguinte, o jejum começava meia noite do dia anterior e ia até à hora da Comunhão. Jejum rigoroso nem uma gota d'água era permitido ingerir. O sacerdote que deveria celebrar várias missas no dia seguinte (domingo), devia ficar em jejum rigoroso até a última missa; nem a água da ablução do cálice na missa anterior ele podia tomar. A casuística da Moral, naquele tempo, descia a minúcias que hoje são tidas como ridículas: por exemplo, se o comungante, indo à missa, distraidamente, limpando os dentes com a língua engolisse um "cisco" de pão, isso quebrava o jejum e ele não podia; comungar... Ó tempos!...

Com o Papa Pio XII, o jejum foi sendo mitigado e, hoje, até uma hora antes da Comunhão pode-se comer. Água e remédios nunca quebram o jejum.

Alguns ficam duvidando sobre os "60 minutos". Perguntam: e 5 minutos?... Ora, o cristão ainda conserva o bom senso para lhe dizer que não é a matemática do relógio que funciona aqui, mas, bom senso mesmo...

41. COMUNHÃO "NA BOCA" OU "NA MÃO"?

A fé também tem uma pedagogia, uma formação, um desenvolvimento. A fé da Primeira Comunhão, da grinalda e do branco "paletozinho-em-pé", aquela fé tem que se tornar adulta, sempre mais consciente, comprometida.

Em primeiro lugar, receber a Comunhão, a hóstia, diretamente na boca ou que seja colocada na sua mão para você mesmo levá-la à boca, isso é uma questão secundária, mas muito secundária mesmo. Há, na Igreja de Deus, tantas outras questões da teologia pastoral que deveriam ocupar nosso tempo, nossas reuniões; tantos problemas há, na Igreja de hoje, que deveriam tomar melhor o tempo e as declarações, as cartas e avisos de tantos vigários e até de bispos. Mas ainda acontece que até muito bispo fica brabo, carrega o senhor, e, dedo em riste, condena a comunhão na mão. E, no entanto, talvez nessa mesma diocese ou paróquia ficam no fundo do baú do comodismo documentos importantes da Igreja Universal e da CNBB...

Bem, mas vamos ao caso concreto da tal questão: "na mão" ou "na boca"?

Se a fé tem uma pedagogia, um crescimento, não sei por que não deverá haver também na liturgia da Comunhão um crescimento adulto, no sentido de não se dar ao adulto o alimento como se faz com as criancinhas. Comida na boca, as mães dão às criancinhas; o adulto alimenta-se com suas próprias mãos. Dizem: "É falta de respeito, a mão pode estar suja"... Mas, diga-me: o que será mais "sujo": a mão ou a boca? A saliva, a baba, o cuspe que está na boca, na língua... Não é ridícula a pergunta?

Há pouco ouvia eu, de uma pessoa que não admitia a comunhão na mão, o célebre e surrado argumento: "No meu tempo não era assim!" Aliás, é um dos "santos" que mais tem devotos: é o "Santo Meu Tempo". Tentei explicar àquela pessoa que no tempo dos apóstolos, das primeiras comunidades, a comunhão era na mão e que o chefe de família levava a eucaristia para os que não tinham podido ir à missa. Mas a "comungante-na-boca" ficou com o argumento canonizado do "no meu tempo", e continuou arreganhando a boca e lambendo os dedos do padre... Olhe, gente, em vez de tanta devoção ao "Santo Meu Tempo", por favor, mais devoção ao menos ao "Santo Bom Senso"!

42. E "OUTRAS" MAIS

Desculpem os leitores o estar eu talvez "perdendo tempo" com tantas minúcias sobre a Eucaristia-comunhão, quando haveria tanta coisa mais importante para meditar. É quase verdade. Mas já tratamos das coisas fundamentais da Eucaristia e até poderemos falar mais. Entretanto, há coisinhas que poderiam ser qualificadas de bobices, mas que aí estão fazendo parte de preocupações de muita gente e que a nossa pastoral deve tratar também, a fim de purificar cada vez mais a fé.

Outra ideia meio atrapalhada: muitos ainda pensam que, para receber a Comunhão, é necessária a Confissão. Não separam o sacramento da Confissão do sacramento da Eucaristia-comunhão. Confessar para comungar é uma afirmação comum, por aí. O sacramento da Reconciliação-Confissão não foi instituído por Cristo para você poder comungar a Eucaristia. A Confissão é para você pôr-se em dia com Deus, com o irmão, com a Igreja. É para a reconciliação de sua consciência com Deus, é para "limpar a cocheira" (desculpem!), é para você viver novamente a Vida Nova da Graça.

Para comungar, você só está obrigado a confessar, sacramentalmente, se sua consciência achar que está em pecado grave e precisa procurar a Confissão. Ou, então, se já faz bastante tempo que não passa pelo sacramento da Confissão e já está na hora de dar uma "espanada" maior. Ao menos uma vez ao ano, dar essa "espanada", talvez seria o mínimo para um cristão esclarecido e que conhece o valor da Confissão. Bem, mas isso é assunto para oportunamente tratarmos com mais vagar.

Mais uma "quase superstição": muito comungante fica apavorado quando, ao receber a hóstia, toca-a nos dentes ou dá uma mordida na hóstia. Muita gente pensa até que isso é pecado. Não! Fique tranquilo! Escute: comida não seria, propriamente, para ser mastigada? Sendo a hóstia pequena, de fácil deglutição, não precisa mastigar. Mas, se acontecer uma "mastigadinha" em Jesus, fique tranquilo, ele não vai achar ruim. Agora, sabe a "mordida" que Jesus acha ruim? É a "mordida" que você dá nele quando o morde na pessoa do irmão... Aí, sim, dói!

43. A COMUNHÃO FORA DA MISSA

A Comunhão eucarística só tem seu sentido pleno, integrante, quando recebida dentro da missa da qual você participa. Pois a Comunhão é um alimento servido durante uma refeição, que é a Missa, antigamente chamada "Fração do Pão", "Ceia". Assim como, por si, não teria sentido participar da missa sem comungar, assim também, por si, a Comunhão só teria sentido dentro da missa.

Mas há ocasiões, circunstâncias e motivações que justificam a Comunhão fora da Missa. Por exemplo: numa celebração da Palavra onde não há sacerdote para a missa, a Comunhão pode ser distribuída, dentro da celebração, pelo leigo que preside à celebração. Outro motivo razoável para se dar a Comunhão fora da missa será o caso de um enfermo que não pode participar da missa ou alguém que não pôde participar da missa e deseje comungar. Nesses casos a Igreja quer que se observem os ritos prescritos para favorecer a dignidade e lembrar o sentido pleno dessa participação na Eucaristia, que é sempre participação com o corpo de Cristo e com o seu sacrifício.

Com a salutar onda da renovação litúrgica que se iniciou aí por 1950 e se consolidou principalmente com o Vaticano II, há realmente a insistência de que a Comunhão tenha lugar durante a missa, a refeição na qual o alimento do corpo do Senhor é participado.

Aconteceu, entretanto, e ainda anda acontecendo, que alguns católicos, os tais da turminha que sempre "sabe o Pai-Nosso melhor que o vigário", não aceitaram a renovação litúrgica: não aceitam a missa em português e um mundo de outras atualizações da Igreja. Esses tais, "integristas", não aceitam o Papa desde Pio XII. Pois bem: esses tais, para contestar a Liturgia renovada teimam em comungar fora da missa, durante a qual ficam rezando o terço, contestando a missa participada. Acabando a missa, lá vem a turminha dos empalitozados e engravatadinhos pedindo a Comunhão: e tem que ser "na boca", quando não pedem que as orações sejam em latim... senão o Cristo é capaz de nem estar na hóstia! Isso tudo não passa de uma grande falta de fé na presença do Espírito Santo em todos os tempos.

44. POR QUE, PRA QUE COMUNGAR?

Das minúcias tratadas até agora, voltemos, para concluir, às dimensões fundamentais da Comunhão eucarística.

A pergunta é: Por que e pra quê comungar? – Há pessoas que já me disseram que estavam comungando para "pagar promessa"; e ainda: para pagar promessa que outros fizeram...

Outros motivam melhor a Comunhão eucarística: Para agradar a Deus... É porque Jesus mandou... É que é mandamento da Igreja, ao menos uma vez por ano... Eu comungo porque me sinto intimamente bem...

A motivação da "promessa" não pode ser motivação para comungar, muito menos "pagar promessa" que outra pessoa fez. A pessoa que fez a promessa, que a pague, ora! As outras motivações, até certo ponto, podem ser válidas, justificadas; mas não constituem o motivo principal, a finalidade fundamental da Comunhão eucarística.

Como já dissemos quando falamos dos sacramentos em geral, a gente recebe o(s) sacramento(s) para nós mesmos nos tornarmos um sacramento, quer dizer, um sinal, um testemunho de Cristo no mundo.

Essa deve ser a finalidade, o motivo profundo da Eucaristia: receber o Cristo na Eucaristia para que a presença contínua dele transforme nossa vida numa vida cada vez mais cristã. Uma vida orientada pelos critérios da fé, uma vida iluminada e dirigida por uma consciência cristã crítica, à base da Boa-Nova do Evangelho e dos ensinamentos da Igreja. Vamos semanalmente à Eucaristia para conferir nossa vida vivida durante a semana no mundo, conferi-la com a Palavra, na liturgia da Palavra. E depois de termos oferecido nossa vida a ele, ele se encarna em nossa vida e vem a nós, na Comunhão, para ir viver mais uma semana conosco, no mundo. Assim, e tão somente assim, a Eucaristia, a Comunhão sacramental terá sentido: tornar-nos outro Cristo, um sinal, um sacramento de Cristo no mundo, proclamando o Plano de Deus, a Fraternidade, a Justiça, e denunciando corajosamente tudo aquilo que se opõe a esse Plano. Esta é a finalidade da Comunhão e nosso compromisso com a Eucaristia.

45. O SACRÁRIO – SANTÍSSIMO SACRAMENTO

Quando começamos a falar da Eucaristia, dizíamos que ela tem três dimensões: Missa – Comunhão – Sacrário. Por que Jesus no Sacrário?
Nas origens da Igreja, já havia o costume de se conservarem hóstias consagradas no sacrário com a finalidade de se levar a comunhão aos doentes e o Viático (a última comunhão, a comunhão da "viagem") para os agonizantes. Portanto, desde o início, a Igreja nunca duvidou de que Cristo, após a celebração da missa, continuava real e verdadeiramente presente na hóstia consagrada, quer ela fosse levada em comunhão aos doentes, quer ela ficasse dentro de um cibório, no tabernáculo (sacrário), quer fosse exposta à adoração, no ostensório.

Aos poucos, foi-se firmando, entre o povo cristão, a devoção a Jesus Sacramentado, ao Santíssimo, a Jesus Hóstia. Esse culto é expresso de variadas formas: a oração simples diante do sacrário; a oração diante do Santíssimo exposto para a adoração dos fiéis; a bênção eucarística com a oração do *Tantum ergo* (Tão grande sacramento); as procissões eucarísticas, principalmente na festa do "Corpus Christi".

Forma já oficializada de culto público ao Santíssimo Sacramento são os Congressos Eucarísticos, quer regionais, quer nacionais, e mesmo internacionais. Congressos esses preparados com a meditação de temas atuais e celebrados com a presença oficial da Igreja e de todo o povo. Claro que o ponto alto dessa veneração-adoração a Jesus Sacramentado é sempre a celebração eucarística da missa.

A devoção ao Santíssimo é expressa popularmente pelas Visitas ao Santíssimo: a conversa, o diálogo, o "papo" que a gente faz na presença de Jesus no sacrário. Santo Afonso Maria de Ligório, fundador dos Redentoristas, bispo, missionário, escritor de mais de 100 livros, o santo popular e prático, escreveu um livrinho de ouro, com 31 meditações – uma para cada dia do mês –, chamado "Visitas a Jesus Sacramentado", através do qual a gente reza, conversa, adora, aprende a se tornar amigo íntimo de Jesus. Já conhecem? – É uma joia de orações bonitas ao Santíssimo!

46. LIÇÕES DO SACRÁRIO

Jesus, presente nas hóstias consagradas que estão no sacrário, tem certamente alguns recados a nos dar:

1. O Amigo não instituiu a Eucaristia para ficar isolado num cibório frio, num tabernáculo fechado. Ele ali está para que conversemos com ele, para que o escutemos.

2. Jesus deixa bem claro que a Eucaristia é uma refeição onde ele se torna o alimento para poder integrar-se em nossa vida, para ele poder tornar-se nossa vida. Ele quer ser assimilado por nós como o alimento assimilado. Ele passa para nós e nós passamos para ele.

3. Jesus, que converteu o pão em seu corpo, ele aí está, aí permanece, convidando-nos continuamente à conversão, para que nós nos tornemos sempre mais, como Comunidade cristã, o corpo de Cristo.

4. O Santíssimo, com a presença de Jesus após o ato sacrifical da missa, recorda o acontecimento pascal, não só como um fato histórico passado, mas como um acontecimento permanente. É memorial perene de sua morte na cruz e de sua ressurreição: Ele morreu, mas não está morto; ele ressuscitou, continua vivo!

5. "Meu irmão, minha irmã – nos diz ele, depois da Consagração eu fico realmente presente enquanto vocês, com os sentidos, podem perceber, na hóstia, as aparências sensíveis do pão. E quando venho a você, na Comunhão? Quando as "espécies", as aparências do pão e do vinho, como qualquer outro alimento é digerido, assimilado pelo seu corpo, como fico eu? – Escute: uma vez consumida a Eucaristia, minha presença não se desvanece, não: ela se transpõe! Eu fico no teu coração, na tua vida. Você vai "substituir" as aparências do pão e do vinho. Eu vou continuar a ser sacramento visível através de você. Sim, você que agora vai tornar-se um sacramento, isto é, tornar-me visível ao mundo, através de suas palavras, de suas atitudes de vida! Esta é finalidade da Comunhão eucarística assídua: Eu me transformo em você e você se transforma em outro Jesus Cristo. Você será o sacramento, sinal da minha manifestação ao mundo: através do seu testemunho de vida!"

Meu irmão, minha irmã: deu para entender o recado?

47. DIMENSÃO SOCIAL DA EUCARISTIA

É até mais do que evidente (se assim podemos nos expressar) a dimensão teológica, doutrinária, vertical da Eucaristia: a presença de Jesus, o Filho de Deus. Mas, haverá na Eucaristia também uma dimensão horizontal, social, comunitária, humana? – Também isso salta aos olhos.

Repisemos mais uma vez coisas evidentes. Já vimos que, quando Deus Pai planejou a felicidade do Homem, fazendo-o seu filho, dessa dimensão vertical da grandeza do Homem, Deus passa ao mesmo tempo à dimensão social. Deus, Pai de todos, quer-nos como irmãos: somos seres sociais, constituímos uma Comunidade. Por justiça e amor somos responsáveis uns pelos outros, sim. Há uma dimensão social, fraterna, comunitária, que não pode ficar desconhecida! A doutrina, o aviso mais gritante e exigente dessa dimensão social é a Encarnação do Filho de Deus como Homem. Ele se faz um dos nossos, nosso irmão, e Jesus resume todo o Evangelho da Boa-Nova com essa dimensão (Mt 25,31-46).

A Eucaristia foi instituída por Jesus justamente para ele poder estar conosco e reunir-nos ao redor de uma mesa, onde todos, como irmãos, vamos receber, na Comunhão, o mesmo corpo do Senhor: "Tomai... comei... reparti entre vós..." E Jesus impõe como condição para receber a Comunhão: o amor fraterno, o perdão: "... chegando ao altar (para comungar o corpo de Cristo) se te lembrares que... vai primeiro reconciliar-te... depois volta (Mt 5,23-24; 1Cor 11,18-28). Não se entende, pois, a Eucaristia, a Comunhão eucarística, sem essa dimensão social da fraternidade, do amor, da justiça com o irmão.

Tenhamos, pois, a honestidade e a coragem de colocar a Eucaristia diante da realidade social de desamor e de injustiça da nossa sociedade. Como pode ainda ser chamada **cristã** uma sociedade onde muitos teimam em cumprir um preceito pascal, em receber, com os irmãos, o Cristo na hóstia consagrada e logo depois tratam tão mal, desconhecem esse mesmo Cristo na pessoa do irmão, desrespeitando seus direitos de filho de Deus? Cristãos comungantes do corpo de Cristo que "desancam" a Igreja quando ela, como Mãe amorosa e aflita, grita pelos direitos de seus filhos, que devem ser tratados como filhos de Deus!

III | LITURGIA

1. LITURGIA – O QUE É?

Talvez antes de começarmos a falar sobre os sacramentos já deveríamos ter falado sobre esse assunto, a Liturgia. Mas como a maior expressão litúrgica se encontra, realiza-se na Eucaristia, penso que agora, depois de tratar da Eucaristia, é que é melhor ocupar-nos da Liturgia.

Quando se fala em Liturgia, logo vem à mente a ideia de cerimônias, ritos e... paramos por aí. Mas não é bem isso, não é só isso.

"Liturgia" vem do grego e designa, em geral: ação, serviço prestado ao povo, à comunidade: *ergon* = ação, obra; "leitos", de *laós* = povo.

No Antigo Testamento, já era exercida como serviço do Templo prestado pelos sacerdotes. No Novo Testamento, esse serviço à comunidade e louvor a Deus aparecem com vários nomes, desde a "diakonia", "mysterium", "sacramentum", "ministério".

São Bento deu-lhe também um nome: *opus Dei*, que engloba: o louvor a Deus e a ação de Deus em nós, comunicada ministerialmente e em sinais.

A palavra "Liturgia" no sentido cristão-eclesial foi introduzida no século XVI. Em 1784 temos uma definição (Muratori): "É o modo de adorar o verdadeiro Deus por meio de ritos externos e legítimos para testemunhar a glória de Deus e tornar os homens participantes da sua glória". A encíclica *Mediator Dei* (1947) diz: "A sagrada Liturgia é o culto público que o nosso Redentor presta ao Pai, como cabeça da Igreja; e é o culto que a Comunidade dos fiéis presta à sua Cabeça (Cristo) e por meio de Cristo ao Pai. É o culto público total do Corpo Místico de Cristo, isto é, da Cabeça e de seus membros". O documento do Vaticano II sobre a Liturgia diz: "Liturgia é o exercício da função sacerdotal de Cristo, pelo qual, através de sinais sensíveis, se verifica e se realiza, de maneira própria a cada um, a santificação do Homem; e através do Corpo Místico de Cristo (Cabeça e membros) se exerce o culto público e integral" (*Sacrosanctum Concilium*, 7).

Essas definições nos dão uma ideia geral e fundamental do que é a Liturgia. Vamos esmiuçar e esclarecer mais.

2. ENTENDA A LITURGIA

A Liturgia é uma ação que tem, por assim dizer, dois movimentos em duas direções: uma ação **ascendente** e outra ação **descendente**. Para Deus sobem o louvor, a adoração, a ação de graças, a reparação; para os homens, para a Comunidade-povo; descem a ação de Deus, a comunicação da sua mensagem, a ação salvífica. E essa dupla ação é uma ação de Cristo que apresenta ao Pai nosso louvor e nos alcança do Pai os dons salvíficos. Ação dupla, tornada visível pela palavra, pelos gestos, ritos e cerimônias: realidades sensíveis, constitutivas da Liturgia.

Deus propriamente não precisa da glória que damos a ele. Ele já é infinitamente feliz por ser quem é. Por isso, o culto litúrgico é dirigido à glória de Deus na medida em que ajuda os homens a conseguirem para eles aquela felicidade, aquela glória preparada por Deus para eles no céu.

A Liturgia, portanto, é um acontecimento sagrado. É uma **atualização,** uma **memória** de um acontecimento. Assim, nos sacramentos, e, de modo especial na Eucaristia, comemora-se, **atualiza-se,** a redenção de Cristo realizada por sua morte e ressurreição.

A Liturgia realiza-se, de modo sensível, visível, através de palavras, gestos, ritos, cerimônias. Mas não é uma coletânea, uma coleção de ritos. As palavras pronunciadas, os gestos, o rito, as cerimônias pertencem à Liturgia de modo essencial: pois a ação sacerdotal e mediadora de Cristo é caracterizada e se processa com sinais exteriores. Mas, o principal será sempre a realidade que as palavras e gestos querem traduzir: Cristo louvando por nós o Pai e continuando a nos salvar.

Como culto oficial da Igreja, a Liturgia tem que ser aprovada pela autoridade da Igreja. Mas, a par desse modo oficial de nos comunicarmos com Deus, louvando-o, e de ele comunicar-se conosco, não se nega com isso a possibilidade de um encontro com Deus independente dos sinais externos oficiais da Liturgia.

3. AINDA A LITURGIA

Vimos até aqui que a Liturgia é uma atualização, por meio da Igreja, da ação salvífica, sacerdotal e mediadora de Cristo, sob os sinais sacramentais. Portanto, a Liturgia quer traduzir o Evangelho, a Boa-Nova, o Plano de Deus aos homens, hoje, através de palavras e gestos. É, por isso, uma comunicação: comunicação nossa com Deus, louvando-o, agradecendo, reparando, pedindo... e comunicação de Deus com a comunidade, com o povo, com os homens de hoje.

Dar glória a Deus, sim, mas de um modo que seja compreensível a quem está dando glória a Deus. Por isso as palavras, os gestos devem ser compreensíveis a quem fala e faz, e não esotéricos, incompreensíveis, tão misteriosos que o homem não entenda nada do que significam (numa língua que ele não entende...). Logo, as mudanças para tornar a Liturgia mais compreensível são exigências da natureza da própria Liturgia.

Por isso, o conceito de "culto" a Deus, o "mistério", o indefinível não esgotam a definição de Liturgia na sua dimensão **ascendente,** para Deus, pois a Liturgia tem também a dimensão **descendente,** para o povo, para a Comunidade, para o Homem, que tem que entender o que ele mesmo está dizendo a Deus e o que Deus está dizendo a ele, por palavras e gestos. Assim, pois, a Liturgia, além de louvor a Deus, na sua direção **ascendente,** ela deve e tem a finalidade de traduzir para a comunidade, por meio de palavras e gestos, o Evangelho, a Boa-Nova. Mas para transmitir a mensagem aos homens, a Liturgia tem que usar palavras e gestos compreensíveis, que possam traduzir a mensagem. De nada adiantaria dizer palavras e fazer gestos incompreensíveis, vazios, que nada dissessem aos ouvintes. "Daí que a Liturgia tem que descer" com suas palavras e gestos para que a mensagem seja entendida pelos participantes e para que os participantes compreendam o que se está dizendo a Deus como louvor. Do contrário seríamos papagaios ou robôs, falando e gesticulando sem entender nada do que dizemos a Deus nem do que Deus nos quer dizer.

4. O QUE É MESMO A LITURGIA?

Você já percebeu que Liturgia é comunicação do homem com Deus, através de Jesus Cristo e da Igreja, e comunicação de Deus com o homem, através de palavras e de gestos. E vimos que as palavras e os gestos devem ser compreensíveis, devem traduzir o que o homem quer dizer e o que deve entender.

Portanto, há uma relação muito grande entre Liturgia e Inculturação. Inculturação é o modo como vamos evangelizar um povo, tendo em vista e usando o modo, os costumes, a língua com que esse povo se comunica com a natureza, com os homens e com Deus. Seria um absurdo querermos impor o Evangelho, comunicar a Boa-Nova a um povo, a uma Comunidade, desconhecendo seus costumes, sua língua, afinal, sua cultura. Seria, por exemplo, absurdo celebrar hoje a Eucaristia na Angola, usando unicamente, do começo ao fim, o latim e os gestos da liturgia romana, desconhecendo o modo como os angolanos costumam homenagear a Deus. Lá, dizem, uma missa pode durar até duas horas, com o ofertório realizado em meio a danças típicas e com oferendas dos frutos da terra, tudo ao som de cânticos próprios do povo e da comunidade.

Claro que mesmo a inculturação e as adaptações da Liturgia devem salvar os valores essenciais do Cristianismo e evitar aquilo que negasse as verdades fundamentais da Fé. Deve haver, sim, esquemas universais de palavras (como as da Consagração) e ritos fixos que, de certo modo, preservem uma expressão de unidade na doutrina. Mas, de outro lado, a Liturgia deverá ter a justa e adequada elasticidade para uma adequada inculturação, de modo que, nas diversas regiões e países, as palavras e os gestos possam traduzir tanto a mensagem que enviamos a Deus como a que Deus e a Igreja nos querem proclamar. Caberá à Santa Sé e às Conferências Episcopais de cada Região e País ajeitar, na Liturgia, as partes que podem e devem ser adequadas para que ela cumpra sua função.

Além da Liturgia oficial, canônica, há também as numerosíssimas "liturgias" populares – se assim podem ser chamadas –, incluindo a religiosidade popular. Todas válidas, claro, dentro das normas da Teologia Pastoral.

5. A LITURGIA E O CRISTÃO LEIGO

Embora a Liturgia tenha no bispo, no padre e no diácono as pessoas oficiais, hierárquicas, para o desempenho das funções litúrgicas, os cristãos leigos também devem ter e têm vez na Liturgia. E porque deve ser assim? – Porque o fiel leigo é membro vivo dessa Igreja; como batizado ele é filho de Deus, participa da tríplice missão de Cristo: sacerdotal, profética, régia. Todo cristão leigo, como diz São Pedro (1 Pd 2,9) "pertence ao povo eleito, à raça sacerdotal e santa".

Por isso o Vaticano II, redescobrindo o leigo e revalorizando-o na Igreja, o faz participante, ao lado dos ministros sacros, no exercício das funções da Liturgia. O cristão leigo hoje participa de vários ministérios intraeclesiais: ministro da eucaristia, dos doentes, da palavra etc. Inclusive a mulher tem muito mais presença na Liturgia. O último Sínodo pensou conferir à mulher alguns ministérios intraeclesiais.

Cabe aqui uma reflexão, um questionamento que não pode passar despercebido. É o seguinte: Quando falamos em ministérios, em Liturgia, logo pensamos nos ministérios e na Liturgia intraeclesial. Mas será que a ideia de "Liturgia" não poderia estender-se também ao *opus Dei*, ao serviço de Deus nas outras circunstâncias da vida, fora do âmbito do Templo, quando se dá a administração dos sacramentos ou a celebração do Ofício Divino? No mundo todo, na sociedade, na família, nos diversos ambientes, o cristão leigo, com sua presença, dando testemunho de fé, tentando consagrar essas realidades a Deus, não estaria ele aí, exercendo verdadeiro ministério, uma santa Liturgia?

Por que só dentro do templo? Por que o cristão leigo é ministro, exercendo uma liturgia, quando ele, em circunstâncias especiais, batiza ou quando o casal administra o sacramento do Matrimônio? E nas outras circunstâncias da vida, com sua presença cristã, não poderá estar ele numa verdadeira e santa Liturgia? Algo exterior e oficialmente diferente do que no exercício dos ministérios e Liturgia intraeclesiais, sim, mas, também no mundo ele está como participante do sacerdócio, do profetismo e da função régia de Cristo. Você já pensou nisso?

6. SINAIS OU "TREJEITOS"?

A Liturgia usa muito a linguagem dos sinais, dos gestos e das posições.
O primeiro sinal, o mais importante e o mais conhecido é o sinal da cruz. Já no catecismo da 1ª comunhão aprendemos que "o sinal da cruz é o sinal do cristão", lembram-se?

O sinal da cruz é riquíssimo em significado. Por ele expressamos, anunciamos três verdades ou dogmas fundamentais da nossa religião: a Santíssima Trindade, a Encarnação e a Morte de Jesus Cristo. Quando você diz: "Em nome do Pai, do Filho e do Espírito Santo", você está proclamando o mistério da Santíssima Trindade. Quando você leva à testa as pontas dos dedos da mão direita aberta, dizendo: "Em nome do Pai"... você desce com a mão em haste vertical e toca na altura do estômago continuando: "...e do Filho", você está indicando o mistério da Encarnação: o Filho de Deus desceu ao seio de Maria. Depois, levando a mão direita para o ombro esquerdo ("e do Espírito...") você completa a cruz tocando o ombro direito ("...Santo..."), você está indicando a Morte de Jesus na cruz.

Mas, veja bem: Jesus morreu numa cruz. E a cruz é formada por uma haste vertical e por uma haste horizontal, não é? E você já viu como muita gente faz o sinal da cruz? (Claro que você o faz direitinho!) O sinal da cruz de muita gente parece mais um espanador ou coisa que o valha. O indivíduo dá uma "espanada", umas "voltinhas" com a mão direita na frente do peito, depois de ter dado uma apontada com o indicador para cima... Mais do que um sinal, é um "trejeito" da cruz. E depois termina dando um beijinho nos dedos; ou, se quiser, um tapinha na boca. Olhe, Cristo não morreu pregado num espanador, mas numa cruz!

Por favor, façamos corretamente o sinal da cruz: mão direita aberta, toque a testa com a ponta dos dedos, dizendo "Em nome do Pai..." desça em linha vertical até à altura do estômago: "...e do Filho..." leve a mesma mão ao ombro esquerdo: "...e do Espírito...", leve a mão ao ombro direito e conclua: "Santo. Amém." E não precisa dar o "tapinha na boca" nem beijar os dedos. Preste atenção em você mesmo quando fizer o sinal da cruz, e confira se também você não o substitui por uma "espanadinha"!

7. E O "PERSIGNAR-SE"?

À semelhança do sinal da cruz, há também o belo costume cristão de "persignar-se". Consiste nas três cruzinhas que fazemos na testa, na boca e no peito. Minha vovozinha ensinou-me que a cruz na testa é para Deus nos livrar dos maus pensamentos; na boca, para nos livrar das más palavras; e, no peito, para nos livrar das más ações. É uma piedosa e muito boa explicação. Mas há um sentido mais expressivo para o cristão militante: A cruz na testa indica, lembra que o Evangelho deve ser estudado, conhecido; a cruz nos lábios lembra que o Evangelho deve ser proclamado: é a nossa missão profética; e a cruz no peito, à altura do coração, quer indicar que o Evangelho deve ser, acima de tudo, vivido, testemunhado.

Liturgicamente fazemos essas três cruzinhas do "persignar-se" cristão quando, na missa, nos preparamos para ouvir o Evangelho: estamos de pé, indicando com essa posição que estamos dispostos a marchar, pela vida, com o Mestre.

Mas aqui, novamente, desculpem a lembrança: vocês já viram como muita gente "desenha as três cruzinhas"? – Faz-me lembrar o que um caboclo respondeu ao missionário que perguntou se ele sabia fazer o sinal da cruz: "Sô missionáro, eu sei falá as palavra, sim siô; eu não sei bem é esparramá elas na cabeça e nos peito..." Ao "persignar-se" ou fazer as três cruzinhas, algumas pessoas "esparramam" umas pancadinhas ou "cutucõezinhos" na testa, na boca e no peito. E quando fazem isso com rapidez, fica um "negócio" indecifrável... uma disparada de trejeitos.

Procure, pois, fazer corretamente este sinal litúrgico, também tão rico de significado cristão. Tente fazê-lo, agora, e compare-o com aquele que muita gente faz, ou que você mesmo, distraidamente talvez, costuma fazer. E desculpe minhas indiscrições, reparando tanta coisinha. Mas, coisinhas que têm sua importância, não é?

LITURGIA

8. A GENUFLEXÃO E SEU ARREMEDO

A par do sinal da cruz, o gesto mais comum na liturgia cristã é a genuflexão. Essa palavra vem do latim, da palavra composta: *genus* (joelho) e do verbo *flectere* (dobrar, flexionar). Isto é: toma-se a posição ereta e faz-se o gesto de tocar o chão com o joelho da perna direita. A genuflexão é, pois, um gesto firme, completo, fazendo-se o joelho direito tocar o chão.

A genuflexão não é o mesmo que se pôr de joelhos: isto é feito com os dois joelhos e fica-se nessa posição como atitude de adoração. Na genuflexão não se fica de joelhos: só toca-se o chão com o joelho da perna direita e levanta-se de novo.

Aqui também, vocês já repararam como algumas pessoas "arremedam" a genuflexão? Fazem um gesto engraçado, até cômico e difícil de descrever. É o caso do sujeito que entra na igreja e tenta fazer a genuflexão: só que em vez de tocar o chão, corretamente, com o joelho direito e pôr-se novamente de pé, ele dá uma "agachadinha", dá um "coicinho" para trás com uma das pernas... Nem fica de pé, nem se ajoelha. Faz uma ameaça de genuflexão, mas não chega a fazê-la, pois para na "agachadinha" misturada com o "coicinho". E "enfeita" o arremedo com o já conhecido sinal da cruz: a "esparramadinha" da mão no peito, a tal "espanada". E a "obra" fica completa quando ele se persigna dando as "pancadinhas" na testa, na boca e no peito.

Pior ainda é quando o devoto, em vez de genufletir cortesmente diante do Santíssimo, saudando o "Dono da Casa", vai fazendo os trejeitos acima descritos na frente de cada imagem que encontra ou fazendo, em cada imagem, com a mão, aquela massagenzinha indispensável.

Já pensou se uma pessoa vem visitar você e, em vez de cumprimentar a você que é o dono da casa, vai cochichando e fazendo gestos na frente de cada retrato que há na sala de visitas, sem dar a menor atenção a você que ali está! – É o que faz muito cristão ao entrar na igreja: em vez de saudar e conversar com Jesus no sacrário, vai benzer-se diante de cada imagem.

9. AS POSIÇÕES LITÚRGICAS

Além dos sinais e gestos sobre os quais já falamos, a Liturgia conta também com várias posições do nosso corpo: ajoelhados, sentados, de pé, deitados (prostrados). Quando se dão essas posições e o que significam?

De joelhos – é a posição, a atitude de adoração. Ajoelhamo-nos e assim permanecemos para prestar um louvor de adoração, isto é, reconhecendo Deus como Senhor, Princípio e Fim, Senhor da vida. Há várias ocasiões em que a Liturgia nos convida a essa atitude.

De pé – é a posição da assembleia quando aclama, quando canta. Ouvimos a leitura do Evangelho, durante a missa, de pé: quer significar que estamos prontos a caminhar com Jesus para as lutas da vida. É sinal de prontidão.

Assentados – é a posição do amigo que conversa com o amigo, que escuta o amigo. Assim é que ouvimos a explicação da Palavra proclamada; assim é que ficamos, após a Comunhão, para ouvir o amigo; ou de joelhos, para adorar esse amigo como Deus.

Deitados – a Liturgia usa também essa posição, embora mais raramente. Isso acontece na comemoração litúrgica da Sexta-feira Santa, quando o sacerdote, revestido de paramentos de cor preta ou roxa, começa as cerimônias prostrando-se diante do altar por alguns instantes. Outra ocasião em que se dá a prostração é na ordenação sacerdotal, antes da imposição das mãos: prostrar-se significa morrer com Cristo para ressurgir com ele!

Vemos, portanto, como a Liturgia valoriza todas as expressões corporais do Homem, tanto para louvar o Criador e Redentor como para transmitir aos próprios Homens a mensagem de salvação. Realmente todas as expressões humanas, as ideias, são expressas corporalmente, através dos sentidos, incluindo o som da palavra, do vocábulo, através do qual se manifesta o pensamento. É nesse sentido também que toda a natureza é, por assim dizer, uma liturgia de Deus: o Criador nos fala através da natureza toda. E como nos fala! E com que eloquência! Que o digam os santos, como São Francisco de Assis. Eles conversavam com Deus e Deus lhes falava através das criaturas: Liturgia dos homens, Liturgia de Deus.

10. MAIS UMA DIMENSÃO DA LITURGIA?

Talvez alguém estranhe que, falando dos Sacramentos, de Liturgia, venhamos agora com uma dimensão "alheia" ao assunto. Mas não deixa de ser um assunto muito nosso, muito oportuno, evangélico, muito cristão e muito **católico,** no sentido de que deveria ser **universal.**

Vimos que a Liturgia é a linguagem das palavras, dos gestos, dos ritos, através dos quais nos dirigimos verticalmente a Deus e Deus nos transmite sua mensagem e nós a comunicamos à Comunidade. Agora, vocês já pensaram na dimensão humana, social, política, fraterna da Liturgia, que respeita e reverencia no outro, no irmão, o próprio Jesus Cristo?

Sim, é isso mesmo. Nós temos tantos gestos e ritos para louvar, reverenciar Jesus Cristo no altar, na Eucaristia, nos ofícios divinos, no sacrário. Mas, quais são os nossos gestos, nossas palavras para respeitar, reverenciar e amar esse mesmo Jesus Cristo, não só presente num pão, num cálice, mas presente no irmão? Esse mesmo Jesus presente no rosto e nas veias do outro, do irmão?

Uma liturgia da caridade, da paciência, da misericórdia e da justiça, traduzida em gestos concretos de ajuda, de defesa dos direitos do outro! Uma liturgia traduzida em palavras escritas em leis justas, que deem aos irmãos os mesmos direitos humanos fundamentais que o próprio Cristo exige para todos, mesmo – e principalmente – para os mais pobres e deserdados!

Qual é a nossa "liturgia" com o pobre? Não somos daqueles que já nem podem ouvir a palavra "pobre" sem ficarem eriçados, condenando, de dedo em riste, toda e qualquer dimensão teológica da libertação de irmãos escravizados por sistemas injustos? Qual é nossa "liturgia", que reação, que atitudes "litúrgicas" tomamos, que compromisso temos com a Igreja Libertadora da América Latina, com a Igreja da CNBB em nossa Pátria Amada?

Que Liturgia dominical seria essa, que nos faz muito devotos comungantes de Jesus presente no pão eucarístico e nos permite que marginalizemos o mesmo Cristo presente no irmão que clama por justiça e caridade? Que Liturgia é essa?

IV | SACRAMENTOS DO SERVIÇO ECLESIAL: ORDEM E MATRIMÔNIO

1. A FIGURA DO SACERDOTE

Em todas as culturas, mesmo nas pagãs, sempre aparece a figura do sacerdote. E sempre com um caráter sagrado, numa mistura de divino e humano, com uma carga de profetismo e liderança, visto com respeito e temor.

No Antigo Testamento quase todos os 46 livros falam no sacerdócio judaico. Já à saída do Egito, com Moisés e Aarão, a história dos hebreus começa a ser fortemente marcada pela atuação do sacerdote. Após a escravidão no Egito, quando os judeus se estabeleceram na Palestina como povo, a ação dos sacerdotes confunde-se com a história do povo. Das 12 tribos havia uma destinada a fornecer os ministros: a tribo de Levi. Aos profetas e aos sacerdotes obedeciam os próprios mandatários do povo e os reis. Aliás, a característica por assim dizer constitutiva do povo judeu era a unidade indissociável de: povo-religião-nação. Era uma coisa só. Daí a importância do serviço religioso e dos sacerdotes e levitas.

São típicas no Antigo Testamento as leituras sobre minuciosas descrições de leis e prescrições até nos mínimos detalhes a respeito do serviço religioso e sobre os ministros do Templo. Impossível pensar em leis governamentais que não coincidissem com as prescrições religiosas e sacerdotais.

No Antigo Testamento são conhecidas as genealogias dos sacerdotes. Além do nome ficavam conhecidos os ascendentes, a família. Mas há um caso único em que um sacerdote, que ao mesmo tempo era rei, aparece, quase misteriosamente, sem genealogia. E foi ainda antes de se falar em Aarão, o primeiro e grande sacerdote, braço direito de Moisés na libertação dos hebreus do Egito. Encontramos em Gn 14,17-20: Abrão voltava vitorioso de uma batalha, quando lhe sai ao encontro Melquisedec, rei de Salém e ao mesmo tempo sacerdote, e, trazendo pão e vinho, oferece um sacrifício e abençoa Abrão. É uma personagem interessante: aparece e desaparece, sem deixar árvore genealógica nem descendência sacerdotal. Melquisedec, no Antigo Testamento, é a figura do Sumo Sacerdote do Novo Testamento: Jesus Cristo. É São Paulo que, na carta aos Hebreus, repete várias vezes isso, dizendo que "Cristo é Sacerdote segundo a Ordem de Melquisedec", isto é: como Melquisedec, Cristo também não teve ascendência humana sacerdotal nem descendência.

2. O MAIOR, O ÚNICO SACERDOTE

Como sabemos, no Antigo Testamento prefigurava-se o que, na realidade, seria realizado depois, no Novo Testamento, por Cristo Jesus. Portanto, desde o misterioso sacerdote-rei Melquisedec, todo o sacerdócio do Antigo Testamento era figura, era prenúncio do sacerdócio de Jesus Cristo. Ele não pertencia à casta sacerdotal do povo judeu. Jesus nunca se declarou sacerdote, nunca exerceu funções sacerdotais, rituais, durante a sua vida. Durante toda a sua mocidade foi alguém do meio do povo. Por que foi assim? É que Jesus Cristo vinha instituir uma nova Ordem, vinha abolir os ritos judaicos, vinha trazer uma coisa assombrosamente nova. Ele vinha substituir todos os sacerdotes, todo o sacerdócio. Ele vinha substituir todas as vítimas sacrificadas no Templo, pois ele vinha – e aqui está o inaudito – ele vinha para se colocar no lugar de todas as coisas, de todos os animais que eram diariamente sacrificados nos altares e oferecer-se, no altar da cruz, como a Vítima de expiação pela Humanidade toda!

Jesus veio para ser o Único Sacerdote, e, com um sacrifício só, abolir todos os demais. Um sacrifício, uma oblação de valor infinito, para dar a Deus o louvor, a ação de graças, a reparação de valor infinito, pois era ele, como Deus e Homem que seria, não só o Sacerdote, mas a própria Vítima. Ele seria o Grande Mediador entre Deus e os homens: a Deus daria o louvor, a satisfação de valor infinito; aos homens deixaria a revelação do grande amor de Deus a eles.

Mas, para poder oferecer um sacrifício pelo Homem, ele deveria, além de ser Deus, ser Homem também, para poder deixar-se pregar no altar da cruz. Por isso ele se encarna no seio de uma mulher, faz-se um dos nossos. Por assim dizer, "ordena-se" sacerdote no seio de Maria. Ele é DE DEUS, de um modo infinito, pois ele é Deus; mas ele é também DOS HOMENS, um dos nossos. Como Homem, ele nos representa, fala em nosso nome. Como Deus, ele dá a dimensão divina ao seu sacrifício, fala a "linguagem de Deus".

3. JESUS: SACERDOTE-MEDIADOR

A finalidade, a razão-de-ser do sacerdote é ser mediador entre os homens e Deus: dirige-se a Deus pelo culto (orações, sacrifícios) em nome dos homens e dirige-se aos homens, falando-lhes em nome de Deus.

Embora Jesus nunca tivesse exercido oficialmente no Templo essa função sacerdotal ritual, toda a atitude e palavras dele, em vida, davam a entender que ele seria o Mediador. A Oração Sacerdotal de Jesus na Quinta-feira da Eucaristia (Jo 17): "Pai, chegou a hora..." E, na Sexta-feira Santa, lá está ele, no Calvário, no altar da cruz, o grande e único Mediador e Sacerdote, pondo o ponto final no Antigo Testamento, abolindo o sacerdócio mosaico, substituindo todos os sacerdotes e todas as vítimas. Na Quinta-feira à noite ele já tinha garantido a continuação, a reatualização desse seu ato sacerdotal e redentor: sua morte e ressurreição. O sacrifício eucarístico da missa continuaria, sacramental e misteriosamente, mas real e verdadeiro, o sacrifício da redenção: ele continuaria sendo o grande, o único Mediador entre Deus e os homens remidos por ele!

Aqui está todo o sentido do sacerdócio de Jesus Cristo. Pelo pecado do Homem, que se rebelara contra o Plano de Deus, houve uma ruptura entre o Homem e Deus. O Homem, finito, limitado, caído, não podia, não tinha condições para uma reparação de dimensão infinita, já que a ofensa atingira Deus. Daí é que vem o Filho de Deus, toma nossa natureza pecadora, toma sobre si todos os nossos pecados, e, como Mediador único, faz a grande reparação que só mesmo ele poderia fazer. Daí que, realmente, Jesus se tornou e continua sendo o único Sacerdote. E todos os outros sacerdotes, desde os Apóstolos até o último sacerdote no mundo, são participantes do sacerdócio de Cristo. Todos os sacerdotes cristãos só são sacerdotes enquanto participam do único Sacerdote e Mediador, Jesus Cristo.

É esse Cristo que se torna assim a pedra fundamental, a "pedra angular" da sua Construção, que é a Igreja. Assim também entendemos que a Igreja toda, o Povo de Deus participa do sacerdócio de Cristo como "raça sacerdotal", embora Jesus tenha disposto que haja ministros que o representem. Falaremos disso logo mais.

4. COMO JESUS-SACERDOTE CONTINUA?

Nunca será demais repetir que Jesus Cristo é o único Sacerdote e Mediador. Só ele realiza a plena união do homem com Deus. Como Sacerdote e Mediador, ele é o Caminho, não só aponta um caminho. Ele é a Verdade, não só traz a verdade. Ele é a Vida, não só é alguém que vive por nós. Ele é a Cabeça de todo o corpo (Igreja), ele faz a unidade, a coerência do corpo todo. É ele e somente ele que continua fazendo a mediação entre os Homens e Deus, como Sacerdote único e supremo.

Mas Jesus Cristo, que veio proclamar o Plano de Deus, anunciar o Reino, ele quer que esse Reino, cujo sinal de realização é a Igreja, continue através dos séculos. Ora, com isso ele quer que o seu Sacerdócio continue também, pois sem a sua mediação sacerdotal não há Redenção continuada. Por isso ele tinha que deixar representantes seus. Não podia – e ele nem quis – deixar-se representar por anjos, pois ele, depois que se encarnou e tornou-se "um dos nossos", vai continuar esse modo humano de fazer as coisas divinas. O que fez então?

Jesus entregou a mãos humanas os poderes sacerdotais que ele mesmo tem. Escolheu seus representantes, seus **sucessores** como sacerdotes. Nós vemos isso muito claro no Evangelho. Com paciência infinita preparou "os Doze". Passa aos Apóstolos tremendos poderes sacerdotais. Em Mc 3,13-19, entre outras passagens evangélicas, Jesus escolhe os Doze. (Porque "Doze"? – Lembra as 12 tribos de Israel... 12 é um número simbólico na Bíblia: é número de círculo completo, perfeição. Igreja é o novo Israel: nos Doze está toda a Igreja em germe.) Em Lc 10,16: "Quem vos ouve, a mim ouve". Na Quinta-feira Santa, lembra a gratuidade, acima de tudo, da **vocação**: "Não fostes vós que me escolhestes, mas fui eu que vos escolhi. Ide..." E, nessa mesma Quinta-feira Santa, dá-lhes o supremo poder de um sacerdote: "ordena-os" sacerdotes quando lhes dá o poder de celebrar a Eucaristia, a missa: "Fazei isto..." Com uma palavrinha Deus fez o mundo com todas as suas maravilhas: "Faça-se..." Com poucas palavras: "Fazei isto" Jesus passa àqueles homens o poder sacerdotal na sua expressão mais alta: transformar o pão e o vinho no corpo e no sangue do Senhor. Os apóstolos tornam-se sacerdotes!

5. OS APÓSTOLOS E SEUS SUCESSORES

Ao fundar uma Igreja que deveria continuar pelos séculos, e dando aos Apóstolos todos os poderes, inclusive o sacerdotal, é evidente que Jesus quis que os Apóstolos transmitissem esses poderes aos seus sucessores, através dos tempos.

Está claro no Evangelho que Jesus instituía um colegiado apostólico e, nesse colegiado, uma autoridade que deveria ter, em última análise, o governo supremo da sua Igreja: Pedro, o primeiro chefe, o primeiro Papa – como posteriormente se chamaria o sucessor de Pedro. Os demais Apóstolos teriam, cada um, seu sucessor. Hoje esses sucessores dos Apóstolos são os Bispos. Os Bispos não são simples "representantes do Papa", mas, sucessores dos Apóstolos. Por isso, em cada Diocese o respectivo bispo governa a Diocese como sucessor dos Apóstolos; ele é aí a autoridade suprema. Embora, como membro do "Colégio Apostólico" deva estar em comunhão com o Papa, sucessor de Pedro. É nos Concílios Universais da Igreja que essa Colegialidade é exercida de modo especial: o Papa (sucessor de Pedro) com os Bispos (sucessores dos Apóstolos). (Para entender mais profundamente esses pontos doutrinários, leia, do Vaticano II, *Lumen Gentium*, principalmente cap. II, e *Christus Dominus*.)

E São Paulo Apóstolo, como é que "se arranja"? Ele recebeu sua missão diretamente de Jesus. Mas, como ele mesmo conta, foi "pedir a bênção" de Pedro e de outros Apóstolos e conferir suas pregações com as pregações dos Doze (Gl 1.18; 2,1-10). Essa comunhão com o Colégio Apostólico, fundamental para a Igreja de Cristo, sempre foi preservada, apesar de dissenções.

O trabalho principal dos doze apóstolos e de Paulo foi fundar as primeiras comunidades. E, nessas comunidades, deixavam seus representantes. Recebiam vários nomes esses representantes dos apóstolo nas comunidades: **profetas** para anunciar a palavra; **diáconos** para o serviço; **epíscopos** para governar as comunidades; e logo escolhiam auxiliares, os **presbíteros** (padres), que recebiam a "imposição das mãos".

6. ATRAVÉS DOS TEMPOS

No século I, a pastoral na comunidade era exercida colegialmente, e os **epíscopos** e **presbíteros** mais ou menos a equivaliam.

No século II é que se firma o bispo (epíscopo) como a cabeça da Comunidade, que é assistido por um colégio de padres, o presbitério. Era o bispo que presidia a Eucaristia celebrada com os presbíteros, presente a Comunidade. Desde os primeiros tempos os epíscopos e os presbíteros vivem a mesma realidade ministerial e sacramental. Mas com distinção de funções atestada por uma diferença na ordenação: os bispos exercem o ministério pastoral de presidência e unidade, responsável primeiro em relação à Igreja particular (diocese), e depois à Igreja universal (em união com o Papa). Os presbíteros exercem o mesmo ministério sacerdotal no quadro das Igrejas particulares em comunhão com o seu epíscopo e no reconhecimento de sua autoridade. Os padres (presbíteros) são, portanto, os cooperadores da Ordem episcopal. Com seu bispo eles tornam pessoalmente presente o Cristo Mediador, o Cristo Pastor. Suas funções principais: anunciar o Evangelho, conduzir a comunidade; santificá-la pelos sacramentos, principalmente pela Eucaristia.

Desse ministério de Jesus é que participam os bispos e presbíteros, configurando-se com Cristo pelo dom do Espírito Santo recebido na ordenação pela imposição das mãos. Na ordenação episcopal é conferida "a plenitude do sacramento da Ordem". Pela ordenação os sacerdotes são "configurados com Cristo Sacerdote e tornados aptos a agir em nome de Cristo Cabeça."

No início, parece, havia uma unidade de convivência e de pastoral maior entre os epíscopos e os presbíteros. Com o correr dos tempos, quando o Poder começou a influenciar na Igreja com as concessões também materiais dos Reis e Imperadores, os bispos começaram a se assentar em tronos, acima dos padres, e estes, por sua vez, começaram a tomar distância do povo, inclusive pela vestimenta. (Em 428, o Papa Celestino I protestou contra isso!) Hoje, após o Vaticano II, graças a Deus e ao bom senso, as coisas estão mudando para maior simplicidade e aproximação cada vez maior entre bispos e padres e entre os padres e o povo...

7. COMO É A ORDENAÇÃO SACERDOTAL?

O rito da ordenação sacerdotal, com suas orações e gestos, poderá ajudar-nos a entender melhor a grandeza desse sacramento. Acompanhemos, pois, a cerimônia:

A ordenação sacerdotal de um diácono que passa a ser presbítero é feita por um bispo, durante a celebração da missa. Geralmente vários sacerdotes concelebram. E, depois da ordenação, do Ofertório em diante, o neossacerdote também já concelebra a Eucaristia.

Logo depois da leitura do Evangelho começa o rito da ordenação. O candidato (diácono) é apresentado ao bispo ordenante pelo Superior religioso ou diocesano do candidato. O bispo faz perguntas sobre o diácono, inclusive para o povo. Nesse momento qualquer pessoa presente poderá dar testemunho sobre o candidato. Terminado o depoimento, o bispo faz uma longa exortação lembrando o que é o sacerdócio e suas responsabilidades, exortação essa dirigida especialmente ao ordinando.

Em seguida, estabelece-se um diálogo entre o celebrante e o ordinando, no qual este deve dizer claro o que pretende, manifestando sua vontade firme de viver o sacerdócio. Seguem-se então as invocações da Ladainha de Todos os Santos, durante a qual o diácono se deita debruçado no chão, assim permanecendo até o fim da Ladainha. Essa prostração é símbolo das renúncias que o ordinando se dispõe a fazer para abraçar o sacerdócio. Terminada a Ladainha, o candidato põe-se de joelhos diante do bispo e este faz a oração invocando o Espírito Santo.

E, aqui, vem o momento supremo e essencial da ordenação sacerdotal: a imposição das mãos. É uma cerimônia significativa e muito bonita. O bispo ordinante, em silêncio, impõe as duas mãos sobre a cabeça do ordinando. Depois, todos os sacerdotes presentes, um por um, passam diante do ordinando, impõem sobre ele as duas mãos e retiram-se com a mão direita levantada, conservando-a assim até que o último tenha feito a imposição das mãos. Estando assim todos ao redor do diácono, com a mão direita levantada, o bispo faz a oração que constitui, juntamente com a imposição das mãos, a forma essencial da ordenação.

8. CONTINUA A ORDENAÇÃO SACERDOTAL

Na oração consecratória, que é longa mas muito bonita e de significado profundo, assim reza o bispo a determinada altura: "Nós vos pedimos, Pai Todo-Poderoso, constituí este vosso servo na dignidade de presbítero... obtenha, ó Deus, o segundo grau da ordem sacerdotal..." (O primeiro grau é o Episcopado.)

Agora o ex-diácono já é sacerdote, já é padre. Está ordenado. Recebeu o sacramento da Ordem, é presbítero da Santa Igreja.

E, como complementação ritual, o neossacerdote recebe as vestes sacerdotais, trazidas por seus pais ou parentes. Em seguida são ungidas as mãos do ordenado. A unção é feita nas palmas das mãos. Como na Crisma, no Batismo, e, um dia, na Unção dos Enfermos, aparece aqui o óleo sagrado, o santo crisma. Como já vimos, **óleo, crisma, unção-ungido** são termos equivalentes. E daí vem a palavra **Cristo,** o Ungido. Por isso o sacerdote é também ungido para a sua missão sacerdotal. À unção das mãos, assim reza o bispo: "Nosso Senhor Jesus Cristo, a quem o Pai ungiu com o Espírito Santo, e revestiu de poder, guarde-te para a santificação do povo fiel e para oferecer a Deus o santo sacrifício".

Em seguida, o bispo entrega ao neo-ordenado a patena com a hóstia e o cálice com o vinho, e reza esta oração: "Recebe a oferenda do povo para presenteá-la a Deus. Toma consciência do que fazes e põe em prática o que vais celebrar, conformando tua vida ao mistério da cruz do Senhor".

Daí em diante, começando o Ofertório, o neossacerdote concelebra com o bispo e com seus colegas. Consagra pela 1ª vez: está celebrando a 1ª missa! E para aumentar a beleza da cerimônia, a emoção do abraço da paz: do bispo, dos sacerdotes, da família, dos participantes todos.

E... "Tu és, agora, sacerdote eternamente, segundo a Ordem de Melquisedec, como Cristo Jesus o foi, e a quem tu representas por toda a eternidade!"

9. A "MARCA" INAPAGÁVEL

Aprendemos no catecismo que os sacramentos do Batismo, da Crisma e do Sacerdócio imprimem uma **marca** indelével, que não se apaga e que se chama **caráter**. Esse **sinal,** esse **caráter** marca o batizado, o crismado e o sacerdote por toda a eternidade. Assim que, quem é batizado, crismado e ordenado, o é por toda a eternidade, vá para onde for, salve-se ou condene-se.

Como para o batizado e para o crismado, também para o ordenado, o sacramento da Ordem é um carisma, um sinal, um caráter que permanece eternamente. É irreversível: ninguém pode ser "desbatizado", "descrismado" ou "desordenado", "despresbiterado". "Tu és sacerdote eternamente."

O que pode acontecer, para o sacerdote, é que ele possa alcançar a dispensa do ministério. Quer dizer: a dispensa de exercer o ministério, os trabalhos, as funções sacerdotais. E até mesmo alcance a dispensa do celibato (sobre o qual falaremos oportunamente) e casar-se. Tudo bem. Mas, da ordenação sacerdotal, do caráter sacerdotal, ele não receberá dispensa. Assim, tanto no batizado, como no crismado e no sacerdote, pode acontecer que a vida não corresponda ao Batismo, à Crisma ou à dignidade sacerdotal. Mas, mesmo assim, o batizado continua um batizado, o crismado continua crismado e o sacerdote continua ordenado sacerdote. O padre é um ministro consagrado vitaliciamente.

É por isso, devido ao **caráter** que esses três sacramentos imprimem, que eles não podem ser repetidos. Uma vez validamente recebidos, valem para todo o sempre, são irrepetíveis!

Nesse aspecto, o problema maior, claro, é com o sacerdócio, dadas as consequências que a ordenação sacerdotal traz para a pessoa, para a comunidade, para a Igreja toda. Daí a longa preparação que deve preceder a ordenação sacerdotal. É de suma importância o discernimento da vocação, acompanhada por uma pedagogia de muita sabedoria e bom senso durante os longos anos da formação. É este, aliás, o grande problema da Igreja, hoje, como o foi em todos os tempos. Tanto que o Papa João Paulo II convocou um Sínodo para tratar da formação sacerdotal.

10. A VOCAÇÃO SACERDOTAL

Tratando do sacramento da Ordem vimos até agora a parte mais fundamental, doutrinária, sobre o sacerdócio. Para um aprofundamento doutrinário você poderá ler o documento do Vaticano II: *Presbyterorum Ordinis*. Agora, vamos ocupar-nos de alguns aspectos mais práticos e populares sobre o padre.

Em primeiro lugar, padre não se improvisa. É necessário que alguém tenha a vocação para o sacerdócio. Vocação vem do latim: *vocare*, chamar; *vocatio*: chamamento. É preciso que o candidato ao sacerdócio seja chamado por Deus e pela Igreja. Num sentido genérico, toda vocação supõe um **chamado** e que haja condições para seguir a vocação. Como é isso? Como se manifesta a vocação sacerdotal?

Em primeiro lugar, através da própria pessoa, através das qualidades exigidas e da vontade livre. Nesse primeiro aspecto, Deus estaria se manifestando à própria pessoa através dessas qualidades. São pré-condições, as quais chamaríamos de "vocabilidade", isto é, possibilidade de vocação. Nesse caso, o jovem manifesta a inclinação, a vontade de "ser padre". Mas isso não basta. Então, normalmente ele deve passar por alguns testes iniciais e por um teste mais longo, geralmente num Seminário. Aí, sob a orientação de pessoas idôneas e com conhecimento da pedagogia na formação sacerdotal, o candidato vai estudando sua "vocabilidade". E, durante esse período, as qualidades requeridas para o sacerdócio vão se manifestando; ou vai se manifestando sua ausência, e então o candidato acaba sendo aconselhado a "desistir", pois faltam-lhe os requisitos indispensáveis: saúde, tanto física quanto psíquica; inteligência suficiente para dar conta dos longos estudos; inclinação, gosto, interesse, vontade de dedicar-se ao apostolado, ao ministério; e, acima de tudo, resolução sincera de renunciar a outro "estado-de-vida" (matrimônio-Família, na Igreja ocidental) para se dedicar inteira e totalmente à vida sacerdotal e apostólica.

Mas, é só nisso que consiste a Vocação? Observadas as condições acima descritas, já poderia ser ordenado? – Não, ainda não! Veremos a seguir.

11. O CHAMADO OFICIAL DA IGREJA

A vocação sacerdotal teria então, digamos, dois "chamados": o primeiro, como vimos anteriormente, através das possíveis qualidades que chamávamos de "vocabilidades". Qualidades essas que seriam estudadas normalmente num período mais ou menos longo, no Seminário.

Mas, mesmo constatando-se essas qualidades, o candidato, o seminarista, ainda não pode afirmar com certeza que tenha vocação. É necessário que aconteça o "chamamento oficial" da Igreja. A vocação sacerdotal eclesial confirmada pela Igreja. Um bispo da Igreja deve aceitá-lo para a ordenação sacerdotal. E, claro, o bispo só o aceitará quando os responsáveis pela formação, os que conhecem mais profundamente o candidato, o apresentarem a ele. Se faltar esse chamamento oficial da Igreja, não há vocação sacerdotal. Quantas vezes acontece que o candidato tem uma "vontade louca" de ser padre: insiste, teima, não desiste. Mas os Superiores, os responsáveis que o conheceram com mais profundidade, atestam que lhe faltam qualidades indispensáveis, quer físicas, intelectuais, psíquicas ou morais. E que, sem esses requisitos – ou alguns deles – seria uma imprudência, uma aventura, a ordenação sacerdotal. Nesse caso o rapaz pode desistir, ele não tem vocação, se a Igreja não o chamar oficialmente. E, dolorosamente, por vezes tem acontecido que alguém assim, teimoso em querer ser chamado, consegue insinuar-se e "convencer" algum bispo ou reitor de seminário e ser aceito para a ordenação. O bispo passa por cima ou "fura" as informações, e, com o engodo e a falácia do argumento da "falta de padres", ordena essa pessoa. Mas, pouco depois, surgem dolorosas constatações provando que, realmente, o fulano não deveria ser ordenado. Mas... "tarde piaste"!

A vocação sacerdotal é uma vocação de compromisso com a fé, acima de tudo. Fé, tanto na linha vertical, com o Transcendental, como na horizontal, com os filhos de Deus, com o Plano total de Deus. Daí que, tanto no período da formação, como durante a própria vida sacerdotal, torna-se indispensável uma autêntica e perseverante vida de oração.

12. A BATINA E O CELIBATO

Você já reparou qual é o "prato-cheio" e a "sobremesa" que em geral aparece nesses programas de TV quando o assunto é: o padre, a vocação? – Batina e Celibato. Falemos agora da "batina". Nesses programas, quando o assunto é "padre", dá-se quase o mesmo que em programas maçantes e irritantes sobre o aborto: nunca se faz à apresentadora nem à "nobre" deputada a pergunta fundamental: "É lícito ou não matar um ser humano inocente e indefeso?"... Assim, a pergunta fundamental: "O que, quem o padre representa, biblicamente, teologicamente? Como?"

Bem, mas deixemos de lado os programas da TV. Quanto à **batina,** ao hábito, é uma questão disciplinar de secundaríssima linha, diante das momentosas questões e problemas que preocupam a Igreja hoje. O hábito religioso tem um valor relativo maior ou menor dependendo do tempo e da cultura, dos costumes de um povo. Dou um exemplo: faz alguns anos, eu conversava com um padre irlandês, da Irlanda mesmo, onde o catolicismo é tão vivo e os sacerdotes tão respeitados (não falo da Irlanda do Norte, bem entendido...). Lá na Irlanda os padres andam sem a batina. Eu disse ao meu confrade redentorista que eu estranhava como justamente na Irlanda, um país tão tradicionalmente católico, os padres não andavam na rua com a batina. E ele me deu uma resposta muito interessante: "Olha, Ribolla, lá na Irlanda, um padre sair à rua de batina seria o mesmo que você, aqui no Brasil, sair à rua paramentado como quando você celebra a missa". Houve um santo que fundou uma congregação religiosa e proibiu as Irmãs de usarem outro **hábito** senão o vestido, a **moda** própria das mulheres como se vestiam então. Hoje, aquela veste virou o hábito, a batina dessas Irmãs. Ai de nós tentar mandá-las vestirem o que as mulheres estão usando hoje! Deu para entender?

Há circunstâncias em que a batina até ajuda. Mas, concluamos que o hábito principal do padre, do religioso, é o testemunho de sua vida!

13. POR QUE PADRE NÃO CASA?

Outro dia ouvi a resposta jocosa que um padre muito brincalhão deu à pergunta acima que lhe fizera uma moça: "Porque não é da sua conta!" Ainda bem que o padre e a moça estavam bem-humorados. Claro que a pergunta tem razão de ser e o celibato do padre certamente é uma interrogação para muita gente.

O celibato, antes de tudo, não é um **dogma,** uma exigência doutrinária, teológica da Igreja. É simplesmente uma medida disciplinar. Até o século IV o celibato era opcional. Do século IV até hoje, na Igreja Ocidental, o celibato é de prescrição para os sacerdotes do rito latino. No começo não era assim. Eram ordenadas também pessoas casadas. São Pedro era casado; tinha sogra.

O celibato trouxe problemas? – Claro, como também "livrou" o celibatário de outros problemas. Na Igreja Oriental, antes da ordenação sacerdotal, o seminarista pode escolher: ser padre casado ou não. Escolher antes, não depois.

O celibato, hoje e sempre, quando livremente aceito por quem se ordena sacerdote, deve ser visto e vivido na dimensão dos Conselhos Evangélicos como a Pobreza e a Obediência. Sem essa visão de fé, será "quase um desastre". Um jugo, uma repulsa, descontentamento, levando até a uma "vida dupla".

A posição da Igreja Ocidental hoje ainda é pela conservação do celibato. Mas, nada impede que amanhã ela mude de posição, não vendo mais a disponibilidade oferecida pelo celibato como uma grande vantagem.

Não é "pecado" nenhum pensar no dia em que tantos irmãos nossos, casados, tantos líderes de Movimentos, de Comunidades, puderem ser ordenados sacerdotes. Padres casados, por exemplo, entre as diversas classes profissionais ou em cada bairro, nos grandes prédios de centenas de apartamentos... Estar lá, naquelas comunidades, um sacerdote vivendo com sua família e podendo atender àquela gente com o ministério sacerdotal. Por que não?

Outro pensamento que não seria "pecado": pensar na volta ao ministério sacerdotal de tantos colegas nossos que, com a devida licença, deixaram o ministério, estão casados mas desejariam voltar a exercê-lo. Bem, o assunto parece interessante, por isso continuará.

14. AINDA O CELIBATO

A Igreja tem sua caminhada, ela não tem pressa, sabe que tudo chegará a seu tempo. Inclusive, cada Papa tem uma missão especial a cumprir, dentro do tempo e das circunstâncias em que o Espírito Santo o elegeu. O nosso grande Papa atual, querido Francisco, tem o carisma especial, a grande e importante missão de alargar a vertical da Fé na dimensão social do Homem. Haja vista principalmente os dois documentos sobre a justiça e a dimensão social: *Laborem exercens* e "Solicitude da Questão Social ". Outro Papa virá, oportunamente, para resolver também essa questão interna do celibato.

Claro que, mesmo acontecendo um dia a liberação do celibato, ficará sempre a livre opção para ele. Isto acontecerá, por exemplo, para quem quiser, além do sacerdócio, abraçar a vida religiosa. Aí fará a opção e o compromisso abraçando os chamados "conselhos evangélicos" da Pobreza, Castidade (celibato) e Obediência. Pois na Igreja de Deus sempre foi uma riqueza espiritual a vida religiosa consagrada. Não há dúvida que a disponibilidade fica mais facilitada para o apostolado em tempo integral. Mas, opcional.

Às vezes, chegamos a colocar no mesmo nível de valores o celibato e a evangelização pelo sacerdócio. Claro que o sacerdócio/evangelização tem um valor maior, mais imperativo que o celibato. Portanto, em si, o celibato não poderia ser colocado como condição *sine qua non* para alguém ser sacerdote, ser evangelizador pleno através do sacerdócio. Em outras palavras: alguém poderia ter a vocação para o sacerdócio e não tê-la para o celibato. A Igreja, no entanto, ainda tem razões para dizer o contrário.

Deixo bem claro que os questionamentos acima emitidos são de minha inteira responsabilidade; não estou tomando posição nenhuma que pretenda estar em desacordo com o pensamento e a práxis atual da Igreja. Compreendo que para tudo há seu tempo. Mas são questionamentos que são feitos, por aí. E, aqui também, talvez possamos colocar na boca da Igreja a resposta que o padre deu à mocinha, quando questionado sobre o celibato: "Isso não é da sua conta!"

15. POR QUE O PADRE É TÃO "VISADO"?

Sabemos como o padre muitas vezes é visto como alguém "fora do normal", "fora do tempo", um homem diferente dos demais. E, muitas vezes incompreendido, é alvo das opiniões mais desencontradas e das críticas mais ferinas e objeto das piadas mais "quentes". Não é mesmo?

Isso acontece, em primeiro lugar, porque falta uma noção exata do que seja o padre, do que ele representa. O sacerdote estará sempre, completamente, desfocalizado por nós se não o compreendermos como representante de Jesus Cristo em sua missão salvadora da humanidade, como o mediador entre Deus e os Homens; se não entendermos, afinal, o Plano de Deus, destruído pelo Homem e reconstruído por Cristo; reconstrução esta continuada pelo Cristo através do sacerdote à frente do Povo de Deus.

Mas há explicações práticas, psicoteológicas da rejeição do padre. Em primeiro lugar, uma explicação bíblico-teológica: o próprio Jesus já disse aos Apóstolos e, nos Apóstolos, a todos os sacerdotes: "Se a mim, o Mestre, trataram assim, a vocês, meus discípulos..." (Jo 15,20-22; Lc 6,40; Mt 5,11). Realmente, o discípulo não é maior que o Mestre.

A psicologia também tem uma explicação sobre a aversão que muitos têm pelo sacerdote. É que, quer queiram quer não, o cristão batizado que deveria estar vivendo comprometido com o Plano de Deus, com o Reino e não o está fazendo, com sua vida deixando muito a desejar, quando esse "cara" vê um sacerdote, ele vê um dedo em riste, lembrando-lhe de sua vida, de seus descompromissos. E a reação, explicável, psicologicamente, é uma defesa, uma repulsa.

Outra explicação, infelizmente real, é a seguinte: Você, na sua infância ou na adolescência, viu um sacerdote dar um mau exemplo; aquilo ficou gravado na sua sensibilidade. Então, quando você vê um padre, lembra-se do fato. Pronto: a reação é esta: "os padres são assim!" Ficou a "marca". Mas pense: O que dói para o padre é justamente essa generalização: "os padres são assim!" Claro que há caros colegas que envergonham a gente. Mas, "todos" são assim?

16. VOCÊ JÁ PENSOU NAS RENÚNCIAS DO PADRE?

É muito fácil e cômodo "meter o pau" nas falhas do padre. Mas você já pensou seriamente, de modo humano, com o coração, nas renúncias do padre? Pois veja lá se você concorda com algumas destas reflexões:

– O padre, por amor à Comunidade de esposas, de maridos, de filhos, renunciou ao amor efetivo, de presença, como esposo, como pai, mas não renunciou à compreensão, ao carinho, ao amor de amizade; o padre não "virou uma geladeira". Ele precisa da amizade, da compreensão, do calor humano.

– Você já pensou que o padre renunciou a ouvir de um garoto, de uma garota, chamá-lo com o doce nome de: "Papai!". Renunciou a perpetuar seu nome, seu sobrenome através dos filhos! Opcionalmente, por amor à Comunidade – por amor a você, sim – o padre rompeu a continuidade de seu nome gentilício para poder dá-lo a todos da Comunidade para a qual ele optou viver.

– Certamente você sabe apreciar as delícias do amor familiar: o amor à esposa, o amor ao esposo, o amor aos filhos, o amor aos pais... A convivência num lar de amor, de paz... A isso tudo o padre, conscientemente, opcionalmente, por toda a vida, renunciou para poder ser de todos, servir a todos, amar a todos como filhos, sem exclusividade.

Então, meu irmão, minha irmã, antes de "meter o pau" nos erros do padre, antes de analisar os seus erros, as suas falhas, por favor, veja se você medita também no lado positivo, nas renúncias do padre, em benefício dos outros. Assim como foi a vida de Jesus: só viveu para os outros.

E quando o padre erra, tem defeitos? – Claro que não podemos aprovar o que é errado. Mas, sua primeira atitude é rezar pelo padre que erra? Ou é "desancar" o padre que erra? Ele é também, como você, um ser humano limitado, sujeito a misérias, a pecados...

Conclusão: rezem pelos padres que erram, rezem pela perseverança dos padres em sua vocação. E rezem pelas vocações sacerdotais, para que Deus nos mande muitas e santas vocações sacerdotais e religiosas.

17. SEJAM VOCÊS OS PAIS E OS IRMÃOS DO PADRE

Quando falo aos leigos nossos irmãos, sempre digo: "Você tem que ser o irmão, o pai do padre". E quando falo às mulheres, também digo: "Vocês, minhas irmãs, vocês têm que ser, muitas vezes, a irmã, a mãe do padre". É sim. O padre muitas vezes precisa ouvir um conselho, uma boa palavra; e, às vezes, também uma palavra dura, enérgica, ditada pelo amor. Você, meu irmão, minha irmã, precisa às vezes "corrigir" o padre. Não que vá ensinar teologia, doutrina ao padre. Mas, sem falar na doutrina, o padre pode estar cometendo algum erro: o modo de falar, suas atitudes menos adequadas, seu modo talvez personalista demais em conduzir a Comunidade etc. E o padre pode nem estar percebendo alguma "grossura" que esteja cometendo... Então você, como irmão, como irmã, como pai e como mãe, deve adverti-lo. E, mesmo que ele ache ruim, mesmo que ele seja "estouradão", volte de novo: "Olhe, padre, você sabe que eu o amo muito, quero muito bem a você. E é porque eu lhe quero muito bem é que volto a falar com você..." Ora, não é possível que o padre, por mais "bronco" que seja, não vá perceber que, numa atitude dessa, há muito amor por ele e interesse pela pastoral paroquial...

Realmente há muita queixa sobre os padres, principalmente na pastoral. Há vigários que instrumentalizam o leigo, usam literalmente o leigo para as obras paroquiais. Só pensam na "convocação" dos cristãos leigos para as "obras paroquiais" e se esquecem de que lugar de cristão leigo não é a sacristia nem o templo, mas as realidades temporais. Essa é a missão do leigo. Então, muitas vezes é preciso que os próprios leigos lembrem isso, com admoestação mesmo enérgica, aos padres, aos vigários.

Outro "conselho" ao seu vigário, ao seu amigo padre: que ele estude! Há muito padre que não lê, não estuda, e vai "ficando para trás" de muito leigo que hoje sente a necessidade de estudar. Sim, quanto padre, por aí, que não conhece os documentos da Igreja: Vaticano II, Medellín, Puebla, documentos da CNBB, documentos dos Papas... Caríssimos irmãos leigos e irmãs, não se acanhem, não: deem uns "puxõezinhos de orelha" nos seus irmãos sacerdotes, em nós padres, tá?

18. O SACRIFÍCIO NÃO É SÓ DO PADRE

Para aquele jovem chegar ao sacerdócio, a renúncia, o sacrifício não foi só dele, pessoalmente, não. Há a renúncia da família, dos pais, dos irmãos e por vezes os sacrifícios de Comunidades que acompanham a formação sacerdotal do jovem seminarista. Há um longo caminho de doação.

Cada padre, cada religioso, teria de nos contar a história da sua vocação: como ela surgiu, como se concretizou, como chegou ao final.

A começar pela manifestação da resolução. Da parte do candidato, quanta coragem para a decisão, para revelar à família, à sociedade, sua vocação. Há reações as mais variadas. Há enfrentamentos. Há objeções, dificuldades a vencer. E por parte da família: a renúncia da presença de um filho. Sonhos dos pais talvez "desfeitos" com a nova resolução do filho. Um filho que, quem sabe, já esteja representando um esteio, uma ajuda no sustento da família. Os justos e compreensíveis apegos afetivos, carinhosos dos pais. E, muitas vezes, o sacrifício material que representa a ajuda para o sustento durante o seminário. Quando não, certa humilhação do candidato que, não podendo contar com o auxílio material dos pais, deve recorrer a benfeitores. Sei bem o quanto isso é doloroso, principalmente para um jovem com vida mais ou menos independente.

Atrás do sacrifício pessoal de cada padre há sempre uma longa caminhada de renúncias da própria família. Conheço um caso, entre muitos, em que os pais, estando o filho jovem no seminário, perderam todos os bens materiais e caíram quase na miséria. O filho seminarista era o filho mais velho e sua presença na família era necessária ou ao menos utilíssima para ajudar no sustento. Foi nessa hora que os pais, heroicamente, disseram: "Meu filho, tenha fé; siga o caminho para o qual Deus o chamou. E os irmãos do jovem seminarista: "Fica na tua, meu irmão; nós, aqui fora, daremos um jeito para sustentar papai e mamãe..." E eu sei que essa família comeu "o pão que o diabo amassou" para não atrapalhar a vocação do filho e do irmão. Dizia-me um irmão desse seminarista: "Olhe, havia dias em que, quando comprávamos o pão, não podíamos comprar o café".

Bendita a família que entende assim a vocação do filho, do irmão!

19. E A ORDENAÇÃO DA MULHER?

Ao ler o título acima, muita gente vai ficar espantada e "de orelhas em pé". Coragem, falar disso! Mas é assunto que anda na boca do povo e a gente há de falar nisso também.

Já há muita coisa escrita sobre o assunto, inclusive Declaração da Santa Sé a respeito (1976) e vários questionamentos de teólogos.

Aqui, a título de informação, ater-me-ei a indicar, resumidamente, as duas teses com os respectivos argumentos a favor e contra.

O motivo invocado a favor da ordenação sacerdotal da mulher é o princípio de igualdade de direitos dos sexos, que pede a eliminação de toda discriminação, inclusive no campo religioso. Os motivos que barram a ordenação sacerdotal da mulher, dizem, são culturais, sociais, não dogmáticos, teológicos: quer dizer, a teologia, em si, não seria contra a ordenação da mulher. E até invocam São Paulo em Gl 3,28, no qual o Apóstolo diz que "em Cristo não há homem nem mulher". A nossa cultura, dizem, foi uma cultura patriarcal e daí entende-se a posição da Igreja. Na sociedade há sempre uma evolução; na Igreja, essa evolução é mais lenta. Mas os fiéis estão formando outra conceituação a respeito da mulher. E os argumentos vão até mais longe: o fato de Jesus ter confiado a missão sacerdotal apenas a determinados homens, é porque Jesus também, tendo-se encarnado na realidade humana e tendo vivido numa época, evidentemente deveria conformar-se à mentalidade, à cultura e ao ambiente daquela época.

E os argumentos a favor prosseguem: o Novo Testamento tem um valor teológico, mas não taxativamente normativo que pretenda organizar os ministérios. A História, as condições sociológicas da Igreja é que darão organização ao ministério. Ademais, a ordenação das mulheres seria um remédio para a falta de padres. Aliás, já há lugares onde a mulher é doutora em teologia e onde exerce uma série de serviços na Igreja; há paróquias, no interior do Brasil, por exemplo, onde a paróquia está entregue aos cuidados de uma comunidade de mulheres, de religiosas.

Até aqui, a opinião favorável. E você?... Veremos a outra opinião.

20. AINDA A MULHER E O SACERDÓCIO

Já vimos os argumentos principais invocados a favor da ordenação sacerdotal da mulher. Agora veremos os argumentos "dos contra".

O fato de Jesus ter escolhido só homens para o sacerdócio não está na dimensão de um condicionamento sociocultural, mas está no Evangelho como um conteúdo revelado: é um dado doutrinário, não só cultural. Lembram também que as Diaconisas da antiga Igreja só se ocupavam, durante a Liturgia, da instrução das mulheres e se dedicavam às obras de caridade, mas nunca tiveram poderes hierárquicos. E ainda aduzem as palavras de Pio XII: "A Igreja não tem qualquer poder sobre a substância dos sacramentos, isto é, sobre aquilo que Cristo quis que se mantivesse no sinal sacramental". Ora, a Igreja considera-se ligada à conduta de Cristo. Ela não pode mudar esse valor normativo do próprio Cristo. A ordenação sacerdotal não faz parte constitutiva dos direitos da pessoa: não pode ser considerada como um objetivo do desenvolvimento pessoal ou da promoção social. Ademais, a igualdade dos batizados não exige identidade de tarefas. Todos os ministérios estão na mesma ótica: *diakonia Christi*, *diakonia Ecclesiae* (serviço de Cristo, serviço de Igreja).

Bem. Aí estão as duas teses. Uma solução só poderá vir da Igreja.

Dos dois lados encontram-se defensores da ordenação diaconal para a mulher; não como um primeiro grau na Ordem em vista ao presbiterado, mas com um valor autônomo. Seriam ordenadas Diaconisas para as funções litúrgicas, catequéticas e caritativas. Dar-se-ia um estatuto jurídico e litúrgico, para não ficarem, como atualmente estão, à mercê dos bispos e padres que as manobram como bem entendem. E por que não dar às mulheres 50% das funções dos homens em todos os Conselhos, seja a nível paroquial ou diocesano e também na Cúria Romana? O último Sínodo sobre os Leigos, aliás, menciona coisas assim. Poderiam ajudar muito, inclusive na tradução e confecção de documentos da Igreja: elas têm uma intuição diversa dos Homens, que completaria a mensagem.

Mas, seja como for, permitam-me lembrar, minhas queridas irmãs: vejo-as ao lado de Maria, com minha mãezinha. Não vejo criatura nenhuma, no céu e na terra, que se iguale a você, minha irmã. O mundo passa pela mulher e o mundo será o que for a mulher.

21. DIMENSÕES DO PADRE-HOJE

Depois do Vaticano II, havia, na área dos Seminários e da formação sacerdotal, uma espécie de expectativa traduzida mais ou menos com estas palavras: "Agora vamos esperar a figura do novo padre". Francamente, eu nunca fui capaz de entender bem isso. Sempre entendi e continuo a entender que a figura, o modelo do sacerdote sempre foi e será um só: Jesus Cristo. Sempre entendi que o povo quer ver no sacerdote um Homem de fé, comprometido com o Evangelho e com a Igreja-Hoje. Um Homem de fé na dimensão vertical e na dimensão horizontal-social. Um Homem de oração que alimenta sua vida na Eucaristia, que conta com as bênçãos da Mãe de Jesus. Um apóstolo que consome seus dias e horas e minutos no serviço do Senhor, junto aos irmãos, na defesa da justiça e dos direitos humanos, como "voz e vez dos que não têm voz nem vez". Fora disso tudo, que "nova figura de padre" estaria porvir? Não foi isso tudo que Jesus fez e não foi por isso tudo que ele deu sua vida numa cruz? E não foi para garantir isso tudo que ele ressuscitou ao terceiro dia?

Bem. Mas, realmente, nós podemos e devemos falar das duas dimensões sacerdotais que devem orientar toda a vida sacerdotal e apostólica do padre.

Antes de mais nada, talvez tenha a dizer que sou "insuspeito" para falar desse assunto. Em primeiro lugar, com os meus muitos anos de sacerdócio (Quem me conhece, diz: "nem parece!" – Obrigado, obrigado...), fui formado "à antiga", estudei a teologia mais essencialista de anos atrás. Fui coordenador de uma Província Religiosa durante os 15 anos antes, durante e depois do Vaticano II. Quem conhece o assunto pode imaginar os apuros em que andei metido. A minha "gestação e nascimento" para a "virada" da Igreja-Vaticano II, durou 15 longos anos. Hoje, para mim, essa Caminhada é irreversível e dá-me segurança completa. Chame-se Teologia da Libertação, Teologia Vivencial ou como queiram chamar!

Mas também não sou só da "antiga", "segurão" com a experiência da vida. Já fui chamado de uma porção de "nomes bonitinhos", como: filocomunista, subversivo e congêneres... Mas, depois eu conto aonde quero chegar!

22. AINDA AS DIMENSÕES DO PADRE-HOJE

Terminei a reflexão anterior dando mais ou menos o meu "pedigree" para apresentar-me algo "autorizado" a falar do assunto.

Já tentei rabiscar um livro – "O Plano de Deus" –, que nada mais diz que toda a nossa vida deve ser vivida na dimensão vertical para Deus e na horizontal-social-fraterna com os irmãos.

Eis aí as duas dimensões da vida sacerdotal: união com Deus e união com os irmãos. Só desejaria lembrar que não pode haver dicotomia, separação, entre essas duas dimensões que, na realidade, fazem uma dimensão só, vivida na fé, na esperança e no amor. A distinção é didática. É distinção, não separação, dicotomia.

O padre não pode ter uma vida de fé (vertical) se não para melhor "traduzir-se" no dia a dia aos irmãos (horizontal). Uma coisa alimenta a outra. Que sentido teria sua vida sacerdotal com Deus (vertical) se não para ser serviço aos irmãos, doação aos outros? E que sentido teria "matar-se" pelos outros, a vida toda, se não fosse por um motivo de fé, por amor a Jesus que o chamou para ter a mesma vida e a mesma missão que ele?

E mais. O Homem que Deus fez, seu filho e nosso irmão, não é um anjinho ou uma alminha a quem o padre deveria ficar ensinando a bater asas ou distribuir-lhe os sacramentos dentro de um templo, dentro de uma sacristia! O padre, a Igreja, tem como missão, dentro do Plano de Deus, defender todos os direitos humanos dos filhos de Deus: o direito de comer, de ter casa, de ter saúde, de ter escola, de ser respeitado em sua dignidade de filhos de Deus! Digam-me vocês: o que há nisso tudo de "subversivo", "filocomunista" e outras ridicularias que andam na boca de muito catolicão e de toda essa imprensa eclesiófaga e safada, que quer encerrar a Igreja e o padre na sacristia a ocupar-se só e exclusivamente do "espiritual"? Como se Deus tivesse criado só uma alminha, um espírito. "Espiritual" no sentido de ver o Homem com uma visão de fé, como filho de Deus, sim; mas, no Homem, eu não posso separar o espiritual. Ele é um ser tridimensional: corpo (matéria) espírito (razão) e Graça (vida divina). Confira na encíclica, "Solicitude da Questão Social", de João Paulo II, o que ele repete como um slogan: "Salvar o Homem todo!" E salvar todos os Homens, pois somos todos irmãos.

23. UM PADRE ASSIM, HOJE, INCOMODA

O padre que a Igreja quer, hoje, é um sacerdote que caminhe com ela, que faça a mesma caminhada da Igreja-Hoje. A caminhada do Vaticano II. Na América Latina, um padre que faça a caminhada da Igreja-Medellín, da Igreja-Puebla. E, no Brasil, a Igreja quer um padre que faça a mesma caminhada que faz a Igreja da CNBB.

Acontece, entretanto, que um padre assim, hoje, como a própria Igreja, incomoda, questiona, desinstala e exige do cristão muito mais que até agora. Exige, como também a Igreja exige do padre, que o cristão não se contente mais com uma "prática religiosa" de recepção de sacramentos, mas que tenha uma **vida de fé.** (Por favor, não me entendam mal: é indispensável uma vida sacramental, uma vida de piedade, de oração, claro! Mas que o cristão não pare por aí!)

Portanto, o padre hoje tem que viver sua vocação, seu sacerdócio, afinal sua fé na dimensão da vida: na dimensão política, na dimensão dos problemas sociais. "O padre, como a Igreja, não pode deixar de falar em Política." Bem entendido, Política como ética do bem comum. Isso faz parte do Plano de Deus, do Evangelho: tratar a todos com justiça, com seus direitos de filhos de Deus... Claro que o padre, como padre, não pode meter-se na política partidária, nessa "coisa" que anda por aí. Embora ele, como pessoa, como cidadão brasileiro, possa ter suas preferências partidárias e de candidatos. Não só na política, mas em tudo: Um padre do Povo!

Bem, penso que deu para entender o que a gente quis dizer, não é? O padre, hoje como sempre, tem que ser um Homem de Deus e do Povo. Um Homem de fé que saiba traduzir no horizontal, no social, no fraterno, toda a grandeza, toda a força da dimensão vertical da comunhão com Deus. Comunhão essa que dará a força total da dinâmica social-fraterna. Quanto mais o padre estiver iluminado e fortificado "na vertical", tanto mais força e dinamismo dará à horizontal-social-fraterna. É justamente isso que peço a Deus para todos os meus caríssimos irmãos no sacerdócio.

24. POVO SACERDOTAL

Os primeiros cristãos ouviam os ensinamentos dos próprios Apóstolos ou mais frequentemente dos sucessores imediatos dos Apóstolos. Estava nos ouvidos e no sangue dos cristãos a ideia bíblico-teológica de que, como "Povo de Deus, raça escolhida, nação santa, reino de sacerdotes", todos os cristãos participam do sacerdócio de Cristo. Mais tarde, a teologia do Vaticano II vai dar o nome de "sacerdócio comum" a essa participação no sacerdócio comum de Cristo. Nas cartas de São Pedro, no Apocalipse, vamos encontrar as expressões bíblicas da participação de todos os cristãos no sacerdócio de Cristo. Teologicamente e estruturalmente é o Batismo que faz todo cristão participante do Cristo sacerdote, como ramo do mesmo tronco. Cristão-sacerdote que depois é confirmado pelo Espírito Santo e alimentado pela Eucaristia.

Nas origens, não se conhecia a palavra **sacerdote** na Comunidade cristã. No fim do I século é que São Clemente esboça uma teologia sacerdotal. E só no século VI é que a palavra **hierarquia** predominou com o significado, com o "cheiro" de Poder. E daí vem a "Igreja piramidal": no ápice, em cima, os bispos, depois os padres e na base, o povo. No começo não era assim. O todo era o Povo de Deus. E a ideia forte: membros vivos do Corpo cuja Cabeça é Cristo; ramos vivos do Tronco: Jesus; membros de Povo-Igreja com a mesma vida, com a mesma caminhada, dirigidos por Cristo através de seus representantes, que caminhavam junto com o Povo.

Assim, lemos em Ap 1,6: "Cristo Senhor, como Sumo Sacerdote tomado dentre os homens, fez do novo povo um reino, sacerdotes para o seu Deus e Pai". *Lumen Gentium*, 28: "O sacerdócio comum dos fiéis e o sacerdócio ministerial ou hierárquico ordenam-se um ao outro... Ambos participam, cada qual a seu modo, do único sacerdócio de Cristo".

O mais importante, pois, não é o sacerdócio ministerial, mas o sacerdócio comum de Cristo! Minha maior grandeza e glória não é ser padre, é ser Cristão! Primeiro o Batismo, depois a Ordenação. Santo Agostinho dizia isso com outras palavras: "Para vós sou bispo, convosco sou cristão". O Batismo nos compromete com o Sacerdócio de Cristo!

25. O SACERDOTE E MARIA

Como vimos, nós nunca podemos dissociar a pessoa do sacerdote da de Jesus. Pois Jesus Cristo é a razão de ser do padre.

Guardadas as proporções, claro, podemos dizer também que o sacerdote de Jesus não pode ficar sem a Mãe de Jesus, Mãe de Deus e nossa.

E não será difícil entender isso se nos reportarmos ao Evangelho e à doutrina da Igreja desde o início, desde a Encarnação. Jesus, para se tornar o Sacerdote, devia ser ungido como tal. Essa unção importava em poder ter um corpo humano como nós, ungido pela sua divindade, bem como deveria a divindade revestir-se da humanidade. Eis aí, podemos dizer, a "ordenação sacerdotal" de Jesus, o Filho do Altíssimo. Ora, sabemos que essa unção, essa "ordenação" se realizou no seio de Maria, pela escolha do Pai, com a ação do Espírito Santo. Portanto, o sacerdote também nasce, é ungido e se "ordena" no seio de Maria, começando a participar, já do seio de Maria, do sacerdócio de Jesus Cristo.

Pulando etapas da vida de Jesus com Maria, vamos aos pés da cruz. Aí está Jesus, em sua suprema ação sacerdotal, oferecendo-se como a grande e única Oblação ao Pai. Aí está Maria, a Mãe-Sacerdotisa, corajosa, heroicamente corajosa, oferecendo ao Pai, por nós, suas lágrimas de Mãe sacerdotal junto com o sangue redentor do Filho. Quando o padre oferece no altar o mesmo sacrifício de Jesus na cruz, porque não contarmos com a Mãe de Jesus, e nossa, assistindo o Padre, o "outro Jesus"?

O padre, a Eucaristia, Maria... Já meditamos, no sacramento da Eucaristia, que a carne e o sangue de Jesus, no altar, são o mesmo corpo e o mesmo sangue formados no seio de Maria e glorificados na ressurreição, para poderem ser agora "eucaristiado" no altar: corpo e sangue de Jesus formados do corpo e do sangue de Maria, sua Mãe... Mãe do sacerdote.

E, finalmente, no dia em que nascia a Igreja, em que os Apóstolos começariam a exercer o seu sacerdócio, no Cenáculo, com a vinda do Espírito Santo, lá estava Maria como Mãe da Igreja nascente (At 1,14) Jesus-Maria--o-padre: trilogia que, parece, Deus quer... e o padre não pode desconhecer.

1. "EROS CÓSMICO" – A NATUREZA "NUPCIAL"

Deus é a unidade. Trino em pessoas, é uno na divindade. Deus é essencialmente simples, sempre é unidade, tende à unidade. Como Criador, Deus também tende à unidade. Ele colocou no Universo a atração para a unidade – para fazer, realizar unidade. Entre os seres que ele criou, colocou, na própria natureza deles, essa atração para a unidade. Atração recíproca de duas realidades que, embora contrárias, tendem à unidade. Por exemplo: polos negativos iguais se repelem; desiguais, se atraem.

No reino vegetal, a mesma lei da atração recíproca para a unidade. Assim a fecundação pela polinização por intermédio da ação dos órgãos masculinos e femininos, nas flores. Como nos ensina a botânica, na flor há o androceu que, com seus estames, constitui o aparelho masculino; e o gineceu que, com os pistilos, constitui o órgão feminino. No androceu, cada estame se dilata, na parte superior, na antera, a qual contém o pólen, o pó fecundador. O gineceu termina, na parte inferior, com o ovário, onde estão os óvulos a serem fecundados pelo pólen. E como "acontece" a fecundação? Através da polinização: o pólen (masculino) é transportado até os pistilos do gineceu (feminino) e pelos pistilos o pólen desce até o ovário, onde se dá a fecundação. Aí se desenvolvem e nascem o fruto e a semente. Mas como é que se processa a polinização, o transporte do pólen do androceu (masculino) para o gineceu (feminino)? – Aqui está, também nessa "minúcia", a mão do Criador: a água, o vento, os pássaros, a abelha e outros insetos, atraídos pela cor, pelo tamanho da flor e principalmente pelo néctar (o "melzinho"), carregam o pólen para a fecundação.

A mesma atração Deus colocou no reino animal irracional: o sexo, o cio, a fecundação. Sempre uma realização "a dois" para a unidade de um terceiro. No vegetal, a polinização faz o encontro; no animal irracional, o instinto vai atrair o macho e a fêmea. E no animal racional? – Deus vai estabelecer a mesma lei da natureza: a atração para fazer a unidade. Mas, com o ser racional, o Homem, reflexo da Trindade-Amor, a atração será comandada pela Razão e pelo amor, para que haja a união de corações e de dois corpos que deverão ser "uma só carne". É o que veremos em seguida.

2. DESDE O PRINCÍPIO

A união do homem e da mulher – a que chamamos de Matrimônio – situa-se na ordem da criação de Deus. Deus cria o homem e a mulher para uma comunhão de vida mediante o dom recíproco de si: pertencem um ao outro, fazem uma unidade. Conhecemos o relato bíblico da origem da humanidade:

Depois de cada "dia" ou de cada obra criada por Deus, a Bíblia conclui: "E Deus viu que era bom". Só no "6º dia", diz a Bíblia: "Deus viu que não era bom"... Sim: "Não é bom que o homem fique só"... E Deus lhe dá uma ajuda "semelhante a ele". Como se dissesse: "é essencial ficar um ao lado do outro, só assim a criatura humana se torna essencialmente ela mesma: Homem". Parece até que Deus estaria indicando assim a primeira e fundamental finalidade do Matrimônio: o amor, e, o amor a dois. É o texto do Gn 2,23: "Ao vê-la, o homem (Adão) exclamou: Esta é, realmente, osso dos meus ossos e carne da minha carne. Ela se chamará Mulher". E o texto continua: "...o homem deixará o pai e a mãe para se unir à sua mulher; e os dois serão uma só carne". Depois, como que indicando a outra finalidade, também fundamental e essencial ao Matrimônio, diz: "Crescei e multiplicai-vos" (Gn 1,28). Deus não quis que Adão fosse um celibatário em meio àquela natureza exuberante e preencheu a solidão. Criada a "cara metade" de Adão, a metade do todo que deveriam ser, doravante, realmente Deus quis fazer felizes dois apaixonados, cumulando-os com o dom da atração mútua e da fusão íntima de todo o seu ser.

Vemos assim, pela narração bíblica, que foi Deus quem, diretamente, criou a união do homem e da mulher: ou, se quisermos, Deus instituiu então o que chamamos de Matrimônio. Mas não é uma união simplesmente entre dois corpos: é uma união entre dois seres humanos, dois filhos de Deus. Uma união que fará viver, "numa só carne", dois seres racionais, dois corações. E, nessa união, Deus não pode ficar desconhecido. Como? – Veremos.

3. O "CASÓRIO" DE DEUS COM A HUMANIDADE

A Bíblia, principalmente os profetas, usa a imagem do amor esponsal entre o homem e a mulher para dar ideia do amor de Deus à criatura humana e a seu povo: a aliança de Deus com seu povo. Desde aí, da Sagrada Escritura, o Matrimônio já adquire, pela vontade de Deus, um alcance sagrado, diríamos **sacramental**. E isso não por força de um gesto ritual e extrínseco, mas em virtude de sua realidade natural. Isto é: Matrimônio como instituição humana contém uma referência sobrenatural da fé, que depois virá explicada, iluminada pela revelação e pela própria Igreja. (Cfr. Os 3,1-5; Jr 3,1-13; Ez 16,8-62; Is 54,5-8.)

O Matrimônio é lembrado como sinal, símbolo da união de Deus com a Humanidade, refletindo o mistério da encarnação do Filho de Deus. Por isso ele é também chamado Matrimônio da criação: "no princípio, tudo foi feito pelo Verbo e sem ele nada foi feito" (Jo 1,1-3). Como Matrimônio da Redenção: saiu do lado aberto do novo Adão... de onde foi tirada a Esposa, a Igreja... a água e o sangue dos sacramentos... Cristo, o Verbo, o Filho de Deus, como Deus, fez o homem e a mulher e os abençoou. No Evangelho, na discussão sobre o Matrimônio, Cristo remete o casamento ao plano da criação: "No princípio não era assim..." Por isso ele diz: "Não separe o homem o que Deus uniu" (Mt 19,4-7).

O Papa Leão XIII lembra: "O Matrimônio foi, desde o princípio, como uma imagem da encarnação do Verbo... O sacramento do Matrimônio existe entre os fiéis e entre os infiéis".

Jesus Cristo não trouxe, propriamente, uma nova legislação sobre o Matrimônio. Simplesmente recorda como Deus criou: "No princípio..." Jesus aponta para uma situação nova, mas com referência à decadência do passado que, como outras realidades (o amor, o perdão etc.) também o Matrimônio tem que ser visto na nova dimensão (Mt 19,4-6; 5,31-32; Mc 10,1-12). Mas quem nos dá a imagem completa, sacramental do Matrimônio como "casamento de Deus com a Humanidade" é São Paulo quando compara a união do homem e da mulher com a união de Cristo com a Igreja.

4. MATRIMÔNIO DE CRISTO COM A IGREJA

Por favor, antes de você ler este capítulo, leia a carta de São Paulo aos Efésios, capítulo 5, versículos 21-32. Aí você vai entender a sacralidade, a sublimidade do Matrimônio e vai entender porque o Matrimônio é um sacramento. Você verá então que a união do homem e da mulher é o sinal da união de Cristo com sua Igreja. (Lembre-se: sacramento é uma realidade que indica outra realidade maior, é sinal.)

O texto poderá não agradar muito, hoje, ao mundo feminino, pois vem marcado com a mentalidade e a cultura da época do Apóstolo, que fala com certo acento da "submissão da mulher ao marido". Mas por favor, não se prenda infantilmente, não se reduza a esse aspecto secundário. Fixe-se, do começo ao fim do texto, na grandeza da comparação que o Espírito Santo faz, através de Paulo, entre a união dos esposos e a união de Cristo com a Igreja. "Como Cristo amou a Igreja, assim os esposos devem amar-se... É grande este mistério: refiro-me à relação entre Cristo e sua Igreja... Cada um de vós ame sua mulher como a si mesmo e a mulher respeite (ame) o seu marido!"

O Matrimônio cristão (agora já podemos falar de matrimônio cristão) está em relação real, essencial, intrínseca, com o mistério da união de Cristo com sua Igreja: é nesse mistério que ele tem sua raiz. Diríamos mais: o Matrimônio não é somente um símbolo da união de Cristo com a Igreja: o Matrimônio a reproduz em si mesmo realmente, mostrando-a ativa e eficiente dentro de si. É a ação santificadora de Cristo aplicada aos cônjuges, através da mediação da Igreja.

Daí entende-se que, se o Matrimônio é a figura viva da união indissolúvel de fidelidade entre Cristo e a Igreja, o comportamento dos cônjuges deve inspirar-se na realidade-modelo da qual o casamento é sinal.

Deus desposou a Humanidade pela encarnação do Verbo. Assim também, a Igreja pede aos maridos e às mulheres que, dando-se uns aos outros, no amor à vida, aceitem a honra e a graça de significarem e viverem essa aliança de Cristo com sua Igreja, constituindo o sinal-sacramento de salvação visível a todos.

5. O CASAMENTO ATRAVÉS DA HISTÓRIA

Nas origens do Cristianismo não havia um esquema cristão para a realização do Matrimônio. "Os cristãos casam-se como todo mundo" (carta a Diogneto, sc. I,II). Os pais abençoavam os esposos. Era assunto familiar. Nem diante do Estado se casavam. Não deixava de ser um **sacramento,** embora somente mais tarde assim fosse chamado.

Nos primeiros três séculos, havia o costume de convidar o bispo ou seu representante, como Jesus fora convidado em Caná. Aí, depois que o pai de família abençoava os nubentes, o bispo era convidado a também abençoar o casal. O bispo ou o sacerdote fazia então uma oração e impunha as mãos para a bênção: mas era um gesto particular, pessoal, não uma bênção nupcial propriamente dita.

No século IV, após as perseguições, esse gesto tornou-se costumeiro, de praxe. Assim o casamento, **eclesial** para os cristãos, embora fosse assunto totalmente profano (como o dos outros), vai lentamente entrando na Liturgia. Vai-se tornando **eclesiástico,** sacralizado, através da cerimônia nupcial. Assim, a partir do século VII passa a integrar os livros litúrgicos oficiais, os assim chamados **sacramentários.**

Embora não houvesse casamentos "perante o Estado", pois era assunto pessoal e familiar, havia entretanto um Direito Matrimonial para resolver casos de litígios que apareciam entre os esposos.

A presença da Igreja nos primeiros séculos não era, pois, taxativa. Pedia-se, em geral, a presença do bispo. Santo Inácio (séc. II) escrevia: "Em relação aos esposos e esposas, convêm que celebrem o seu enlace com o conhecimento do bispo... Que tudo se faça para a glória de Deus."

Assim, durante 1.000 anos, a Igreja não **faz** o casamento: só acolhe o casamento **costumeiro.** Só nos séculos XI-XII o casamento torna-se litúrgico e canônico. Não havia, até aí, uma "teologia do matrimônio". Durante os séculos XI-XII é que amadurece a ideia do Matrimônio como sacramento propriamente dito, simbolizando e conferindo o amor que une Cristo à Igreja. E depois? Veremos logo mais.

6. O CASAMENTO ATRAVESSADO NA HISTÓRIA

Aos poucos a exigência da presença oficial da Igreja no processo, na celebração do casamento, foi ficando mais rígida. Não para a validade do Matrimônio, pois esta era baseada na troca de consentimento do homem e da mulher. A Igreja pedia sua presença, mas reconhecia o direito natural ao Matrimônio, direito esse inerente à pessoa humana.

Assim, subsistiam então dois tipos de casamentos: o **público**, realizado com as solenidades prescritas pela Igreja, e o **clandestino**, celebrado em forma privada, sem o conhecimento oficial da Igreja, mas válido também. Essa situação dúbia, com vários inconvenientes, veio até à época do Concílio de Trento (1545), que declarou inválidos, daí em diante, os casamentos que fossem celebrados **clandestinamente.** O Concílio declarou que, daí em diante, para a validade do matrimônio, requeria-se sua celebração realizada diante do pároco (ou seu representante) e duas testemunhas: *coram parocho et duobus testibus*, dizia o Decreto Conciliar "Tametsi". Mas a aplicação do Tridentino não era geral, universal, pois havia regiões, como a Alemanha, onde os Príncipes não aceitaram o Tridentino. Havia então "lugares não Tridentinos"... Somente em 1917, na prática, com o novo Código do Direito Canônico, é que se torna vigente para a Igreja Universal aquela fórmula canônica para a validade do casamento.

No século XVI, no Concílio de Trento, juntamente com a exigência da forma que vimos acima, foi também reafirmada a indissolubilidade do matrimônio e seu caráter monogâmico: uma esposa só. A sacramentalidade do Matrimônio, já admitida no 2° Concílio de Lião (1274), depois de ensinada implicitamente através dos séculos, é agora definida dogmaticamente pelo Concílio de Trento: "É um dos sete sacramentos instituídos por Cristo, confere a graça que significa e completa o amor conjugal dos cônjuges".

Fundamento bíblico da sacramentalidade do Matrimônio é o texto paulino da Carta aos Efésios, 5,21-32 na qual, extensa e repetidamente, o Espírito Santo insiste na comparação viva da união do esposo e da esposa com a união de Cristo com sua Igreja.

7. O QUE É O MATRIMÔNIO?

Até aqui vimos alguns dados bíblico-doutrinários e históricos do Matrimônio. Continuaremos daqui em diante com aspectos ainda doutrinários, mas tendo em vista algumas dimensões práticas e questionadoras sobre o Matrimônio, assunto "quente" em todas as épocas, principalmente hoje.

O Matrimônio é o sacramento da família, da vida familiar com Cristo. Uma definição mais completa seria: O Matrimônio é o sacramento que abençoa e consagra o homem e a mulher, num contrato sagrado e indissolúvel, para se amarem, procriarem e educarem seus filhos.

Já vimos porque o Matrimônio é um sacramento: porque a união do homem e da mulher é o sinal, está na linha, na dimensão da união de Cristo com sua Igreja. Isso está muito claro na leitura de Ef 5,21-32.

O Matrimônio **abençoa** e **consagra** a união do homem e da mulher: esse caráter sagrado, como vimos, é anterior a Ef 5,21-32: Deus já **consagra** essa união no início da Criação e os Profetas sempre a têm comparado, com a união, o relacionamento de Deus com a Humanidade, com o povo de Israel.

Como sacramento, o Matrimônio tem um caráter, uma finalidade salvífica: santificar os esposos, santificar os filhos, santificar a família. O Matrimônio é recebido como sacramento cristão por duas pessoas já consagradas pelo Batismo. Portanto, o esposo deverá dizer: "Minha esposa é uma graça que Cristo me faz para me ajudar na minha santificação, na vivência do Plano de Deus". E a esposa deverá dizer o mesmo: "Meu marido é uma graça que Cristo me dá para me ajudar na santificação, na realização do Plano de Deus". E os filhos deverão dizer também: "Papai e mamãe são uma graça que Cristo nos dá para nos ajudar a sermos santos na realização do Plano, do Reino de Deus". E o mundo, a Igreja toda deverá dizer: "Este casal, por sua vivência, lembra-nos e traz-nos a presença de Cristo unido à sua Igreja. É um Matrimônio que nos ajuda, com seu testemunho, a realizar o Plano de Deus, o Reino de Deus".

Aqui está a finalidade santificadora, salvífica do sacramento do Matrimônio. Queridos casais cristãos, vocês podem confirmar isso.

8. "PARA SE AMAREM E PROCRIAREM"

Já vimos a definição do Matrimônio: "O Matrimônio é um sacramento que abençoa e consagra o homem e a mulher, num contrato sagrado e indissolúvel, para se amarem, procriarem e educarem seus filhos". Vamos dividir o assunto em três partes ou comunidades: a comunidade carnal (sexo), a comunidade-casa; e a comunidade-lar cristão.

Comecemos pela comunidade carnal. Quando Deus criou os primeiros homens, criou-os já adultos, segundo a Bíblia nos conta. Mas para a multiplicação do gênero humano, Deus "muda de ideia", muda o plano. Deus quer realizar isso através de um ato de amor, de um acontecimento-amor. Aliás, depois que Deus **repartiu** com o Homem sua imagem e semelhança, fazendo do Homem seu filho, isto é, fazendo-o participante da própria vida e natureza divinas, pela Graça, pela filiação divina, daí para frente, Deus vai **repartir** tudo com o filho. Filho não é aquele que recebe dos pais a natureza, a vida, a fisionomia que ele tem? Assim, depois que Deus fez do homem seu filho, como obra suprema da criação, tudo o mais será obra e manifestação desse amor. Assim também a multiplicação do gênero humano, a procriação, a geração dos seres humanos devem partir do amor, de um ato de amor. Deus já fizera o homem e a mulher para se realizarem "a dois", "numa carne só". A essa finalidade pessoal-essencial-fundamental, Deus junta ou dela faz decorrer a outra finalidade social-essencial-fundamental do Matrimônio, por ele criada na origem: a procriação, a multiplicação do gênero humano. Deus torna fecundo o amor entre o homem e a mulher, e o fruto desse amor são os filhos.

Portanto, Deus está então **repartindo** com os homens (homem e mulher) o poder que lhe é único: o poder criador. Torna, por assim dizer, o homem e a mulher **concriadores** com ele, Deus. É a fecundidade do amor. Fecundidade do amor abençoado por Deus. Em casos particulares, por disposições e circunstâncias da própria natureza criada por Deus, poderá não se verificar a fecundação que o enlace do amor e a união dos corpos "numa só carne" permitiria: e os suspirados filhos não vêm. Isso não impedirá a finalidade primeira do Matrimônio: "para se amarem...".

MATRIMÔNIO

9. E DEUS CRIOU O SEXO

Criando o homem e a mulher, Deus não os criou anjos nem espíritos. "Deus criou o homem com o corpo que ele tem e criou a mulher com o corpo que ela tem, dotou-os com a atração mútua para realizarem o amor, culminando essa realização na união dos corpos numa só carne." E, com essa união carnal do amor, possibilitar a fecundação, a geração dos filhos. Planejando e realizando as coisas assim, Deus estava criando o sexo.

O sexo, portanto, é obra divina, da mente e do coração de Deus. Sexo é coisa séria, sublime, está no Plano de Deus. Pela atração sexual criada por Deus, o homem e a mulher se unem corporalmente para realizarem o amor planejado pelo Criador. União de amor que possibilita a concretização do fruto "obra-prima do amor", o filho!

Estamos, pois, convencidos que o sexo, tão maravilhoso, sublime e divino, ao qual nós todos, afinal, devemos nossa vida, só podia ser obra e criação de Deus! Agora, por favor, acompanhem o seguinte raciocínio:

Se Deus é o autor do sexo, Deus é e tem o direito de ser o legislador do uso do sexo. Parece que a conclusão é, no mínimo, lógica, não é? Portanto, o sexo não pode ficar ao arbítrio e aos caprichos dos homens. Sexo não pode ser banalizado como objeto de vitrine, assunto fotografado com deboche por literaturas e novelas emporcalhadas... Não pode ficar ao arbítrio das paixões humanas desregradas e bestializadas.

Se Deus, como criador do sexo e legislador do seu uso, estabeleceu princípios e normas, o Homem não pode derrubar esses princípios para justificar seu procedimento desregrado. E aqui está, hoje, a grande dificuldade. Muitos querem derrubar os princípios, derrubar todas as barreiras, "pular todas as cercas" para justificar seu comportamento. Podemos até **compreender** certas atitudes, até mesmo considerá-las como uma exceção que, em dada circunstância, teria alguma justificativa; mas, não derrubar os princípios, as normas que Deus mesmo instituiu.

Se o sexo, criado por Deus, deve ser uma expressão do amor e de um amor a dois para a construção da felicidade perene do casal e dos filhos, o Autor disso tudo tinha que cuidar com carinho dessa sua obra!

10. O AMOR É LIVRE?

Há expressões e afirmações que podem baralhar o sentido das coisas. Assim, quando dizemos: o amor é "livre"; e dizemos, simplesmente: "amor livre", podemos estar dizendo duas coisas de sentido muito diverso, apesar de estarmos usando as mesmas palavras. O amor é sempre livre no sentido de se valorizar como um ato da liberdade do homem, da opção livre. Nesse sentido a dimensão do amor vai muito além dos limites reduzidos pelo sexo. Quando dizemos "amor livre", podemos estar usando o redutor sexo para limitar o conceito **amor** ao conceito **sexo**. Aqui, então, o verdadeiro amor não pode estar reduzido ao sexo e este comandar o amor. Isto é, o sexo não é a expressão suprema, a lei suprema do amor, de tal modo que o sexo possa agir como se não tivesse limites e a isso se chamar Amor. O verdadeiro amor é que pode e deve marcar limites ao sexo e não o contrário.

Daí que, Deus, sendo a fonte do amor e o autor do sexo, pode marcar limites ao sexo, justamente para salvar o amor. As exigências do amor tornam-se muito maiores e mais justas que as exigências do sexo.

Trocando isso tudo em mais miúdos: no caso do matrimônio, no caso do sexo ou do uso do sexo, Deus legislou coisas importantes. Assim, por exemplo, a fidelidade entre os esposos, no tocante ao sexo. Em vista do fruto supremo do amor, os filhos, Deus tinha que estabelecer uma estrutura de proteção à criança. Sabemos como a criança é frágil, insegura. Ela tem que ter a segurança, a presença contínua dos pais. E essa segurança é garantida pela fidelidade conjugal. E a expressão máxima da fidelidade conjugal é a exclusividade da relação sexual entre ambos. É evidente que aqui está condenado o chamado "amor livre" com a opção livre de escolha de "terceiros" ou "terceiras" para o relacionamento sexual.

Onde estará, para o casal cristão, a fonte e a força para essa fidelidade? É a fidelidade de Cristo para com sua Igreja. A fidelidade conjugal é o sinal, símbolo, figura da fidelidade entre Cristo e sua Esposa, a Igreja. E essa sublimação, essa força vem, claro, da oração que coloca o casal cristão em contato com Cristo e com a Igreja.

11. NUM CONTRATO SAGRADO E INDISSOLÚVEL

Na definição do Matrimônio dizíamos que "é um sacramento que abençoa e consagra a união do homem e da mulher, **num contrato sagrado e indissolúvel...**" Aqui está uma das "marcas registradas", a "patente" característica do Matrimônio cristão, "criadora" de uma das maiores – senão da maior – problemática do casamento hoje em dia. É o problema, ou melhor, a realidade da indissolubilidade matrimonial.

Aqui também a expressão "o amor é livre" pode ser sublimada na sua expressão maior pela indissolubilidade. E, mais do que nunca, a expressão "amor livre" poderá estar sendo condenada pela indissolubilidade.

Por que o sacramento do Matrimônio, validamente realizado, é indissolúvel, só se dissolvendo com a morte de um dos cônjuges? – Porque o Matrimônio é símbolo, sinal e projeção da aliança de Deus com seu povo; e, de modo especial e indiscutível, porque o Matrimônio é a figura da união indissolúvel de Cristo com sua Igreja. Por essa semelhança, o sacramento do Matrimônio torna-se ação salvífica de Deus. Esse amor de Deus para com seu povo e de Cristo com sua Igreja é indissolúvel. Tentar dissolver essa união matrimonial é tentar tornar vão e incompreensível o amor de Cristo para com sua Igreja. Diz o Vaticano II em GS, 48: "...os esposos, dando-se mutuamente, amem-se com fidelidade perpétua, da mesma forma como Cristo amou sua Igreja e por ela se entregou".

Pelo Matrimônio, o marido transforma-se em Cristo, enquanto esposo da Igreja; a mulher transforma-se na Igreja, enquanto esposa de Cristo. Assim, pelo coração do marido cristão, Cristo exprime seu amor a essa parte da Igreja que é a esposa; pelo coração da esposa cristã, a Igreja, de quem ela é membro, exprime sua ternura a Cristo, na pessoa de seu esposo.

Assim como não é possível Cristo desfazer sua encarnação para se separar da Humanidade e romper a aliança de amor com sua Igreja, assim também não é permitido ao homem separar-se de sua mulher.

12. AINDA A INDISSOLUBILIDADE

Parece ter ficado bem claro que a indissolubilidade matrimonial funda-se, explica-se e "essencializa-se" na indissolubilidade da união que há entre Cristo e sua Igreja. Nenhuma criatura, pois, nem a estupidez do cônjuge mais enganador pode, em si, "dissolver" esse vínculo de amor. Mas, e os **casos** problemáticos e **insolúveis?** – Essa é uma questão à parte, que veremos oportunamente.

O compromisso do amor é um compromisso perene. Dizia um escritor: "Amar alguém é dizer-lhe: 'Tu não morrerás'. Assim, se o fundamento do Matrimônio é o amor, o Matrimônio é indissolúvel".

Há ainda, além do amor a dois no Matrimônio, que faz, não só a imagem, mas a própria realidade da união de Cristo com sua Igreja, há ainda outra realidade que exige a indissolubilidade: os filhos! E aqui vale o mesmo que dissemos a respeito da fidelidade. A criança necessita de uma estrutura de proteção e essa não pode subsistir e é destruída quando um casamento se dissolve. E mesmo com os filhos crescidos, por mais razões práticas que os filhos possam ver e que **aconselhem** uma separação, no fundo, no íntimo, sinceramente, os filhos não querem a separação dos pais. É só bater um papo com os filhos de pais separados, divorciados, que essa realidade doída vem à tona.

Lembro-me aqui do depoimento de um casal cristão: "...as raízes do amor penetraram não profundamente em nós, que não vemos como poderíamos, com nossas mãos, arrancá-las... e muito menos as raízes de nossos filhos... Sabemos que em cada dia a aventura recomeça... E recusamo-nos a nos conformar com o entorpecimento do nosso amor".

Outra expressão de um casal cristão: "Não se pode abandonar o lar sem passar por cima do corpo e da alma dos filhos..."

A fidelidade e a indissolubilidade não existem sem a prova de amor pelo sacrifício. O amor de Cristo por sua Igreja não é algo idílico, poético, efêmero, mas passa pelo sofrimento e pela cruz. Aí está a prova do amor. Romper esse vínculo de amor e querer permanecer cristão significa pretender ser cristão sem Cristo e sem Igreja.

13. "O QUE DEUS UNIU..."

O Matrimônio é, antes de tudo, um contrato natural (embora elevado à dignidade de sacramento) e a indissolubilidade é uma propriedade natural desse contrato. Um contrato que flui, que vem como consequência da própria criação de Deus, enquanto Deus criou o homem e a mulher e os abençoou para essa união indissolúvel. Indissolubilidade essa confirmada, sacramentalmente, quando o Matrimônio é comparado à própria união de Cristo com sua Igreja, uma união indissolúvel e salvífica.

Daí é que Cristo, reportando-se à origem do Matrimônio, diz: "O que Deus uniu, o homem não separe..." Assim, lei nenhuma, autoridade nenhuma, poderá dissolver o que o próprio Deus criou como indissolúvel.

A problemática se apresenta quando, num caso concreto, a gente se pergunta: "Mas será que neste caso, num caso assim, foi mesmo Deus que uniu?" E aqui está o grande problema. Problemas de casos dolorosos que vão se arrastando por aí afora, na ambiguidade, na dúvida, numa vida dupla.

Aqui começamos a entender que a lei natural e divina do casamento deve ter, na realidade humana e social, o amparo, a **ajuda** da lei positiva. Nunca uma lei positiva, criada pelo Homem, pode contrariar ou destruir uma lei natural, feita por Deus. Mas, dada a casuística humana dos casos concretos, deve haver o auxílio das leis positivas. Daí que o Matrimônio, tanto perante o Estado como perante a Igreja, deve ter uma legislação. No caso da Igreja será o Direito Canônico que deverá entrar em cena. E é o que vem acontecendo através dos séculos, quando foram aparecendo, na Igreja, normas para regulamentar e decidir as diversas situações.

Assim, há várias situações matrimoniais em que se pode provar que não foi "Deus que uniu", pois o próprio Deus estaria contradizendo-se nos próprios elementos da natureza que ele criou. Assim, por exemplo, Deus não **uniu** os dois, se eles, ou um deles, não foram livres para essa união e houve coação; se um deles sofre de impossibilidade física para o relacionamento sexual; quando há fraude de um para com o outro, por exemplo, quando um já era validamente casado; e casos semelhantes. O que fazer? – Veremos logo mais.

14. E SE DEUS NÃO UNIU?

Já vimos na reflexão precedente alguns casos evidentes nos quais não houve Matrimônio, nos quais Deus não uniu, pois faltam elementos naturais que Deus mesmo criou e supõe necessários e presentes no contrato matrimonial; de tal forma que, se não estão presentes, se não se verificam, não há o Matrimônio. Há muitos outros casos de impedimentos **dirimentes** (assim chamados pelo Direito Positivo), que invalidam o casamento. Não vamos nos ocupar aqui de todos, evidentemente.

A grande dificuldade aparece quando as razões objetivas de uma possível ou até provável invalidade não são tão claras e evidentes. O caso mais frequente, hoje, é a imaturidade psicológica: será que os dois – ou um deles – estavam psicologicamente maduros para assumir um compromisso como o do Matrimônio, com todas as suas consequências?

Em outros casos, algum tempo depois, até anos depois, descobrem – ambos ou um deles – que "não foram feitos um para o outro", "não se conheciam suficientemente"... Nesses e em casos semelhantes, como podemos ver, estamos em terreno escorregadio, incerto, cheio de ambiguidades e dúvidas que tornam difícil uma solução.

Bem. Mas nos casos certos de invalidade e nos "quase certos" ou duvidosos, o que fazer? – Objetivamente falando, a solução não pode ser tomada pessoalmente. O casamento é um fato social, regido, como tal, por leis positivas, pela organização do Estado e da Igreja. "Na Igreja há um Tribunal Eclesiástico para cuidar desses casos de Declaração de Nulidade do Vínculo Matrimonial", que deve ser procurado para que se instaure um processo. A Igreja, por seu Tribunal competente, vai estudar o caso e declarar-se, se for comprovada a nulidade. Bem entendido: a Igreja nunca poderá anular um casamento válido; ela simplesmente vai declarar que, no caso, não houve, validamente, o vínculo matrimonial, não se verificou o Matrimônio. Só isso. E os dois estarão livres para o Matrimônio; não para um **novo** casamento, já que não houve, antes.

Há casos de evidente nulidade. Há casos duvidosos. Para ambos há o recurso canônico, acima indicado. Haja sempre o discernimento do aconselhamento e da oração.

15. CASOS DELICADOS E DOLOROSOS

Quanto aos casos de evidente nulidade, não há dúvida: declara-se oficial e canonicamente a nulidade; ou, em casos de possibilidade matrimonial, pode haver até uma revalidação do casamento.

Mas, e os casos **delicados, irreversíveis, insolúveis?** Os que já **resolveram** ou **estão resolvendo de outro modo?** – Bem, haverá casos em que a **solução** é entregue à própria consciência pessoal. E então devemos respeitar a consciência de cada um, é claro. Pois, não esqueçamos que a primeira religião que existe é a consciência. E Deus sempre julgará cada pessoa pela consciência de cada um.

Nesses casos, quando o casal ou um deles já está vivendo **outra solução,** já está vivendo maritalmente **com outro,** ou **com outra,** como fica, por exemplo, a questão da frequência aos sacramentos, participação na comunidade paroquial, afinal, a vida cristã no foro externo, publicamente?

Caro leitor, você poderia achar muito cômoda a **resposta** que tentarei esboçar aqui. E, realmente eu não poderia, aqui, num livro, dar a **resposta.** Pois, nesse terreno, por mais pontos objetivos que semelhantes casos apresentem, também vale o princípio: "cada caso é um caso". A **solução** ou encaminhamento de solução que eu proporia seria esta: em primeiro lugar, vai depender da consciência adulta, profundamente sincera, claro; o **casal** deverá ser orientado por um guia espiritual, no caso o pároco ou outro sacerdote; dependerá também da orientação do próprio bispo; e muito importante será também o grau de amadurecimento da própria comunidade.

Há casos assim, cuja **solução** poderia parecer estranha, até insólita, mas é tida e considerada como solução pacífica. Conheço, por exemplo, casos em que o **casal** vive uma **2ª solução** e, sob orientação do vigário, toma parte em Movimentos e um dos cônjuges, como cristão, candidatou-se a cargo político com a aprovação e acompanhamento da comunidade paroquial.

O que pensam os teólogos e canonistas a respeito? – O assunto anda em ebulição Teológico-Moral-Pastoral. Esperemos que a Igreja, com sua sabedoria milenar e com a presença do Espírito Santo, encontre, com o tempo, as devidas soluções.

16. O LEITO CONJUGAL É UM ALTAR

Colocados os aspectos mais doutrinários-morais-pastorais sobre o Matrimônio, vamos abordar alguns aspectos existenciais práticos.

Unidos e abençoados pelo Criador para viverem o amor e possibilitar a procriação, o homem e a mulher, esposo e esposa, coroam esse amor na expressão corporal-sexual pela cópula carnal. É um direito e um dever-a-dois.

E, para não "falar sozinho", citarei aqui o Espírito Santo falando por São Paulo em 1Cor 7,2-5: "...cada homem tenha sua mulher e cada mulher o seu marido. Que o marido cumpra seu dever em relação à mulher e igualmente a mulher em relação ao marido. A mulher não dispõe do seu corpo, mas sim o marido. Igualmente o marido não dispõe do seu corpo, mas sim, a mulher. Não se recusem um ao outro..." Muito claro, não? Aqui está, entre outras coisas, sacramentada a fidelidade e condenado aquele machismo que ainda tentasse afirmar safadamente: "O homem pode, a mulher, não..."

Tendo diante dos olhos o que o próprio Espírito Santo fala do sexo matrimonial na Bíblia, peço licença para comparar o leito conjugal a um altar. O leito conjugal é o altar onde os casados celebram o amor. Assim como o sacerdote, no altar da Eucaristia, toma em suas mãos o pão e diz: "Este é meu corpo" – o corpo de Cristo – e o consagra, assim também, no leito conjugal, quando o marido abraça sua esposa, estará dizendo: "Este é o meu corpo, o corpo que Deus me preparou para se tornar um só com o meu". E a esposa estará dizendo o mesmo: "Este é o meu corpo, o corpo que Deus me preparou para se tornar um só com o meu corpo". E ambos, no amplexo amoroso e pela cópula carnal, celebram o amor, no altar do leito nupcial, cumprindo o que o Criador mesmo abençoou: "...e serão dois numa só carne..."

Aqui se entende como esse ato de amor não pode reduzir-se a uma satisfação fortuita, passageira, uma aventura sem compromisso. Esse amor assim expresso tinha que ter a "marca de Deus", a marca da fidelidade, da continuidade, da indissolubilidade, uma união salvífica como é a união de Cristo com sua Esposa, a Igreja. Dá para entender?

17. O AMOR COMANDA O SEXO

Apesar de a expressão sexual do amor ser carnal, o **ingrediente** que prepara e culmina o ato é espiritual. Perguntem aos psicólogos estudiosos do assunto. Que sentido teria pois esse ato sexual, carnal em si, se não for comandado pelo amor? Que sentido teria a realização da cópula carnal no leito conjugal se, durante o dia todo, o amor conjugal não foi vivido em todas as outras circunstâncias diárias da vida? Que estúpida e incompreensível preparação para esse ato de amor, se, durante o dia, os dois viveram desconhecendo-se, numa guerra fria, e viveram o dia descadeirando-se "com palavrões e agressões até físicas"? À noite, no leito conjugal, vão realizar o quê? Amor? Mas esse Amor foi desconhecido durante o dia, a semana...

Meu irmão esposo, minha irmã esposa, como você vive, como você prepara esse ato de amor expresso na cópula carnal? O seu sorriso, o seu olhar de amor recebe o outro, quando aparece? Qual foi a última vez que você, esposo, apareceu em casa com uma flor para sua esposa? Durante o dia, numa folguinha, você deu uma telefonada para ele ou para ela, renovando uma declaração de amor? Quando foi que fez o último elogio ao vestido, ao penteado ou a qualquer "coisinha" dessas que a mulher gosta de ver apreciada? E você, esposa, costuma elogiar as ideias do marido, o seu trabalho etc.?

O Espírito Santo, em 1Cor 7,2-5, fala da relação sexual como um direito e como um dever. Aqui também é o amor que deve comandar. Tanto os atos preparatórios, os concomitantes e as atitudes que seguem o ato sexual-conjugal, tudo é comandado pelo amor. Já sei a pergunta que você está fazendo: "Nesse ato, tudo é permitido?" – Resposta da teologia moral: Todos os atos preparatórios, concomitantes e consequentes ("complementantes") são permitidos, contanto que tudo termine como Deus fez "as coisas", conforme a natureza foi feita para "essas coisas". Na cama são os esposos que "mandam"... bem entendido, quando o amor comanda, o amor com que Deus criou os dois e os uniu conforme a natureza que Ele mesmo fez... Tudo entendido? Mas há uns "etcéteras" que veremos logo mais.

18. ALGUNS "ETCÉTERAS" DO CASAL

Desculpe o leitor a casuística a que vou descer aqui (com a devida licença da "censura"...). Por incrível que pareça, encontram-se esposas, por aí afora, que ainda vivem atormentadas com a consciência de que o ato conjugal seja uma coisa pecaminosa.

Se a relação conjugal é um direito e um dever, não se justificam certas atitudes entre casais que estariam aprovando o diagnóstico dos psicólogos, que afirmam que mais de 80% das dificuldades da vida dos casais começam na cama. É o caso, por exemplo, da esposa que se recusa a "servir" o marido com aquela desculpa "surradinha" da "dor de cabeça". Semanalmente, quinzenalmente é a mesma lamúria: "Ah não, bem! Hoje estou com uma dor de cabeça!" (Se a censura me permitisse eu contaria aquela história do casal que foi visitar um zoológico. Os dois se aproximaram de uma jaula onde estava o brutamonte de um orangotango. O guarda esquecera a porta entreaberta. A curiosidade fez o casal aproximar-se... De repente o marido dá um empurrãozinho na esposa, fecha a porta da jaula... O bicho vem se aproximando da mulher... Ela grita para o marido abrir aporta... e o marido diz: "é... diga para ele que você está com dor de cabeça, diga...")

É o "causo" do marido que se queixa da esposa que nunca se "prepara" convidativamente para o "ato"... Veste ainda aquele camisolão, peça de museu, que recebeu da avó... Só falta pendurar uma cruz no peito e dizer pro marido: "Venha, se tem coragem!" Ou aquela que "se entrega" besuntada de cremes, bobs penduricados... Tenho até a tentação de contar o caso do Beppo e da Marieta, quando ela pergunta: "Beppo, você vai me ocupá nessa noite?" E o Beppo, suspendendo a leitura do jornal e tirando a "pipa" da boca: "Nó!" Então a Marieta responde: "Então, vô lavá só os pé".

Mas, muitas e muitas vezes é o marido, "brutamontes", que dificulta a vida da pobre esposa. O marido que age levado por um estúpido egoísmo como se somente ele tivesse o direito de "gozar", pouco se importando com o mesmo direito que a esposa tem. E acontece muitas vezes que a esposa, a "boboca", fica calada e não dialoga com o marido. Bem, mas isso será assunto para a próxima reflexão.

19. CONTINUAM OS "ETCÉTERAS"

Falávamos das dificuldades que o casal pode ter no seu relacionamento "na cama". Nesse caso o casal deve ter um diálogo, uma conversa franca sobre o assunto e não "se envergonhar" disso. Às vezes encontra-se, por aí, uma mentalidade de escrúpulos inacreditáveis. Como o caso daquele casal que chamou o padre para benzer a casa. O padre vai, começa a percorrer as dependências, benzendo; quando chega ao quarto do casal, estranha que o crucifixo, na parede, está "de costas"... Pergunta ao casal que aí está, todo acanhado, qual o motivo. E o casal responde: "É que nessa noite tivemos relação sexual..." E viraram o crucifixo de costas!... Como se o próprio Deus não tivesse criado o sexo.

O marido deve ter a delicadeza e a atenção de ser justo com a esposa e tudo fazer para que ela também se realize com o ato sexual-conjugal. Se a censura me permitisse eu contaria o caso daquele casal cuja esposa não era "satisfeita" pelo brutamontes do marido. Num passeio ela aponta para um casal de pombos que se acariciavam. Mas o marido não "deu bola". Depois ela aponta para um casal de coelhinhos que "brincava", sugerindo ao marido como devia haver uma "preparação". Mas o marido riu. Lá adiante, o marido vê um touro no pasto e diz: "A coisa deve ser assim..." Mas a esposa, com muito humor e oportunidade, diz-lhe: "Mas você reparou, meu bem, como ele tem dois chifres na cabeça?" É... vai levando, vai levando, marido machão... cuidado que a casa pode cair!

Os filhos percebem quando "os dois" não andam bem na cama. Aquela mocinha de 16 anos que um dia me chamou: "Padre Zé, dê uma chegadinha aqui em casa". Um dia, lá fui eu e a menina chama os pais, e, na presença deles: "Padre Zé, dê um bom conselho a esses dois, alguma coisa está errada com eles, na cama; mamãe não se satisfaz, ela anda muito nervosa..." Os pais, vermelhos como pimentões, quiseram protestar; aí entrei: "Não, deixem a menina falar..."

Bem, chega, não? Caros esposos, vejam lá se não há algo a dialogar e a melhorar entre vocês dois, no relacionamento sexual; será para cumprir, aliás, o mandamento do Senhor: "Serão UMA só carne..."

20. É COM VOCÊS, JOVENS!

Vocês se lembram do princípio aqui enunciado: Se admitimos que Deus é o Criador do sexo, teremos que admitir que Deus tem o direito de ser o Legislador do uso do sexo.

Jovens, se afirmamos com João Paulo II que "o mundo passa pela família", isto é, o mundo será o que for a família, acho que podemos afirmar também que o mundo será o que for a juventude agora: o mundo também "passa pela juventude".

Daí que Deus, autor da natureza, da vida, quer preservar, salvar esses valores já na fonte da vida. Daí que legisla sobre o uso do sexo, cria a estrutura familiar, exige fidelidade e indissolubilidade, a favor da vida.

Você já imaginou o assim dito "amor livre" mandando? Vocês dois por aí, pulando todas as cercas e deixando filhos sem eira nem beira nos currais do mundo? (Desculpe minha linguagem boiadeira!) Com todas as leis do Criador e as leis positivas do Estado e da Igreja, temos, no Brasil, 7 milhões de "filhos sem pais". Imagine o "amor livre" mandando!

Dizemos que Deus sempre perdoa; os homens, às vezes, perdoam; a natureza nunca perdoa! A lei da hereditariedade, por exemplo, é uma lei da natureza. Os filhos herdam não só os traços fisionômicos físicos dos pais, mas herdam também, mais ou menos, os traços fisionômicos psíquicos e espirituais. Daí que Deus, o Criador e Pai "cerca" o sexo com todo carinho, reserva seu uso pleno, tranquilo, realizador, para o matrimônio. O verdadeiro amor dos noivos supõe também renúncias, como prova de respeito pelo outro e um amor alimentado pela expectativa, preparando o encontro total. Se a herança dos filhos é uma "aquisição" total da natureza dos pais, imagine um filho que vem sendo "preparado" de longa data com a educação da renúncia, do caráter, do domínio da vontade. Será que tudo isso não seria uma grande riqueza, a melhor herança, talvez, a transmitir aos filhos? Você, jovem, já pensou nisso? Pergunte à própria psicologia essas e outras coisas. Agora, você já pensou se "os dois", sem domínio nenhum de suas paixões e instintos, "largam o corpo" e se "desbragam" por aí afora... Que "graça", que "novidade", que "recompensa" prepararam para o leito conjugal?

21. DA BOATE DA VIDA PARA O ALTAR?

Falávamos da grandeza da vida, de como a própria natureza tem expectativas e de como os dois devem preparar-se seriamente para coisas tão grandes e sérias como é a vida do amor fecundo do Matrimônio.

Falamos à nossa querida Juventude como responsável pela saúde física, psíquica e espiritual do futuro da Humanidade. Jovens que se preparem também com o amor da renúncia, do domínio, passando essa pré-educação do caráter aos futuros filhos. Problemas de hereditariedade, de herança para os filhos, "preparados" já desde o noivado, o namoro.

Desculpem a insistência. Mas há jovens que colocam na vida todas as premissas erradas e depois querem tirar conclusões certas. No silogismo da vida também, meus caros, a conclusão será conforme as premissas, a conclusão deve estar contida nas afirmações das premissas. Na Filosofia não se admite um *latius hos*, como dizemos: uma conclusão maior que as premissas do silogismo. Assim no "silogismo" da vida. O que você se arrisca a colocar na vida, na juventude, você se arrisca também a colher depois. Se vocês "pintam e bordam" na vida, "comem a sobremesa antes do jantar", com o apetite desregrado comem "comida mal preparada" e às vezes estragada". Depois, quando aparecem filhos com problemas, aí se joga a culpa em Deus. É... colocaram tudo errado, longe de Deus, e querem que Deus tire conclusões certas!

Eu trabalhei num "Pronto Socorro Espiritual Noturno", na Igreja da Consolação. Minha noite de atendimento era a quarta-feira. Cada padre ficava uma noite toda. Apareciam os casos mais disparatados, desde os beberrões até os suicidas. Uma vez, eram três horas da madrugada, um casalzinho procurou-me. Queriam falar com um padre para casar. Expliquei-lhes como fariam o processo canônico, sugeri-lhes uma preparação espiritual adequada. O rapaz diz: "Padre, acho que o senhor não entendeu bem... Nós queremos é casar agora, já!" Aí expliquei que isso não era possível, que casamento não é o mesmo que comprar repolho no mercado. A moça pergunta: "Então, onde é possível a gente casar agora?" Minha resposta: "Só nos filmes, minha irmã..."

A gente ri de uma coisa dessas. Mas, será que não há muito casamento, por aí, feito na base do tal casalzinho da madrugada? Casamento dos dois que saem da boate da vida e vão para o altar?

22. PREPARADOS PARA O CASAMENTO?

Questionávamos os "casamentos-aventura" que levam muitos jovens "da boate da vida para o altar", sem a devida preparação para compromisso de tamanha responsabilidade como é o amor. No "Pronto Socorro Espiritual Noturno", ou "Porta Aberta", de que já falei, aconteciam os casos mais estrambóticos. Uma vez apareceu uma jovem que queria "discutir com o padre" a respeito de vários pontos de religião. As perguntas vinham, as respostas iam. Em dado momento, ela diz que era namorada "firme" em vias de noivado, e que fazia questão que o namorado, quase noivo, fosse com as mulheres que quisesse e aprendesse mesmo a ser bem "machão", pois a moça achava que o homem, quanto mais "homem"... Veio-me uma resposta "iluminada", no momento: "Quer dizer então, minha irmã, que você acha que seu futuro marido deve aprender, por aí, de cama em cama, como mais tarde pingar sífilis em seus futuros filhos?"... A moça levou um pequeno susto, olhou-me de olhos arregalados, depois, muito calma, deu uma resposta surpreendente: "Ah! tudo isso é bobagem, padre; eu não acredito nessas coisas de doenças, não..." Claro que o "diálogo" parou por aí, pois numa "cabecinha" dessas, o que você vai conseguir colocar?

É incrível a ideia rasteira que muita gente ainda tem do casamento, do sacramento do Matrimônio. Ainda há pouco eu lia, na traseira de um caminhão, uma inacreditável definição de casamento: "O casamento é uma grande bobagem... Dois bobos se encontram... E resolvem montar uma fábrica de bobinhos..." Era bem a medida, o tamaninho da mentalidade de quem escreveu isso, não? Ainda bem que, mesmo na traseira de um caminhão, a gente, de vez em quando, lê coisas bonitas como esta: No baralho da vida só encontrei UMA dama..."

Caros jovens, que vocês possam realmente encontrar, "no baralho da vida", aquele "Príncipe Encantado" e aquela "Bela Adormecida" que Deus escolheu. E depois de uma séria e santa preparação para o sacramento do Matrimônio, possam ser realmente felizes: fiéis, insubstituíveis, comprometidos por toda a vida, como Cristo com sua Igreja!

23. OS MINISTROS E AS CERIMÔNIAS

Em geral o ministro dos sacramentos é um sacerdote que faz as vezes do único sacerdote, Jesus Cristo. Mas, no Matrimônio, o padre não é o ministro. É apenas uma testemunha qualificada que aí está, entre as outras testemunhas, oficialmente, em nome da Igreja e da Comunidade.

Os verdadeiros ministros do sacramento do Matrimônio são os dois: ele e ela. E isso é lógico e teológico. Pois não afirmamos que a união do marido e da mulher é o sinal, a figura e a continuação da união de Cristo com sua Igreja? Ora, se a união do marido e da mulher é o sinal vivo da união de Cristo com sua Igreja e quem vai viver essa união de compromisso são os dois, é justo que eles mesmos assumam esse compromisso e realizem essa união.

Aliás, o próprio rito sacramental, a "Fórmula" é pronunciada por eles, não pelo padre. O sacerdote inicia a cerimônia e a conduz. Mas, na "hora H", na realização mesma do sacramento, as palavras e o gesto sacramentais são dos noivos-nubentes. É o "Sim!" que, tanto o noivo como a noiva devem pronunciar, selando publicamente, perante a Comunidade, o compromisso sacramental. A teologia sacramental do Matrimônio nos ensina que o que constitui e decide essencialmente esse contrato é o consentimento de ambos. E esse consentimento sacramental é proferido pelos dois: "Eu... te recebo por mulher, e te prometo ser fiel na alegria e na tristeza, na saúde e na doença, amando-te e respeitando-te todos os dias de minha vida". Em seguida – ambos com as mãos dadas – é a noiva que repete essa mesma Forma sacramental. E aí, já estão casados e para sempre.

Ratificado e abençoado o consentimento pelo sacerdote, vem agora a bênção das alianças, que lembram a aliança de Deus com a Humanidade, de Cristo com a Igreja. Abençoadas as alianças pelo sacerdote, o marido (já é marido, após o consentimento!) coloca a aliança no dedo anular da esposa, e esta faz o mesmo com o marido, e, durante esse gesto, cada um diz: "N... recebe esta aliança em sinal do meu amor e da minha fidelidade. Em nome do Pai, do Filho e do Espírito Santo". Caros esposos, vocês se lembram daquele dia, do compromisso, das alianças? E como vai tudo isso?

24. "IGREJAS CASAMENTEIRAS"

Bem, já que tocamos em tantos pontos práticos, vamos lá, arrisquemo-nos a falar também desse assunto, aliás muito questionado. É o problema das pompas exageradas, da exterioridade, custos e caprichos dispensáveis.

Compreende-se e é justo que o dia do casamento deverá marcar a vida dos dois, como um dia muito especial. Ter-se-á até um paciente sorriso com os habituais "atrasos da noiva", pois, como nos dizia um veterano colega: numa noiva, não se bate nem com uma flor!" Certo, certo...

Mas, o que se questiona é a demasiada preocupação com as pompas e exterioridades do Matrimônio e a pouca ou quase nula atenção que se dá ao sacramento como tal. Música, luzes, tapetes, enfeites, vestimentas, "buffets" etc. e tal... E o sacramento mesmo? Aliás, a preparação para o sacramento?... Houve a preocupação de uma confissão sacramental geral, a comunhão eucarística, a oração?

Os tais "casamentos-soçaite"... Quantas vezes se nota que os dois não estão nem aí. Fica-se até duvidando se há condições para a própria validade do sacramento. Haverá maturidade psicológica para os dois assumirem realmente o que vão "papaguear" lá na frente do altar? Não passará de uma "satisfação" à tradição da família, à sociedade? Sei não...

E as "igrejas casamenteiras"? – É lamentável, no meu entender. Deveria haver certa uniformidade, evitando-se os exageros dos enfeites e outras exterioridades que talvez estejam afastando do sacramento outros casais que ficam com a impressão que "casamento na Igreja é só pra gente rica". E o pior é que muita pompa que é "comprada" de "buffets", de celebridades musicais, de enfeitadores profissionais, tudo isso fica "em nome da igreja", constituindo um escândalo, uma difamação, uma calúnia. Será que não estaria na hora – é pensamento pessoal, meu – de as autoridades eclesiásticas botarem um "Basta!" em tantos exageros, exigindo maior unidade-uniformidade, mais sobriedade dessas já famosas "igrejas casamenteiras"? Uma medida assim, que exigisse maior realce para o sacramento: mais casamento-sacramento e menos casamento-soçaite!

25. LAR, DOCE LAR

Fazem o lar: ele, ela, eles... o esposo-pai, a esposa-mãe e os filhos. Mais do que com tijolos e mobília, o lar, a casa, é uma construção de corações. Mas o material é indispensável para a vida. E como é triste vermos, por aí, de cada 10 brasileiros, 4 vivendo nos limites da pobreza: com fome e sem casa, sem moradia, sem lar!

Você, marido, pai, é responsável, é o primeiro responsável pelo sustento material da família. A mulher, normalmente fica em casa, é a rainha do lar, responsável pelo andamento da casa. E muitas vezes ela também trabalha fora. Mas, sempre, é vista como o "anjo do lar".

O dinheiro que você ganha, meu irmão, não é seu: é da família. E também o seu dinheiro, minha irmã: é da família. Como dói a irresponsabilidade e o crime dos pais que jogam o precioso dinheirinho da família, dos filhos, na bebida, no jogo, quer na mesa do pano verde ou nos cascos dos cavalos do Jockey Clube; ou em "outros lugares" ainda piores e safados...

Há o extremo oposto também: quantas vezes a superpreocupação dos pais em ganhar dinheiro rouba-lhes a primeira preocupação que deveria comandar todas as outras: a presença na família. Compreende-se que hoje em dia, com a atual situação, a preocupação pelo sustento da família "tira o sono". Mas os filhos, mais do que todo o bem-estar, estarão desejando mais presença sua, principalmente em certa idade. Não me parece errado afirmar que: Traz mais felicidade pobreza partilhada com amor do que riqueza amontoada com ganância!

Querida mãe-esposa, sei que você não é aquela esposa "sugadeira de dinheiro", de quem aquele marido se queixava, e para a qual não há salário que baste para satisfazer os caprichos. O dinheiro não é seu nem do marido: é dos filhos, é da família.

"Ah! mas nós não deixamos faltar nada em casa!" Muito bem. Mas, vocês já pensaram na alegria, na gratidão de um filho, de uma filha, ao herdar, já adultos, um imóvel, uma caderneta de poupança, um lote de ações etc., e ficar sabendo que aquilo é resultado da economia e das renúncias dos pais, que se privaram de muita coisa para deixar algo mais aos filhos?

26. LAR PARTILHADO

Como é bom, como faz bem uma casa de família, um lar onde tudo é partilhado. Desde as preocupações materiais da limpeza e da boa ordem até os problemas de ordem espiritual: pequenos e grandes problemas questionados por toda a família, em busca de soluções.

Num lar assim não se ouvirá a toda hora a expressão egoísta: o "meu", o "teu"... mas comandará sempre o espírito ditado pelo: o "nosso". Expressão como esta "Hoje o teu filho..." não cabe num lar partilhado.

Num lar, numa casa onde há partilha, a casa é dos filhos e dos amigos dos filhos. Como é ridícula a situação criada por aquela dona da casa (no sentido literal: "dona"), que faz tanta e tão fechada questão de limpeza e ordem dentro de casa, que os pobres filhos não podem estar à vontade aí, esparramando as coisas pelo chão e nunca podem convidar os amigos porque a mãe-esposa "bombril" tem mania pelo brilho da casa e sente-se mais realizada com os elogios das comadres pelo bom gosto da "bombril" do que pela presença amiga e alegre dos amigos dos filhos!

A primeira atitude da esposa "bombril" para o marido que chega não é o abraço e o beijo, mas é o dedo em riste que exige cuidado com os sapatos empoeirados, cuidado com a cinza do cigarro, cuidado... A casa, o lar é mais da vaidade caprichada da dona" do que do esposo e dos filhos.

Um lar deve ser otimista, alegre, mesmo quando há problemas e dificuldades. Que sabedoria quando o chefe de família sabe valorizar a opinião da esposa, dos filhos, expondo-lhes os problemas, solicitando a opinião da família. Como isso é pedagogicamente educativo para os filhos! A partilha será completa, como veremos, quando pais e filhos sabem juntar a oração aos questionamentos. Num lar assim, certamente a mesa, como a mesa eucarística, fará a comunhão na partilha. Num lar assim, certamente não se verificará o triste espetáculo da desunião e da dispersão: cada um para um lado e ninguém sabe de ninguém. E o lar "vira" um hotel; e, a família, "um troço" incompreensível!

Mas para o Matrimônio e a família como realidades cristãs poderem ter sentido e se realizarem, é preciso que Cristo esteja presente. É o que veremos.

27. O DIÁLOGO NUM LAR CRISTÃO

Dois pré-requisitos para uma vida cristã do Matrimônio e do lar: diálogo e respeito à psicologia diferenciada. Pois a teologia tem um pressuposto muito importante e indispensável: "gratia suponit naturam", quer dizer: a graça, o sobrenatural têm que ter o natural, a natureza humana como base.

Comecemos com o diálogo: a conversa inteligente, respeitosa, a dois. A qualidade ou condição principal para o verdadeiro e frutuoso diálogo não é saber falar, mas: saber escutar. O diálogo resume-se em saber ouvir, para descobrir, para construir. O diálogo deve ser sempre construtivo! Ouvir para ir descobrindo no outro as qualidades, ou ao menos uma qualidade positiva. E sobre essa qualidade descoberta, aí construir. Diz um provérbio popular conhecido que se "apanham mais moscas com uma gota de mel do que com um barril de vinagre". Quando você descobre no seu marido, ou na sua mulher, uma boa qualidade e tenta construir sobre ela, com um elogio, um reconhecimento e um incentivo, aí você já ganhou o outro.

Mas nossa tendência é fazer o contrário, não é? – Se uma pessoa tem nove qualidades e um defeito, nós analisamos, rodeamos, ponderamos... e, acabamos "bicando" o defeito. É o caso da professora que apresenta uma grande e linda folha de papel em branco aos alunos; e, lá num cantinho, quase imperceptível, faz um pontinho preto. A professora pergunta aos alunos o que eles estão vendo. A maioria deles vai apontar o pontinho preto e esquecem o branco enorme de toda a folha de papel.

Quando o diálogo não sabe ouvir para descobrir, para poder construir, a vida a dois acaba como a daquele casalzinho: 1ª cena: "Meu benzinho... minha gotinha-de-mel!" 2ª cena: ele – "Traga-me um copo d'água!" Ela: "Feche a porta!" 3ª cena: os dois gritam juntos e os vizinhos escutam. 4ª cena: os dois mudos, cada um numa poltrona, olhando para novela da TV. E adeus diálogo inteligente, respeitoso, paciente, no qual cada um se dispõe a ouvir o outro para descobrir os lados positivos, para construir a vida a dois, a vida do lar. E por que não dialogar assim também com os filhos?

28. CONVIVER COM AS DIFERENÇAS

Deus, na sua infinita sabedoria, criou cada um de nós irrepetível, um ser único: nunca haverá outra pessoa igual a mim, igual a você, desde o começo até o fim do mundo! Que maravilha é essa e que deveríamos aprender sempre mais a respeitar. Você é uma pessoa individualizada, irrepetível.

Com a sábia criação da desigualdade dentro da unidade da natureza humana, Deus criou o homem e a mulher não só com diferenças físico-corporais, mas cada um, em sua natureza masculina e feminina, com uma psicologia comportamental diferenciada. O homem tem seu jeito, a mulher tem o dela. Isso parece tão elementar, mas, muitas vezes, na prática, tanto um quanto o outro esquecem isso. Assim, às vezes encontramos o "machão" que exige que a mulher tenha o seu jeito, "pense" como ele. E encontramos também o vice-versa: a "boneca" perde a paciência e a paz porque o homem não se ajeita ao jeito dela.

Entendam ambos, por favor, que o homem, mais abstrato, menos concreto, mais sintético, menos analítico – e com outros "mais e menos" – tem uma psicologia diferente da mulher. Esta é mais analítica, lembra mais as coisas concretas, os fatos, as datas, é mais sentimental, mais delicada.

Assim acontece, por exemplo, que um dia ela quer lembrar o marido que: "Benzinho, hoje é aniversário do nosso noivado, do nosso primeiro beijo". E o marido não se lembra mais nada disso e responde meio secarrão... Pronto! "Ele não me ama mais..." Entenda, minha irmã, que essa e outras reações do maridinho são reações psicológicas, próprias da psicologia masculina e não são reações morais, no sentido de que não a ame mais. Assim também, você, seu "machão", quando foi a última vez que você chegou a casa com uma flor para ela? Quando você elogiou o vestido dela, o penteado, quando a convidou para um jantar "de namorados" e coisas que tais?

Diferentes também no relacionamento sexual. Diz-se que a mulher é como um fogão a lenha ou elétrico: ligou... demooora pra esquentar. Desligou... demooora pra esfriar. E o homem é como um fogão a gás: ligou, esquentou! "Desligou, esfriou!" E então, haverá um treino, uma paciente caminhada entre os dois: ele que vá um pouco mais devagar... e ela que seja ajudada a ir um pouco mais depressa. Confidenciou-me um casal que os dois levaram vários anos para chegarem a "gozar juntinhos". Paciência, caldo de galinha... e amor!

29. UM LAR CRISTÃO, UM LAR DE ORAÇÃO

Estamos "carecas" de saber que, por mais técnica de diálogo que o casal tenha e por mais psicologia que conheça, sempre ficarão duas pessoas diferentes que se "destinaram", que escolheram viver juntas a vida toda. Permanecem as diferenças por vezes de origem social, de educação, diferenças de gênio. E haverá momentos e situações em que as forças humanas serão muito limitadas e fracas para vencerem os obstáculos. E, aí, tem que entrar uma força maior: a fé cristã! A força da oração e dos sacramentos.

Cristo tem que fazer companhia aos esposos cristãos. Uma vida de fé, expressada principalmente na oração e na prática sacramental eucarística, deve ser a fonte para a fidelidade conjugal e a vida familiar.

E não esqueçamos que os filhos aprendem mais pelos olhos e não tanto pelos ouvidos. Pode acontecer que o que entra por um ouvido, sai pelo outro. Mas o que entra pelos olhos, isto é, o exemplo dos pais, isso vai ao coração e fica para a vida. Assim, quando os filhos veem os pais rezarem; quando percebem que a eucaristia participada no domingo continua em casa, nas atitudes dos pais, eles concluem, na prática, que religião não é só um ritual, mas uma vida vivida pelos pais!

Assim também a vida a dois dos esposos. As dificuldades, a começar pela cama, os desentendimentos, a "guerra fria", tudo isso poderá levar um ou o outro ou ambos a pensarem em outras "soluções", com o "casamento em crise". Desquite-divórcio é solução? – Será mais complicação que solução. Poderá até haver casos especiais em que uma separação se imponha. Os filhos, mesmo quando digam estarem "de acordo", pois não veem outra solução, no fundo, não querem tais soluções. Já falamos disso. Divórcio é assunto civil. Para o cristão continua o sacramento indissolúvel do Matrimônio. (A não ser os casos especiais já indicados em nossas reflexões e que requeiram o recurso canônico.) Imaginemos o divórcio "Hollywoodiano" facilitando aos dois novos encontros com Príncipes e Princesas Encantados de tempos em tempos. E enquanto os dois vivessem pulando cercas de "pasto em pasto", os filhos ficariam, por aí, "nos currais do mundo"! Soluções egoístas, cômodas, não são soluções cristãs. Fora da fé, da oração, sempre haverá "soluções" comprometedoras para a família!

30. E AS PREOCUPAÇÕES COM A JUSTIÇA SOCIAL?

Já vimos repetidamente que há uma dimensão vertical, divina, que faz a sacramentalidade do Matrimônio: a união dos esposos é sinal da união salvífica de Cristo com sua Igreja. Daí vem toda a grandeza do Matrimônio como sacramento. E aí também está fundamentado o compromisso de fidelidade e indissolubilidade, que esse sacramento exige.

As inúmeras preocupações do casal, da família, são dimensões comunitárias, sociais, cujas soluções, efetivadas ou não, serão sempre estudadas à luz da fé, com os critérios evangélicos, com a oração.

Já pelo fato de o casal viver em ambientes da situação social concreta da nossa sociedade; já pela preocupação pedagógica em dar aos filhos uma formação integral, deve fazer parte, por isso, dos questionamentos da família – esposos e filhos –, a nossa situação da justiça social ou das injustiças sociais. Esposos e filhos convivem diariamente com a situação antievangélica que se instalou na nossa América Latina e no Brasil. Os filhos são continuamente agredidos pelas situações da fome, da falta de moradia, das injustiças político-sociais...

Os pais, a família, devem questionar-se, os filhos devem ouvir algo a respeito, não só na rua, com os colegas, mas dos pais. Assim, por exemplo, em face das mensagens tantas vezes negativas dos Meios de Comunicação Social, desde as propagandas até as novelas... Princípios anticristãos como o célebre "evangelho segundo Gerson": "Levar vantagem em tudo!" O que os pais, a família, pensam disso tudo? Os esposos e pais tentam fazer, de vez em quando, um "cinefórum", um questionamento, após essas e outras mensagens sobre o "amor livre"? A família se pergunta: "O que achamos dessa mensagem? Ela combina com os princípios que regem nossa família?" Qual é a orientação que os filhos ouvem dos pais sobre as questões políticas, as bandalheiras que acontecem na administração do País, do Estado, do Município? Há, na família, a preocupação com a formação de uma consciência cristã crítica? Há preocupação com os critérios cristãos do Evangelho para julgar retamente o que a TV está transmitindo à família? Como vai essa dimensão, na família?...

31. "...PARA PROCRIAREM..."

Comentando a definição de Matrimônio, que demos no começo, chegamos agora ao assunto da geração dos filhos. Dizíamos que, juntamente com a finalidade essencial do amor entre os dois, para viverem uma vida de amor, há a finalidade procriativa, também essencial e fundamental ao Matrimônio. E aqui se coloca a sempre atual e discutidíssima questão da limitação dos filhos e do planejamento familiar.

A pergunta costumeira é: "Quantos filhos o casal pode ter?" A resposta: "Tantos quantos o casal pode criar e educar". E isso não é o padre que resolve; padre não é "travesseiro de soluções". Quem resolve é o próprio casal. Chamamos a isso: "Paternidade/Maternidade responsável".

Esse Planejamento Familiar não é assunto do Estado! O que o Estado poderá fazer é ajudar com esclarecimentos científicos, mas sempre respeitando a consciência e a decisão dos esposos. Continuamente leem-se artigos, tratados, muita literatura sobre o tal Planejamento. A grande preocupação é limitar as "superpopulações" com a motivação da possível falta de alimentos para as nações superpopulosas. E nós sabemos como essa argumentação é falaciosa. Sabemos, inclusive, que há Nações do Norte preocupadas com o crescimento de países sul-americanos que "ameaçam" a hegemonia e o poder dos "Tios Sam". E sabemos que a produção de alimentos do mundo, se for distribuída com mais justiça, possibilitando um número médio de calorias para cada ser humano, sabemos pelas estatísticas sinceras e objetivas que não faltará comida. Há e poderá haver produção suficiente para todos, se bem distribuída e será possível a todo filho de Deus ter uma vida digna, bem alimentada.

Desejaria deixar aqui o que o Papa Paulo VI lembrou com tanta clareza e propriedade: "A solução não é diminuir os comensais à mesa, mas sim, aumentar o pão na mesa dos comensais..."

O que falta, mesmo, é que haja justiça. Que cada homem possa ser respeitado como filho de Deus. Direito à vida, quando gerado no seio materno, e direito a uma subsistência digna.

32. EVITAR FILHOS, COMO?

Bem, o Matrimônio tem como finalidades fundamentais, essenciais realizar o casal, torná-lo feliz por uma vida de amor e procriar, gerar filhos se a fertilidade tiver o "placet" (o "de acordo") da própria natureza.

Poderá haver casos particulares, em circunstâncias especiais, em que se torne aconselhável e mesmo imperativo um planejamento familiar, e o casal se julgue suficientemente amparado por motivos de consciência para espaçar mais a vinda de novo ou novos filhos, ou mesmo evitar, em definitivo, novas gravidezes. E, nesse caso, que "métodos" podem ser licitamente usados? Como resposta geral vale sempre esta: Métodos que não atentem contra a vida. Métodos que não agridam a integridade da vida, tanto física como psíquica. Aqui também será bom lembrar o velho slogan ou princípio: "Na natureza, toda violência vai à falência". Ou, em outras palavras: "A natureza não perdoa, quando agredida".

Mas, diz aquele casal: "No nosso caso os métodos **naturais, normais** não funcionam. Nesse caso é permitida **a pílula?** Ou que outros métodos? Não existe um documento da Igreja que fala da pílula ("*Humanae Vitae*")?"

Respostas: O documento da Igreja não quer propriamente falar da **pílula,** mas quer, antes de tudo, defender e salvaguardar a dignidade humana e cristã. Pílula? Vocês se lembram da talidomida e suas consequências? Mas, o que é que o padre diz, afinal? – O padre não vai ser tão imprudente, precipitado e "besta" (desculpem!) em aconselhar ou desaconselhar **pílulas** e quejandos. Ele vai, quando muito, aconselhar vocês a procurarem um médico de confiança, que tenha ciência e consciência. "Mas supõe-se que o médico tenha ciência!" Sim, mas uma vez um Governo Federal, levado por "conselho médico", quis distribuir anticoncepcionais em todos os Postos de Saúde e logo depois mandou retirá-los. Dizia-me um médico amigo que, para receitar uma **pílula** ou qualquer outro método, o médico tem que considerar caso por caso e considerar, em cada mulher, a realidade físico-anatômica, psíquica e até espiritual, e prever as consequências com o uso de tal ou tal método. Daí a necessidade de o médico ter ciência e... consciência cristã para orientar! O padre não substitui esse médico!

33. MENOS COMENSAIS OU MAIS PÃO?

O fator economia, como vimos, é frequentemente invocado como justificativa para "evitar filhos" ou planejamento familiar, e até mesmo para justificar o crime do aborto.

O planejamento familiar é um problema delicado tanto para os diretamente interessados, no caso os pais e sua família, como também diante da Comunidade humana mundial e de cada país.

Parece-nos tese pacífica de que o Estado, como tal, não pode intrometer-se diretamente na família, coagindo os pais à limitação dos filhos, quer dizer, do número de filhos. Quando muito poderá o Estado, respeitando o direito à vida, respeitando as convicções morais e religiosas da família, colocar-se à disposição com informações e orientações através de pessoas técnica e moralmente competentes.

O planejamento familiar, decidir quantos filhos terão, é problema dos esposos: é a paternidade/maternidade responsável. Quantos filhos podem gerar? – Tantos quantos possam criar e educar para a vida. Que meios anticoncepcionais usar? – Os que respeitem a dignidade humana e cristã. Lembrem-se de que, na natureza, "toda violência leva à falência". É o padre quem resolve? – Não, é a consciência dos pais. Procurem um médico que tenha ciência e consciência. Saibam que ainda não são conhecidos todos os efeitos concomitantes e posteriores ao uso de medicamentos anticoncepcionais. Lembrem-se: "natureza, ferida, dá o troco!"

Aos "planejadores" que levianamente propõem a diminuição "drástica" populacional por motivos de economia e produção, lembro a sábia e oportuníssima proposta do Papa Paulo VI: "A solução do problema não é diminuir os comensais à mesa, mas sim, aumentar o pão na mesa dos comensais!" Isto nos traz à memória esta estatística gritante: o assim chamado Terceiro Mundo perfaz 70% da população mundial e produz 80% dos bens; da rentabilidade desses bens, usufrui e come somente 7%. Como rezar, num mundo desses, o "Pai-Nosso... PÃO NOSSO"?

34. O QUE NÃO PODE, MESMO!

Entre perguntas e respostas, na reflexão passada, navegávamos na questão complexa do planejamento familiar e métodos de "evitar filhos". Agora, o que não é mesmo permitido e se torna crime e pecado, crime diante de Deus e dos homens, é o **aborto**. O que é, já sabemos: Aborto ou abortamento é uma intervenção direta, voluntária, de interrupção da gravidez, provocando a expulsão prematura do feto. Não se trata aqui do aborto involuntário. Nem da cirurgia que retira o útero ou parte dele, por estar afetado por um tumor, atingindo indiretamente o feto. Aborto é a ação criminosa, voluntária, consciente, que intenciona destruir, matar a vida embrionária: impedir uma vida, um ser humano que, pelo parto normal ou por uma cesariana, viria à luz do dia.

O aborto assim entendido é um homicídio, um crime contra a vida, proibido pelo 5º mandamento da lei de Deus: "Não matar". A vida, que é amparada por uma lei natural e divina, é e deve ser amparada pela lei positiva, pelas leis dos homens. E lei positiva e humana nenhuma poderá contradizer a lei natural e divina.

A Igreja tem uma posição muito clara, decidida, irreversível, indiscutível e irrecorrível: é contra o aborto, condena o aborto! E todo cristão deve ter ideias e posições claras e decididas sobre isso. Não pode "fazer média", não! O cristão, como Igreja que é, deve estar a par do assunto, do que se afirma; e deve saber com clareza e firmeza responder às afirmações ridículas, burras e safadas que muitos "abortistas" fazem a respeito, inclusive em ridículos e irritantes programas de TV.

Antes de passarmos a maiores esclarecimentos, é bom lembrar que hoje, no mundo todo, praticam-se aproximadamente 50 milhões de abortos e dessa quantia, 10%, ou seja, cinco milhões, são feitos aqui, no Brasil-Pátria Amada... em vários milhares de clínicas abortivas... Brasil: campeão de acidentes automobilísticos, campeão de abortos e... vez por outra, campeão de futebol...

35. O QUE PRETENDEM OS ABORTISTAS?

Em geral a preocupação dos que defendem o aborto é a sua legalização. Como se uma lei positiva pudesse ab-rogar e anular uma lei natural e divina. E quais seriam os argumentos invocados a favor do aborto?

1. "Vamos legalizar o aborto porque se tornou comum abortar. Sua legalização acabará com a contravenção, deixará de ser ilegal..."

2. Diz a mulher engravidada: "Eu sou dona do meu corpo, faço o que quero com ele, tenho o direito de me livrar deste "incômodo", desta "ameaça..."

3. Diz ainda a "dona do seu corpo": "O embrião, o feto, não tem mais direito à vida do que eu; e meu direito é prioritário..."

4. "Ainda não é gente, não é ser humano que está aí, no útero..."

São com essas "belas" argumentações que muitos abortistas se arvoram o direito de defender o aborto e sua legalização. Tais argumentos constituem um atentado e quase um desafôro a qualquer inteligência mediana. Vejamos:

1. Se o argumento para legalizar o aborto é porque "é comum, todo mundo faz", a resposta situa-se na mesma linha da argumentação: "Então, legalizemos também o assalto, porque se tornou comum". Argumento por argumento...

2. Você não é "dona do seu corpo", não, minha irmã. O marido também é "dono", os filhos também, pois talvez queiram mais um irmãozinho, uma irmãzinha. Escute: a própria sociedade também se torna "dona" do seu corpo, pois no momento em que você concebeu um ser humano, começa a acontecer um ato social, já não há só uma realidade pessoal. E, quem sabe, a sociedade espere nascer daí um grande homem, talvez o presidente do Brasil! E a própria Igreja pode estar esperando um santo... do seu útero!

3. O embrião, o feto, poderá "não ter mais direito à vida que você", minha irmãzinha. Mas, terá, no mínimo, o **mesmo** direito que você. E, parece, tem até mais direito, pois ele não pediu para estar aí. Vocês que o colocaram aí. E, além do mais, é um inocente e indefeso que é injustamente ameaçado de morte, sem poder defender-se. Um adulto, atacado, pode defender-se, até matando o agressor, para conservar a vida. Mas, como fica um inocente e indefeso?

36. É GENTE OU É O QUÊ?

A mais ignorante e safada afirmação abortista diz que o zigoto (primeira célula fecundada), o embrião e até mesmo o feto ainda não é gente, não é ser humano. O que você responderia a isso? Reconheçamos que não é fácil, cientificamente, discorrer sobre esse assunto, que possui segredos da própria natureza ainda desconhecidos da ciência; e, além disso, nesse terreno entra uma forte carga emocional que pode empanar o estudo objetivo do assunto. Nessa linha de dificuldades não sei até onde aquele médico acertou ao dizer para um abortista: "Escute, quando o espermatozoide de seu pai se encontrou com o óvulo de sua mãe, o que começou a existir? Uma pedrinha? Um besouro? – Não. Você é que começou a existir. Embora do tamanho da ponta de uma agulha, mas era você! Uma gota d'água não é água?" Há, por aí, documentários com filmagens, radiografias do comportamento do embrião, no útero materno: à música suave de um aparelho encostado no ventre grávido, o embrião reage com movimentos suaves; a uma música violenta, reage de modo brusco.

Há pouco tempo, um órgão legislativo que congrega 21 países da Europa, baseado em parecer científico da Comissão de Saúde do Conselho, publicou a "Recomendação 1.100", em que está declarado: "Desde o momento em que o espermatozoide fecunda o óvulo, aquela diminuta célula (zigoto) já é um ser humano... portanto, intocável aos engenheiros genéticos e pesquisadores biogenéticos". (A redação da "Recomendação 1.100" fala de "pessoa humana"; mas certamente o sentido é: ser humano, pois "pessoa" já envolve conceito jurídico.)

Por honestidade científica, devemos reconhecer que o conceito moral de pessoa ou ser humano – e portanto o conceito de aborto – não pode ser reduzido ao conceito embriológico; e que o conceito de aborto não pode ser colocado e medido em conceitos biomédicos. Sabemos hoje que a própria natureza tem uma potencialidade incrível de eliminar aproximadamente 30% de zigotos com má conformação, que não chegam à nidação. Tudo bem! Mas essa **atitude,** esse **procedimento** é da própria natureza. Agora, até onde o homem, "de fora", tem o direito de intervir e eliminar zigotos e embriões e até fetos? É aqui que colocamos o questionamento.

37. O CIENTÍFICO E O MORAL

Antes de escrever sobre a difícil e delicada questão do aborto, pedi maiores esclarecimentos a dois doutores no assunto: um perito e professor de teologia moral e um médico professor.

Um passageiro contato com uma literatura elementar, mas séria e científica, sobre o assunto dar-nos-á uma ideia da maravilhosa grandiosidade de nossa vida em suas origens. A maravilha de um óvulo feminino com o diâmetro de 13 centésimos de milímetro, que, do ovário, é atraído para as trompas de Falópio e aí fica, como "esposa" à espera do "marido", o espermatozoide, do tamanho de 60 milésimos de milímetro. Aí, no "leito nupcial" de uma trompa, dá-se a fecundação do espermatozoide com o óvulo; e daí, por um canal de 1 milímetro de diâmetro, a primeira célula viva, humana – o zigoto – caminha majestosamente para o útero, para a "nidação", para o primeiro bercinho do embrião, que será o feto, o bebezinho que virá à luz, nove meses depois.

Pois bem, diante dessa delicadíssima maravilha da criação de Deus, onde e quando entra, ao lado da ciência biomédica, da embriologia, a teologia moral para falar do aborto como crime? Sabemos que não podemos medir, experimentalmente, o momento exato em que Deus, através dos pais, estaria criando e unindo a alma àquele... "àquele"... o quê? Zigoto? Embrião? Feto? Já vimos que o ser humano é gente, quando o espermatozoide masculino se encontra com o óvulo feminino... Ou seria na passagem do zigoto para a nidação no útero, seria aí, como embrião, que começaria a existir o Homem? Ou chegaríamos à ousadia de afirmar, como tentaram algumas leis positivas americanas ridículas, que somente meses depois da fecundação haveria vida humana?

Bem, mas é justamente aqui é que vem a pergunta já enunciada: "Seria lícito arriscar-se a matar um ser humano inocente e indefeso?" E, pensem bem: quando é que, geralmente, o aborto é "resolvido"? Não é, em geral, só depois que "os dois", o médico, a parteira têm a certeza que ela "está grávida"? Quando "no mês" "a coisa" "não aconteceu", "não veio"... isto é, quando não veio a menstruação, sinal "vermelho" de que "algo", ou seja, a fecundação aconteceu e a gravidez está aí... Aí, então, já nem é mais um "arriscar" a abortar "somente" o zigoto...

Ora, diante disso tudo, como poderá a Igreja, a teologia moral calar-se?

38. É LÍCITO MATAR UM INOCENTE E INDEFESO?

Após os questionamentos científicos esboçados na reflexão anterior, talvez a pergunta acima poderia ser melhor expressa assim: "SERIA LÍCITO ARRISCAR-SE A MATAR UM SER HUMANO INOCENTE E INDEFESO?"

Essa, aliás, é a pergunta fundamental que nunca é feita nas repetidas, enfadonhas e ridículas entrevistas e discussões feitas por programas da TV sobre o aborto. Já repararam na maioria desses programas? É onde se arvora em entendida no assunto aquela apresentadora que, se num dia de chuva sair à rua, desmonta-se toda e vira um "troço". Quando não uma volumosa apresentadora que não deixa ninguém falar. E sempre contam elas com a presença de até "nobres" deputados, que chegam à ousadia de se declararem réus confessos do crime de terem eliminado a vida de filhos e netos.

Mas nunca aparece a pergunta fundamental e decisiva acima formulada. Talvez queiram, de início, eliminar a pergunta, dizendo que "ainda não há vida, não é gente"... Essa é outra questão que poderemos discutir. Mas os "nobres" discutidores devem responder: Sim! – ou: Não! Podemos ou não matar – ou arriscar-nos a matar – um ser humano inocente e indefeso?

Às vezes, ouvindo certos defensores do aborto, temos a tentação de dizer-lhes: "Olhe, você está me convencendo que devia ser aprovado o aborto, sim, mas já deveria estar aprovado, no momento que o espermatozoide de seu pai se encontrou com o óvulo de sua mãe!... (Desculpem, mas que dá vontade de dizer isso, dá.) E perguntamos ainda: se nossa mãe nos tivesse abortado? Se a mãe de Einstein ou as mães de tantas outras pessoas valiosas para a Humanidade tivessem abortado ?... Você sabia que a mãe de Beethoven, esse gênio da música, foi insistentemente aconselhada a abortar, pois as previsões eram de que, além de um parto duvidoso, o filho nasceria com grandes problemas, se é que chegaria a nascer? Ela não consentiu o aborto e nos deu o grande, o divino Beethoven.

Argumentação não científica, emocional, "de apelação emotiva"? – Não sei! Julguem vocês, que têm bom senso e que têm fé.

39. ECONOMIA E FEROCIDADE

Motivação comum alegada em favor do aborto é a dificuldade econômica para sustentar mais um filho. De acordo que possa haver esse motivo, principalmente hoje e com famílias da chamada classe média pobre. Mas, nesse caso, tente-se evitar a concepção, a fecundação, usando meios preventivos para "evitar filhos", conforme já falamos. Mas, aborto, eliminar a vida já concebida, isso nunca!

Aqui me ocorre o caso da senhora grávida que procurou o médico para tratar do aborto. O médico, cristão, tentou dissuadir a consulente. A dona teimava em abortar. O médico pergunta pelo motivo por que queria abortar. A resposta foi que o motivo era econômico. Nova insistência médica. A mulher não cedia e aí o médico "apelou": "Bem, minha senhora, se o motivo é tão somente o econômico, então aconselho a eliminação, a morte, de seu filho mais velho, de 12 anos. É bem mais econômico!" O argumento poderá ser demasiado agressivo e estúpido. Mas, se é por economia...

É inacreditável como o assunto aborto, friamente tratado, principalmente pelos Meios de Comunicação Social, vai formando, ou melhor, vai deformando o povo para uma criminosa insensibilidade. Há anos chegou-se a noticiar uma festa que um médico abortista teria dado, comemorando o milésimo aborto!

Lembro-me aqui da história da fera de Florença: Uma fera foge da jaula e ameaça os habitantes da cidade. Todo mundo fugindo, escondendo-se. Uma mãe, com o filhinho nos braços, alcança a porta da casa. Mas, nervosa como estava, não consegue a tempo virar a chave na fechadura para abrir a porta. Nisso a fera se aproxima, uivando, ameaçadora. A mãe, apavorada, teve uma atitude inspirada, única: volta-se para a fera que está aí, à sua frente, e, enquanto ia assentando-se na soleira da porta, mostra à fera a criancinha, em seus braços... A fera aproxima-se, olha para o gesto da mãe, abana a cabeça, abana o rabo e afasta-se. A fera tinha entendido, no gesto suplicante, o amor de mãe, de uma mãe que implorava a vida do filhinho! Hoje, 50 milhões de mães, no mundo, 5 milhões de mães, no Brasil, com suas parteiras e médicos abortistas, comparadas à fera, quem seria mais mãe?

40. E O ARTIGO 128, II DO CÓDIGO PENAL?

Repetimos aqui o princípio divino, natural e irreversível: Lei positiva (feita pelos legisladores humanos) nenhuma pode contrariar e derrogar uma lei natural. Lei que, por ser da própria natureza criada por Deus, torna-se também uma lei divina. As leis positivas são criadas para salvaguardar, para explicar, para fazer cumprir as leis da natureza.

Portanto, lei positiva nenhuma poderá tornar lícito, permitido, o que a lei natural condenar como ilícito. É um princípio da lei natural que proíbe, torna ilícito matar um ser humano inocente e indefeso. "Matar" poderá ser traduzido por "eliminar", impedir-lhe a vida. É o caso do aborto ou abortamento, conforme já vimos: Diretamente matar, tirar a vida, impedir que se desenvolva a vida humana já iniciada. Não falamos aqui, é evidente, do aborto involuntário ou no caso de uma cirurgia que retira o útero infeccionado e indiretamente provoque um aborto.

E o Artigo 128, II? – Diz o Código Penal Brasileiro: "Não se pune o aborto... se a gravidez resulta de estupro e o aborto é precedido do consentimento da gestante ou, quando incapaz, de seu representante legal".

O próprio Artigo 128, II até que é "mais inocente" que muitos abortistas que costumam invocá-lo, pois ele não diz que o aborto, nem nesse caso, "é legal"; somente diz que: "não se pune".

Mas você poderá perguntar: "Afinal, pode ou não pode? É lícito ou não?" – A resposta é dada com a pergunta que funda o princípio já lembrado: "É lícito matar um ser humano inocente e indefeso?" – Resposta: "Não!" Lei positiva nenhuma anula essa lei natural. Você diria: "Mas o embrião, o feto está ameaçando a vida da mãe estuprada". Se o "intruso" pudesse defender-se, aí sim, talvez a "ofendida" poderia defender-se também. Mas não é dada defesa nenhuma a esse ser humano, inocente e indefeso.

Conhecemos todos os argumentos emocionais, sensíveis à situação da estuprada, mas o direito à vida, o direito à defesa de sua inocência não podem ser violados. Puna-se o estuprador com prisão perpétua a trabalhos forçados sem remuneração (em vez da pena de morte!), e o Estado ampare a infeliz estuprada e a criança quando nascer. Ou tome qualquer outra providência. Mas, matar, nunca!

MATRIMÔNIO

41. OUTRO "ABORTO" CRIMINOSO

Paralelo ao aborto que mata a vida nove meses antes do nascimento, há "outro aborto", tão criminoso como o primeiro e sobre o qual não é possível nada dizer. É o "aborto" que mata de fome a criatura humana depois de nascida. Um, mata antes de nascer; o outro, mata depois de nascer. A fome é, de certo modo, mais cruel que o aborto: mata aos poucos, judiando. Aos que não leva ao cemitério, faz deles trapos humanos!

Se o aborto criminoso assassina, a cada ano, 50 milhões de seres humanos no mundo ou 5 milhões só no Brasil, as estatísticas da morte pela fome e pela miséria também nos estarrecem. Você já estará cansado de lê-las, por aí. Dois terços da humanidade passam fome, não comem o suficiente. Para ficarmos com o nosso Brasil: 70% da população brasileira passa fome; 20% da população "vive" em pobreza absoluta; de cada 10 brasileiros, 4 vivem nos limites da miséria. E você sabia que no Brasil, a cada 5 minutos, morrem 7 crianças, e morrem de fome? Faça as contas e verá que, anualmente, são 800 mil para um milhão de crianças que morrem de fome em nosso rico país, que, como potência econômica, está ao lado da Inglaterra, e, no desnível social (na fome) está no 58° lugar, só acima da Nigéria! Em cada 10 crianças que morrem, na América Latina, 5 são brasileiras. E dessas, 50% são nordestinas, que, até à idade de 2 ou 3 anos – quando alcançam essa idade – não tomam as gotas de leite necessárias; só conseguirão sobreviver com o cérebro atrofiado. Há anos a Campanha da Fraternidade mostrou que existem no Brasil 37 milhões de crianças carentes e 7 milhões delas, sem pais, perambulam, por aí, "abortadas" pela vida: conseguiram escapar do primeiro aborto, mas são vítimas do segundo, tão cruel ou mais que o primeiro.

A causa desse "aborto da injustiça e da fome"? – Sistema injusto, no qual cada brasileiro que nasce, já nasce endividado com US$1.000 (mil dólares); país onde "desgoverna" a roubalheira e a pouca-vergonha! E porque não se vive e não se reza mais o "Pai-Nosso, Pão Nosso"... mas "Pão meu"; venha o "teu" Reino contanto que não mexa com o "meu"... Até quando, Senhor?

42. "... PARA EDUCAREM OS FILHOS..."

Finalizando as nossas reflexões sobre a definição do Matrimônio enunciada no começo, diremos que, com o Matrimônio, os esposos, como pais, assumem o compromisso de educar os filhos que "Deus lhes mandar".

Além do que já meditamos, não haverá muitas coisas mais a dizer, a não ser lembrar-lhes este princípio cheio de sabedoria e que resume todas as normas pedagógicas e psicológicas da educação dos filhos: "Educar com amor". Realmente, se esta norma falhar, falham todas as outras.

E educar com amor desde que idade? – Desde 0 horas... desde a vida embrionária e fetal. Qual a idade principal, fundamental da formação? – Os psicólogos lhes dirão que é de 0 até os 3 anos de idade. As imagens que se imprimem, dos 4-5 anos para frente, poderão ser substituídas pela formação; mas, as que se imprimem desde o inconsciente e no inconsciente não serão substituídas ou corrigidas por normas pedagógicas.

Cuidado, pois! Amor e muito amor para com o embriãozinho, com o fetozinho que está em gestação no seio materno. Carinho até com palavras e gestos, por mais que vocês pensem que "ele" ou "ela" não esteja percebendo. Cuidado com as "guerras frias" de vocês dois, com as atitudes agressivas, com a desculpa de que o bebê, no útero ou no colo, não tem consciência das coisas. O inconsciente está gravando tudo. E, mais tarde, as atitudes do consciente poderão estar revelando o que o inconsciente gravou.

Depois, com os anos, a criança, imitativa, tem que ser educada pelos exemplos dos pais, muito mais do que com palavras. Há anos, dizia-nos um psiquiatra que, perguntado por uma mãe qual era a coisa mais importante para ela educar os filhos, respondeu: "Seja mãe, só isso!" E, ao pai, dava o mesmo conselho: "Seja pai, só isso!"

Lembro-me de um colega que me dizia de como ele teve a ideia sobre Deus através do modo como os pais rezavam. O pai, um espanhol ultra sério, nunca tirava o chapéu para ninguém; mas, quando rezava, tirava o chapéu. E o moleque pensava: "Puxa... Deus deve ser muito importante, pois meu pai até tira o chapéu quando fala com ele!" E vendo a mãe falar com Deus de chinelos, enxugando as mãos no avental, o moleque concluía: "Mas Deus deve ser também muito simples, muito "bacana", pois minha mãe fala com ele de chinelos e enxugando as mãos no avental!"

43. A FAMÍLIA: "MINI-IGREJA"

Quase ao fim de nossas reflexões sobre o sacramento do Matrimônio, o sacramento da família, certamente muita coisa não foi explicada a contento e muitas outras coisas poderão ter ficado à margem. A leitura, o estudo e a oração de vocês, caríssimos esposos, certamente irão preencher as lacunas deixadas pelas limitações doutrinárias desse seu "escritor" caipira.

Recordando: se o Matrimônio é um sacramento porque é sinal visível da união de Cristo com sua Igreja; e se os esposos devem continuar e realizar essa união de Cristo com sua Igreja como uma missão salvífica, então a família deve ser realmente uma Mini-Igreja.

Formada por cristãos, a família cristã reúne Igreja, ela é Igreja. E, como tal, como sinal da união misteriosa de Cristo com a Igreja, a família, além de figurar esse Mistério, ela é também comunhão! Mini-Igreja que faz a comunhão dos esposos entre si, dos pais com os filhos e da família toda com Deus. Ora, se a família é Igreja-Mistério e Igreja-Comunhão, ela tem também uma missão!

E a missão da família é a missão da própria Igreja: anunciar a Boa Nova, proclamar o Plano de Deus, dar testemunho desse Plano pela palavra e pela vida. E, com esse anúncio do Plano de Deus, a família deverá também ter a coragem evangélica, profética, de denunciar tudo aquilo que se opõe a esse Plano de Deus.

Aqui, pois, como a Igreja, a família tem as suas duas grandes dimensões: a vertical, unida a Deus, em comunhão com Deus, como filhos de Deus. E, na dimensão social, fraterna, a família, como a Igreja, anuncia ao mundo, às outras famílias, a Boa Nova da justiça, da fraternidade e da paz. Disse o Papa João Paulo II: "O mundo passa pela família". O que for a família, assim será o mundo, a sociedade. Missão indispensável da família, pois, ser Igreja!

44. FAMÍLIA: O PRIMEIRO SEMINÁRIO!

Sempre se falou e, principalmente hoje, fala-se e queixa-se da falta de sacerdotes, da falta de vocações sacerdotais e religiosas.

Olhem, pode até estar certa e justificada essa queixa. Mas, tenho cá comigo que a falta maior e mais fundamental é anterior à falta de vocações e de sacerdotes. Penso que a maior e mais fundamental falta e do que mais estamos precisando é de famílias cristãs, de cristãos autênticos. Famílias, cristãos e cristãs que assumam realmente, para valer, a missão de Igreja no mundo de hoje. Cristãos presentes nas realidades temporais para fermentar de Evangelho os ambientes, as estruturas injustas. Há muito esquecimento desse primeiro sacerdócio da família e do cristão.

Uma família assim, com vida cristã "na vertical e na horizontal", seria, penso, o primeiro e mais fundamental seminário de onde sairiam vocações autênticas, formadas, já na família, para uma vida cristã missionária.

Sim, o Matrimônio cristão, a família cristã será sempre o seminário insubstituível. A primeira ordenação sacerdotal foi realizada no seio de uma Mãe: Maria Santíssima. O seminário que "educou", que formou o grande e único sacerdote, Jesus Cristo, foi uma família!

Permitam-me terminar com a história que sempre gosto de contar: São Pio X, Giuseppe Sarto, um dia, como Papa, ficou com muita saudade da mãezinha, da Mamma", uma italianinha simples que morava na Alta Itália. O "Beppino" já tinha sido Cardeal de Veneza e agora era Papa. Trouxeram a santa velhinha para ver o filho e matar a saudade. Conta-se que estavam, mãe e filho, conversando, e, às tantas, o Papa levanta a mão direita e mostra à mãezinha o anel de Papa: "Olha, Mamma", que anel bonito de Papa tem seu filho". Com a mesma simplicidade, a santa velhinha, sorrindo para o filho, levanta a mão esquerda e, apontando-lhe o anelzinho surrado do casamento de muitas décadas, diz: "É, "Beppino", mas se não fosse este anel do meu casamento, você não teria esse aí, de Papa!" Ó santa lição para todos os séculos: Sem o sacramento do Matrimônio, não há o sacramento da Ordem! Queridos Pais, queridas famílias, sejam o seminário da Igreja. Ofereçam, generosamente, filhos e filhas para o sacerdócio ou para a vida religiosa. Se não, ao menos alimentem nos filhos a vocação para o sacerdócio comum da Igreja, para o qual foram consagrados pelo Batismo. Formem apóstolos para levar a Boa Nova ao mundo de hoje!

45. JESUS, MARIA, JOSÉ E A FAMÍLIA CRISTÃ

Nós, cristãos, quando colocamos a família na dimensão da Fé, vem-nos logo à lembrança a "Sagrada Família": Jesus, Maria, José.

Compreendemos que esse **modelo** da Sagrada Família "funciona", realisticamente, "até certo ponto". Pois, como sabemos, Maria concebeu o Filho de Deus "por obra do Espírito Santo", sem necessitar da relação sexual com um homem. Pois o "concebido" já existia; e, afinal, era um Deus que se concebia: uma concepção, uma encarnação "à moda divina". Nós todos fomos concebidos "à moda humana", como "resultado" divino e humano da relação sexual de nossos pais. Os filhos de vocês, esposos, nascem da abençoada relação sexual matrimonial. Lembra-nos também a Igreja de que, se vocês têm outros filhos, Maria não os teve. E é muito compreensível e razoável que a Mulher prometida no Gênesis para ser a Mãe do Redentor, teria cumprido a maior missão, a mais honrosa, única no mundo... Ela já teria cumprido a sua missão de Mãe e Mulher, concebendo (e concebeu do Espírito Santo!) e dando à luz o próprio Filho de Deus! Missão cumprida!

Mas, e os chamados "irmãos de Jesus", no Evangelho? – Sabemos que a língua hebraica só tem uma palavra para designar tanto **irmão** como **primo**: *akim*. E sabemos que, entre os judeus – uma nação-família –, toda família esperava que dela nascesse o Messias. Daí que todos se chamavam de "irmãos", e com uma palavra só: *akim*.

Mas, mesmo sendo a Sagrada Família uma família *sui generis*, original, quantos exemplos para uma família nossa, comum! O silêncio de Maria que confiava a Deus os problemas que "não tinham solução". O exemplo do nosso querido e grande São José, aceitando sua missão de Pai Adotivo de Jesus e esposo legal de Maria. O cumprimento dos deveres religiosos, o espírito de trabalho, a profissão exercida pelo próprio Filho de Deus, a obediência aos pais. Sua permanência na família durante trinta anos, para dizer à sociedade que família é sua maior riqueza e garantia. "O mundo passa pela família", diz o Papa João Paulo II. Família é tudo... Sim, quanto ensinamento para os esposos e para nossas famílias nos dão Jesus, Maria e José!

V | SACRAMENTOS MEDICINAIS: RECONCILIAÇÃO E UNÇÃO DOS ENFERMOS

1. SACRAMENTO MEDICINAL: "PRC"

O "PRC" não é inicial de partido político. Quer dizer: Penitência, Reconciliação, Confissão. É o sacramento da Reconciliação, comumente chamado Confissão. É um sacramento medicinal, juntamente com a Unção dos Enfermos, que veremos depois de tratarmos da Confissão.

Como já vimos, os sacramentos são sinais, gestos instituídos, ao menos em germe, por Cristo, e entregues à Igreja que os desenvolveu através dos tempos. São encontros marcados por Cristo em nossa vida. Encontros para as diversas realidades ou situações que o Homem vive durante a vida, desde o nascimento até a morte.

Ora, entre essas realidades ou situações, vimos que o Homem é limitado. Limitado em seus conhecimentos, saúde, realizações e na própria vida. E, entre essas limitações, estão as fraquezas morais: o pecado. O Homem peca, ele fraqueja em sua vida espiritual e cristã. Pois bem: Jesus Cristo marcou um encontro com o Homem, justamente nessa situação de sua limitação e fraqueza. Jesus tem um sinal libertador através do qual ele estende a mão ao pecador para levantá-lo de suas quedas, para perdoar seus pecados. Esse sinal, esse sacramento é o sacramento da Penitência, Reconciliação ou Confissão. Um sacramento medicinal, um sinal do perdão, do amor.

É um sacramento muito mal entendido, combatido, e até zombado pela ignorância e pela malícia dos Homens. E é justamente o sacramento de maior bom senso que Jesus podia ter instituído: tão adequado e tão de acordo com nossa condição humana, como veremos. Antigamente era chamado "o 2° Batismo". Se o Batismo da água nos faz nascer para a Vida Nova da Graça, a Reconciliação nos faz renascer para a Graça quando a perdemos por nossos pecados. O mesmo Cristo que te gerou para a Graça pela água do Batismo, que te ungiu para as lutas da fé pela Crisma, que te abençoou para o amor matrimonial, que ordenou alguém para te guiar na Comunidade-Igreja, o mesmo Cristo que se torna alimento na Eucaristia para estar unido a ti, o mesmo Jesus que quer, no fim da vida terrena, ungir-te para a Grande Viagem, esse mesmo Cristo, pela Confissão, levanta-te de tuas quedas e te recoloca, pelo perdão, no caminho do amor. Isso é o precioso sacramento da Reconciliação.

2. COMO É BOM O PERDÃO!

O perdão é a expressão máxima do amor, da bondade, da misericórdia. Como é bom, como a gente se sente bem, no fundo do coração, quando a gente perdoa e é perdoado. O perdão é a coisa que mais nos aproxima de Deus.

Uma das notas características e profundas da Bíblia, tanto do Antigo como do Novo Testamento, é o perdão do amor, da bondade, da misericórdia de Deus. A Bíblia toda é "costurada" pelo fio de meada do perdão. Impossível enumerar aqui os textos, as passagens que falam do perdão. A Bíblia é realmente, do começo ao fim, a história do Pai que sempre perdoa o filho. Não só história do perdão, mas também e sempre de reconciliação. Para o perdão, basta uma pessoa; para a reconciliação é preciso haver duas: Deus e o Homem. Mesmo quando o homem rompe com Deus, Deus não reage ao rompimento trancando a porta por dentro. A porta de Deus fica sempre aberta: assim é Deus-Pai. Deus jamais rompe. Deus sempre perdoa!

Assim também Jesus nos Evangelhos, sempre acolhedor para o perdão: Zaqueu, a adúltera, Mateus, Madalena; na agonia da cruz, perdoando os inimigos... Resume sua atitude fundamental com os pecadores na parábola do filho pródigo. Nas curas que realizava, a medicina primeira e básica era o perdão; a condição para a cura era: crer no perdão. Em Lc 7,48-50; Mc 2,5: "Teus pecados te são perdoados, vai em paz!". 1Cor 15,3: "Cristo morreu por nossos pecados". Mt 26,28: Seu sangue derramado "para o perdão dos pecados". 1Pd 1,24-25: "Por suas feridas fomos curados. Sobre o madeiro ele carregou nossos pecados". Isaías, 53,5, já dava a medida do perdão de Jesus: "Por suas feridas somos curados. Ele foi esmagado por causa das nossas iniquidades". Mt 18,22: Perdoar sempre: "setenta vezes sete vezes".

Ora, esse perdão do qual Jesus faz "questão fechada" no anúncio do Evangelho da Boa Nova, essa prática do perdão deveria continuar, na sua Igreja, como uma constante do procedimento de Jesus. Se para outras tantas realidades da vida cristã Jesus ia deixar sinais, sacramentos, para essa realidade do perdão também deveria instituir um sinal, para que, pelo perdão visível, sacramental, ele pudesse se encontrar conosco durante nossa vida. É o que veremos na próxima reflexão.

3. O PODER DE PERDOAR OS PECADOS

Jesus anuncia o Reino de Deus. Quer que esse Reino tenha um sinal da sua realização: uma Comunidade onde o Reino se realize de modo especial: a Igreja. Será uma Comunidade humana (feita de homens) e divina (contará com a presença de Deus através do Espírito Santo). A Igreja será a continuação de Cristo Salvador. A essa Igreja Jesus vai confiar a missão e o poder para fazer, para continuar fazendo, o que Jesus fazia: anunciar a Boa Nova, revelando sempre o Plano de Deus, e, através dos sinais-sacramentos, santificar os cristãos, possibilitando-lhes os encontros com Cristo por toda a vida. Ora, um desses encontros deveria ser para o perdão dos pecados. Por isso a Igreja, se recebeu de Cristo o poder de realizar os sinais, os sacramentos, para os outros encontros com Jesus, nas outras circunstâncias e necessidades da vida, essa mesma Igreja deveria receber de Jesus o poder para transmitir, visivelmente, por um sinal, também o necessário perdão dos pecados. Já que Jesus quer continuar sua ação de um modo visível, através de sinais... É Jesus que escolhe essa pedagogia.

Daí vemos, nos Evangelhos, a vontade e decisão explícita de Jesus de dar à Igreja todos os poderes necessários, inclusive o de perdoar os pecados em nome dele. Assim, em Mt 16,19; 18,18, Jesus entrega aos Apóstolos (e em especial a Pedro como Cabeça-Chefe) o poder amplo de "ligar e desligar", "abrir e fechar". E, após a ressurreição, numa de suas aparições aos apóstolos, dando-lhes as últimas recomendações a respeito da Igreja e sua missão, diz claramente: "Recebam o Espírito Santo. Àqueles a quem vocês perdoarem os pecados, ser-lhes-ão perdoados; àqueles a quem os retiverdes, ser-lhes-ão retidos".

Laboriosos estudos exegéticos-etimológicos das palavras de Mateus e João tentam apresentar uma "folha de serviço" para cobrança de outros significados, principalmente de Mateus. Mas, por tudo aquilo que vimos e ouvimos de Jesus, tentando deixar uma Igreja que seja sua continuação, parece claro e óbvio que ele, em Jo 20,23, quer deixar à sua Igreja o poder de perdoar os pecados em seu nome. E escolhe os dias da alegria e paz da sua ressurreição para instituir esse sacramento da ressurreição e da paz.

4. A MOTIVAÇÃO PSICOSSÓCIO-TEOLÓGICA

A teologia e a antropologia nos apontam motivos que justificam a instituição do sacramento da Reconciliação-Confissão. Comecemos pela Teologia.

A razão teológica, a grande adequação, é dada pela encarnação. Deus quis fazer a redenção de um modo visível "à moda humana" também, emprestando o divino ao humano. Deus encarnou-se, tornou-se visível e humano, e morreu visivelmente numa Cruz. Ora, Deus quis que essa redenção libertadora continuasse através dos séculos, de um modo visível, através da Igreja. E isso a Igreja o faz, de modo especial, através dos sinais-sacramentos. Ora, o perdão libertador, dentro da pedagogia de Jesus, deveria ser visível, como o são os outros sacramentos da redenção. Por isso Jesus instituiu esse sacramento, esse sinal.

O motivo da dimensão social: Todas as nossas ações, boas ou más, e por mais ocultas que sejam, elas têm, de algum modo, repercussão social, comunitária. Analise a psicologia da projeção e recepção de nossos atos. Um sorriso ou uma "bronca" azeda, exteriorizados, afetarão outros – como uma pedrinha jogada num tanque vai movimentar toda a superfície da água com ondas circuncêntricas. Na Comunidade-Igreja, todo testemunho ou contratestemunho vai afetar a Comunidade. Mesmo um "pecado oculto", afetando minha vida interior, vai afetar a vida do Corpo Místico de Cristo. Daí a obrigação de eu pedir perdão a toda a Comunidade. Mas, como isso nem sempre é possível, vou pedir perdão a quem representa essa Comunidade e à qual Jesus entregou o poder de transmitir-me o perdão.

Melhor ainda, quando essa Reconciliação puder ser celebrada, ao menos em parte, comunitariamente, como aconselham o Vaticano II e a renovação litúrgica dos sacramentos.

E qual seria a psicologia que Jesus Cristo, que nos conhece tão bem, teria usado, ou melhor, teria suposto para instituir esse sacramento do bom senso? Esse Deus encarnado, na convivência com os homens "percebeu" muito bem a necessidade que cada um de nós tem, principalmente em certos momentos, do "desabafo" pessoal... Veremos isso logo mais.

5. CONFISSÃO-DESABAFO

Quando você tem um problema pessoal, íntimo, quando esse problema pede uma solução que você não é capaz de encontrar; quando esse problema atormenta você, não é verdade que a tendência, quase como um imperativo, uma necessidade, é procurar alguém de inteira confiança e desabafar, "repartir" a carga, consultar, ouvir a opinião do amigo, um conselho para uma solução?

Numa situação dessas, por mais que você reze e conte com o auxílio de Deus, é claro, assim mesmo você sente a necessidade do desabafo, da confidência, do alívio em falar, repartir o problema. Muito mais quando esse problema, com a consciência de pecado, toma as dimensões do remorso, do temor, fazendo-se imperativa uma solução, um perdão, uma orientação. Como ser humano, a gente quereria ter também uma certeza "humana" da resposta, da solução, do perdão; e não a resposta de um anjo.

Ora, Deus, que nos criou assim, conhece-nos muito bem. Encarnando-se, quis ele mesmo "experimentar", como Homem e com os Homens, essa necessidade. Daí que ele vem ao nosso encontro com esse sacramento da confidência, do perdão, da paz.

Essa realidade psicológica do desabafo, da confidência, e mesmo da "confissão da culpa" foi constatada várias vezes pela confissão do próprio criminoso que "não aguentava mais" ficar em silêncio. Os advogados de defesa dos réus poderiam dizer tanta coisa se o sigilo o permitisse.

Por isso esse sacramento, cercado por Deus com todas as garantias do sigilo. (Sobre a legislação rigorosíssima do sigilo sacramental, falaremos oportunamente.)

Vimos, pois, algumas motivações fundamentais teológicas e antropológicas que justificam a instituição desse sacramento tão humano, saído do Coração de um Deus que se fez Homem para nos encorajar a confiarmos na sua presença divina e humana na Igreja, através dos séculos. Só mesmo um Deus, para fazer coisas tão humanas!

6. COMO ERA NO INÍCIO DA IGREJA?

Como nos outros sacramentos, a ideia fundamental do sacramento da Reconciliação foi entregue à Igreja. E como cada sacramento tem um lado humano, ele é passível de uma disciplina, de uma organização, de um desenvolvimento e adaptação aos tempos. Foi o que aconteceu também com a Confissão. A Confissão tem a sua história.

No início, a coisa era muito rigorosa. Nos primeiros quatro séculos, os pecados maiores (idolatria, apostasia, homicídio e adultério), pecados públicos, eram severamente tratados. O pecador recebia do bispo a penitência (jejuns prolongados, peregrinações, ficar à porta da igreja pedindo perdão a todos que entravam, e semelhantes). Depois de cumprida a penitência, o pecador vinha e o bispo impunha-lhe as mãos e era reconciliado com a Comunidade. Só então era admitido à Eucaristia. E mais: a reconciliação só podia ser feita uma vez na vida! Isso se compreende pela mentalidade da época: esperava-se o fim dos tempos para breve. Era a "penitência canônica".

Naqueles tempos, em geral eram batizados adultos e, com o Batismo, todos os pecados eram perdoados. E o batizado levava tão a sério a vida cristã, que não se podia admitir que um cristão pudesse voltar a pecar (voltar ao "vômito", como é a expressão tirada do Apocalipse). A Reconciliação era tida, pois, como um segundo Batismo? Mais um? – Não se admitia!

No século IV, começa a Confissão secreta ao bispo ou ao padre: havia a absolvição mas com o grave compromisso de o penitente fazer as penitências impostas, que continuavam as mesmas, de acordo com o pecado cometido: jejuns, não portar armas, dormir no chão, total continência...).

No século VI, através dos monges irlandeses, torna-se comum a tal penitência "tarifada": havia uma lista canônica das penitências adequadas a cada pecado, que eram impostas aos penitentes. Nessa época, a confissão e a penitência não eram mais concedidas uma só vez na vida, mas podiam ser repetidas: "...aos penitentes, toda vez que se confessem, seja-lhes dada a penitência".

7. A CONFISSÃO ATRAVÉS DOS SÉCULOS

Mesmo no sistema "mitigado" da penitência "tarifada", as penitências impostas (século VI) eram duras e prolongadas: podiam variar de dias, semanas e até anos ou mesmo por toda a vida. Naquele tempo já começavam a ser adotadas as "comutações" ou "indulgências": as penitências impostas podiam ser "indulgenciadas" com outras obras, inclusive pelas esmolas, mandar celebrar determinado número de missas. O padre, que normalmente só podia celebrar até sete missas, se necessário, para o bem dos fiéis, podia chegar a celebrar até vinte missas! Daí pode-se imaginar como os abusos iam entrando, por conta do lado humano da Igreja.

No século X foi prescrita a "obrigação da confissão anual". Já no século VIII recebera o nome de "Confissão". No século IX, a confissão "tarifada" já começara a cair em desuso, pois a própria Confissão era tida como uma expiação, dado o ato de humildade que ela requeria.

Em 1215 foi sancionada a confissão pessoal, obrigatória para as culpas graves. A penitência era privada, secreta, substituindo a penitência pública que vigorou 1.200 anos.

Até o século XIII a Confissão era feita na frente do altar, estando o bispo assentado numa cadeira, de onde ele impunha as mãos sobre o penitente. A partir do século XII aparece o confessionário e o sacerdote já não impõe as mãos, mas dá a absolvição com a mão direita levantada.

No século XIII parou o processo evolutivo da Confissão. O Concílio de Trento (1545) confirma a praxe existente. E assim caminhamos até o Vaticano II.

Resumo histórico: séculos I-VI: "penitência canônica": muito rigor!
século VI-IX: penitência "tarifada"
século IX-XII: penitência pública para os pecados graves públicos, e penitência "tarifada" para os pecados graves ocultos. A partir do século XIII havia: a) penitência pública solene; b) "peregrinação penitencial"; c) penitência privada.

A mitigação da Confissão-Penitência-Reconciliação nem sempre foi pacificamente aceita. Sempre houve tentativas de voltar ao rigor primitivo, conservando a dimensão comunitária da Reconciliação – o que, realmente, é um valor que se perdeu e que se está tentando reconquistar.

8. E HOJE?

Constata-se que a Confissão passa a ser um tal e qual descrédito e "desuso". As causas? – Parece que são várias:

Em primeiro lugar perdeu-se o "sensus peccati", o sentido do pecado. Para muitos não existe o pecado, outros não sabem bem o que é. E daí esse "time" já não vê sentido na Confissão. De outro lado, banalizou-se bastante a Confissão: ficou uma coisa rotineira, quase mecânica. E devemos reconhecer também que uma insistência mandamental-legal imposta como preceito pode empanar um bocado o ato de amor-misericórdia da parte de Deus e o ato livre de amor filial por parte do penitente.

Não podemos desenvolver aqui, no curto espaço que temos, reflexão mais profunda e detalhada sobre o sentido do pecado. Bastará dizer que, quem ama realmente, sabe o que é a ofensa à pessoa amada. Pecado é não ter um coração de filho. Pecado é uma ruptura entre o Homem e Deus. É cortar o ramo do tronco. Não existe maior desgraça e miséria que não amar a Deus: o pecado é essa desgraça. E mais: o pecador sabe que para se reconciliar com o Pai é preciso fazer as pazes com os irmãos, com os outros filhos de Deus. Daí que a Confissão tem que ser sempre uma conversão: uma volta para Deus e para o irmão. A Confissão é sempre uma celebração do amor. A Confissão supõe sempre a dimensão da fé: a consciência de ter ofendido o amor de Deus e o amor do irmão. A medida da consciência do pecado é a medida do amor que se tem a quem ofendemos: é esse amor que vai estabelecer a medida da ofensa e não os códigos estabelecidos com regras humanas. Assim, pois, quem não vê pecado em lugar nenhum, duvida-se que saiba e experimente o que é o amor de Deus.

Quem está convencido disso tudo, não vai à Confissão, rotineiramente, para cumprir um preceito ou só para se sentir psicologicamente bem ou à busca de um "anestésico espiritual". Vai para um colóquio filial de amor com o Pai, reconhecendo humildemente suas faltas, disposto à reconciliação com Deus e com os irmãos, disposto a também perdoar. E a Confissão tornar-se-á um acontecimento, uma celebração do amor e do perdão, celebração consciente, preparada e não rotineira. A Confissão será sempre uma conversão.

9. SÓ IGNORÂNCIAS?

Por tudo o que refletimos até aqui, parece-nos quase óbvio que Cristo tinha que "chegar lá", tinha que instituir esse sacramento da misericórdia, do amor, da compreensão de Deus adequada à condição humana.

Mas... fazem-se várias "objeções à Confissão. Objeções? Desculpas? Fugas? – Entre outras, eis algumas:

"Confissão foi padre que inventou." – Olhe, se há uma coisa que o padre nunca iria inventar é justamente a Confissão. A começar pela "mão de obra" que costuma dar, a paciência que exige etc. Nós padres costumamos dizer que se de fato um padre tivesse inventado a Confissão, iríamos procurá-lo por todo canto; e, encontrando-o, daríamos o "sumiço" nele; e o ressuscitaríamos para "liquidá-lo" de novo. Mas está claro, no Evangelho, e em todo o agir da Igreja desde o início, que o "inventor" desse sacramento é Jesus e mais ninguém.

"Padre é homem, é gente como eu, porque confessar com ele?" – Olhe, dê graças a Deus que o padre é gente como você. Já imaginou você ter que confessar com um Anjo, que não iria entender "bulhufas" de suas raivas e outros pecados? Jesus sabia muito bem porque colocou o padre, um homem como você, nessa "história": para compreender você, pois o padre é da mesma condição humana, da mesma "estopa" que você, "entende de você". E você não procura um médico, um advogado, um professor? – Por que, se eles são gente como você? Deus fez a realidade humana assim: todos precisamos de todos, somos seres sociais, "homem nenhum é uma ilha"... E mais: por que nos outros sacramentos você procura o padre? Por que você não "se batiza, se crisma, se casa, se comunga, se "estremunga" sozinho? Por que só nesse sacramento da Confissão você não aceita o Padre?

"Eu me confesso direto com Deus!" – Muito bem! Eu também, quando percebo que pequei, peço perdão a Deus e Deus me perdoa a culpa, se peço perdão, arrependido. Mas... fica o "imposto de renda" a pagar. Deus, o ofendido, pode marcar o modo como ele quer que a ofensa seja reparada, não é? E Deus marcou isso, está claro no Evangelho. Não foi o padre que fez o sacramento da Confissão, foi Deus. Ele quis assim.

10. MAIS IGNORÂNCIAS?

Como dizíamos, "confessar direto com Deus" é ótimo, todos nós certamente nos dirigimos a ele pedindo-lhe perdão quando o ofendemos. Mas Deus, depois que se encarnou, quer fazer as coisas também "do nosso jeito". Também com relação ao perdão dos pecados, ele quer nos dar uma certeza humana desse perdão. Quer que ouçamos, que enxerguemos o perdão. Por isso, quando lhe pedimos perdão, está nos dizendo: "Muito bem, quero mostrar a você, por um sinal visível, que o perdoo; mas, mostre-me você também, por um sinal, que você está arrependido. O meu sinal não posso fazê-lo adequadamente, pois não tenho mais o seu corpo; vá ao meu representante, pessoa humana como você; e, através dele, tornarei visível meu perdão"... E não é isso tudo muito razoável?

Alguns ainda duvidam do "sigilo sacramental". Desafio você a provar, na história da Confissão, uma quebra do sigilo. Um padre que traísse diretamente o sigilo seria excomungado e só o Papa poderia absolvê-lo! A hagiografia (vida dos santos) dá inúmeros exemplos de mártires do sigilo. Se acontecesse, por exemplo, que um irmão meu fosse condenado a 20 anos de prisão por assassinato. Depois de 5 anos, eu, como padre, ouvindo a confissão de uma pessoa, fico sabendo que o criminoso é essa pessoa e não meu irmão. Pois bem: se eu não conseguir que a pessoa vá desfazer o engano, eu não posso dizer nem fazer nada, nada para libertar meu irmão e condenar o culpado: meu irmão ficará mais 15 anos na cadeia e eu, padre, sou obrigado ao sigilo mais rigoroso. Deu para entender?

Outros receiam confiar ao padre a enormidade do pecado. Fique tranquilo, nada vai espantar o padre, acostumado a ouvir "o diabo" em matéria de pecado. Dizem, aliás, que as orelhas do padre são as duas latinhas de lixo mais sujas do mundo. Pode ser, mas prefiro dizer que os ouvidos e o coração do padre gravam, tantas vezes, as melodias mais lindas de verdadeiras ressurreições para uma vida nova pela conversão!

"Não adianta, eu caio de novo!" – Uai, caiu? – Levante-se de novo! Uma confissão bem feita sempre é um remédio, é uma força. É um ato de humildade e de fé que, quando consciente, por amor, ajuda a ir em frente e a evitar o rotineiro.

11. "OBRIGADO, PADRE!"

O florilégio das "objeções" contra a Confissão é abundantíssimo. Na verdade são mais desculpas e fugas, pois a Confissão exige conversão.

Mas, um "motivo" muito invocado para alguém ter deixado a Confissão é que "o padre ficou brabo, destratou-me e eu não voltei mais..." Até que é um motivo "razoável", até certo ponto. O padre que procede assim está errado. Uma atitude dessas é inadmissível num confessor que aí está para acolher bondosamente o pecador, como Cristo fazia. Mas, convenhamos que a "brabeza" ou o "pito" do padre não é motivo para você abandonar a prática sacramental da Confissão. Pois, saiba que o padre também "tem fígado". E vai que justamente você, e justamente naquele dia "do fígado do padre", foi a vítima... Pronto! E você perdeu a fé na Confissão por causa "do fígado do padre". É verdade, sim, que muito "penitente" por vezes "torra" a paciência do padre. Mas o padre está proibido de perder a paciência.

Mas, afinal, você quer saber mesmo por que Jesus instituiu o sacramento da Confissão, o sacramento da misericórdia? Confesse bem!

Aqui me lembro do que me contou um colega missionário. Estava lá nas plagas gaúchas atendendo a confissão dos homens, durante a Missão Redentorista. O último da fila, já altas horas da noite, um "pedaço de gente" de quase dois metros de altura. Terminada a Confissão, diz ao padre: "Agora, ocê sai daí, quero falar-lhe!" O padre, meio receoso, sai do confessionário e aquele brutamonte o abraça efusivamente e lhe diz, emocionado: "Obrigado, padre! Hoje eu nasci de novo, com essa Confissão! Foi o dia mais feliz da minha vida..." Sim, mais do que "as duas latinhas de lixo mais sujas do mundo", os ouvidos e o coração do sacerdote gravam melodias lindas, como esse caso do gaúcho de dois metros de altura. É numa ocasião dessas, que o padre se sente padre, recompensado por todos os sacrifícios que sua vocação lhe impõe e que muita gente não entende. Essas são as grandes recompensas para o sacerdote que realmente ama sua vocação; vocação que possibilita a ressurreição de tantos irmãos. Depois de uma história como essa, fica fácil entender porque Jesus instituiu o sacramento da Confissão!

12. É UMA CELEBRAÇÃO DO ESPÍRITO SANTO

Desde o início, a Reconciliação sempre foi celebrada como uma ação do Espírito Santo, embora a sacramentalidade só tenha sido definida expressamente no século XII. Como vimos, é uma instituição com a alegria e o sabor pascal, expressa por Jesus após a ressurreição com a menção especial do Espírito Santo: "Recebei o Espírito Santo..." (Jo 20,23). Nesse sacramento, toda a Santíssima Trindade está presente: Deus Pai recebe o filho penitente arrependido, que volta para ele; Cristo toma a ovelha extraviada nos ombros e a reconduz ao aprisco; Deus Espírito Santo santifica o templo de Deus e habita nele mais abundantemente.

É o mesmo Espírito Santo dos outros sacramentos que está presente e atua na Confissão. O amor primeiro, experimentado no gesto da água do Batismo, uma vez perdido, é reconquistado na lágrima do arrependimento. As águas lavam no Batismo, as lágrimas perdoam, na Confissão, pela presença santificadora do Espírito Santo.

O amor sempre perdoa. A maior sensação que se pode ter de Deus é a sensação do perdão. Por isso Jesus, ao instituir o poder de perdoar, ligou-o à presença do Espírito Santo, o Espírito do amor.

A misericórdia redentora de Deus, pelo Espírito Santo, exprime o poder santificador da Igreja. O perdão de Deus é também um gesto criativo: o pecador, por si mesmo, não pode recuperar a integridade da vida que ele perde, pois o pecado mata a Vida Nova da Graça. É como um defunto, um morto que quisesse voltar à vida por suas próprias forças. É preciso a intervenção criadora de Deus, a ação santificadora do Espírito Santo. Foi esse poder salvífico, "ressuscitador", que Cristo entregou à Igreja quando disse: "Recebei o Espírito Santo..." (Jo 20,23). Por isso a Confissão-Reconciliação, como sacramento, é o caminho ordinário e necessário para a salvação, para todos aqueles que, depois do Batismo, caíram em pecado grave: é o 2º Batismo do Espírito Santo.

A Confissão é, pois, o sacramento por excelência da misericórdia de Deus. O arrependimento que nasce da fé, a dor de ter ofendido o Pai nos fará desejar e apreciar o valor inestimável desse sacramento do Espírito Santo do Amor.

13. CONFISSÃO INDIVIDUAL OU COMUNITÁRIA?

É interessante observar no Evangelho como o próprio Cristo deu, até certo ponto, um caráter comunitário ao perdão dos pecados. No caso da mulher adúltera, que lhe trouxeram para julgar, Jesus, antes do perdão, da absolvição, faz uma adequada "liturgia da palavra", recordando "umas tantas coisas" aos fariseus ali presentes. Fez o mesmo com a pecadora na casa de Simeão, e tantas outras vezes, quando, juntamente com a absolvição dos pecados, fazia os milagres das curas de doenças ou quando ressuscitava mortos. Jesus sempre dava uma mensagem celebrativa.

Nas origens do Cristianismo, a Reconciliação, como vimos, era uma verdadeira celebração comunitária: o pecador público era afastado da Comunidade. Confira, por exemplo: 1Cor 5,1-13; 2Cor 13,10; 2,1-11; 2Ts3, 6-15; 1Tm 2,1-12. Era imposta, perante a Comunidade, uma longa e severa penitência ao pecador público; ele se afastava, cumpria a penitência e somente então voltava e o bispo lhe impunha as mãos para a absolvição; a Comunidade o recebia de volta e ele recomeçava a participar dela. (Sempre com vistas à volta do pecador, confira Gl 6,1ss; At 19,18).

Nos primeiros seis ou sete séculos, com exclusividade nos primeiros quatro séculos, a Reconciliação tinha essa dimensão comunitária. Depois começou a vigorar a confissão individual, auricular.

E hoje? — Resumidamente, o Ritual dos Sacramentos oferece 4 modalidades:

1ª) Confissão e absolvição individual, como é costume geral.

2ª) Preparação (Liturgia da Palavra) com vários penitentes, mas a comissão e a absolvição individual: um cada vez.

3ª) Preparação (Liturgia preparatória) para vários penitentes, com a confissão individual e a absolvição em geral, no fim.

4ª) Para vários penitentes: Preparação, confissão genérica, em público e absolvição geral. Essa modalidade só pode ser usada em casos de necessidade, já previstos pelo Direito e de acordo com o bispo diocesano. Em todas as modalidades sempre deveria haver uma preparação litúrgica com orações e a Palavra (leituras). O Ritual Sacramentário é rico em sugestões para a celebração das 4 modalidades da Reconciliação.

14. A COMUNIDADE TAMBÉM PERDOA?

Sim, quem perdoa é a grande, a indivisa e única Comunidade, modelo de todas as comunidades: a Santíssima Trindade. O Pai perdoa, o Filho perdoa, o Espírito Santo perdoa. Perdoa visivelmente, através da Igreja, por intermédio do sacerdote, que representa Jesus Cristo.

Mas, e a Comunidade dos irmãos? – Em certo sentido, sim, também a Comunidade tem a ver com o perdão, com a Reconciliação: cada irmão, de algum modo, "está perdoando" ao receber o penitente de volta, ressuscitado para a Vida Nova da Graça. Até mesmo lemos em Tg 5,16: "Confessem, pois, seus pecados uns aos outros e orem uns pelos outros a fim de serem curados." Tiago fala num contexto de doentes, de preparação para a morte, por ocasião da própria Unção dos Enfermos. E, se durante a vida toda, devemos sempre pedir perdão e perdoar quando ofendemos um irmão ou dele recebemos uma ofensa, muito mais numa situação de preparação para a morte essa reconciliação se impõe. Morrer em paz com os irmãos, com a Comunidade.

Claro que as palavras de Tiago acima citadas não supõem em qualquer um o poder sacerdotal e de jurisdição para perdoar sacramentalmente os pecados. Pois isso já está providenciado, claramente, por Jesus e sua Igreja. Entre os nossos "irmãos separados" vigorará talvez essa "absolvição fraterna", substituindo a absolvição sacramental. Em todo caso, é curioso e é bom saber que o próprio Lutero (que, aliás, nunca quis fundar nova religião, mas queria tão somente o que nós todos desejaríamos, na época: uma purificação do lado humano da Igreja...), pois bem, Lutero, que se confessou a vida toda, lembrava aos irmãos as palavras de Tiago e insistia em que "...alegro-me que a confissão secreta exista na Igreja de Cristo; ela é útil, necessária e não quereria que ela não o fosse". E, embora citando Tiago, aconselha que "procurem os pastores..." De Lutero conta-se também que, sobre o sigilo sacramental (ele era sacerdote), quando tocavam no assunto para qualquer revelação, Lutero perdia a paciência e emudecia.

O perdão dos irmãos é também lembrado por Cristo, quando disse que você deve deixar o altar, ir reconciliar-se com o irmão e depois voltar aos sacramentos.

15. QUANDO E COMO CONFESSAR?

A doutrina e a disciplina da Igreja lembram que há obrigação da Confissão e absolvição sacramental para pecados graves (mortais). E a ainda atual disciplina da Igreja lembra também que, quem passou por uma Confissão com absolvição comunitária e estava com faltas graves, essa pessoa deverá acusar-se dessas faltas numa próxima confissão individual.

Quando confessar? – Respondo com uma pergunta: quando você deve tomar banho? Quando você deve limpar a casa? Quando está sujo, é claro! Assim, quando você vai para a festa (da Eucaristia), se estiver com sujeira comprometedora, tome um banho... o banho da Confissão. Extraordinariamente poderá até acontecer que você, contrito e arrependido, com muita sinceridade e amor, peça interiormente perdão a Deus, com a intenção sincera de confessar-se na próxima ocasião. Mas esse procedimento, só excepcionalmente, não havendo nada que justifique um procedimento habitual nesse ponto. Pior ainda, é claro, agir assim alguém que não se confessa há dez anos!

A Pastoral sacramental da Reconciliação lembra também que, além de uma Confissão anual de preceito, será bom usar a "medicina-fortificante" da Reconciliação sacramental algumas vezes durante o ano: sempre, é claro, com uma adequada preparação para esse acontecimento salvífico celebrativo.

Para evitar a rotina, Congar, Jacques Maritain e os bispos suíços lembram que poderá haver certa alternância entre a Confissão privada e a comunitária. A Confissão individual, reservada mais para as faltas graves; e, as celebrações penitenciais, para as "espanadas" dos pecados mais leves. Isso para evitar a rotina e evitar, ao mesmo tempo, a perda da responsabilidade pelos pecados graves.

E como confessar? – Como qualquer celebração, a Reconciliação sacramental deve ter uma preparação. Por si, penso, deveriam ser evitadas, na medida do possível, as confissões-relâmpago, "acotoveladas", feitas durante as missas "para comungar". E os padres não deveriam ser cúmplices desse "massacre".

A Confissão deveria começar com a celebração ao menos de uma oração preparatória (estamos falando da Confissão individual, pois, na comunitária, já se supõe a preparação).

16. COMO CONFESSAR?

Após a oração preparatória, devemos fazer o exame de consciência. Como fazê-lo? – A consciência já nos aponta quais os pecados graves, os "cabeludos". Mas, para ajudar, poder-se-á usar a divisão costumeira: a) deveres com Deus; b) deveres consigo mesmo; c) deveres com o próximo. E tudo isso com suas "subdivisões", que os manuais e devocionários podem apontar-nos para irmos "recordando" os nossos pecados. Mas que seja um exame de consciência feito na presença do Pai, sob a luz do Espírito Santo, motivado pelo amor.

O exame de consciência não deve ser feito à base de "máquina calculadora". É importante examinar lealmente as raízes dos pecados e não tanto ficar pulverizando as minúcias que não levam tanta culpa como as raízes. Um exame de consciência que nos ajude a suplantar o acidental em favor do essencial e que nos liberte de imaturidades e criancices.

Esse bendito exame de consciência torna-se, por vezes, um martírio por causa dos tais "pecados por pensamento"... e depois o penitente vai "martirizar" o confessor. Não confundir pecado com tentação. Pensamento que a gente não quer, não é pecado. É como mosca rondando a cabeça da gente. Pensamento que é pecado é aquele que a gente cultiva, gosta de ficar pensando nele, demora nele por querer, apesar dos avisos da consciência. É como quem acaricia um objeto gostoso. Quem faz assim praticamente está como que fazendo aquilo que está pensando. Esta é a "deleitação morosa" pecaminosa. Se não houver essa vontade deliberada, só há "moscas esvoaçando".

O arrependimento: a Confissão é válida sacramentalmente e é frutuosa na medida que houver sincero arrependimento. Aqui está a essência da Conversão, a razão de ser de todo o processo da Confissão-Reconciliação. Percebido o mal que se fez, arrependemo-nos, com o propósito de nos corrigir, de evitar as ocasiões que nos levaram ao pecado e empregarmos os meios ao nosso alcance para evitar o pecado. É a linguagem do amor.

17. POBRE PADRE CONFESSOR

O arrependimento e o propósito de não pecar não constituem uma certeza "físico-metafísica" de não pecar; mas devem incluir, sim, a sincera intenção de: começar a me esforçar para evitar o pecado. Ao menos isso, sinceramente.

Após o exame de consciência e com essa disposição fundamental do arrependimento e propósito, agora se vai então à procura do padre confessor.

Quando a pessoa sabe confessar-se, vai à Confissão preparada pelo exame de consciência, é "uma beleza"... para o confessor. A "torração da paciência" e o famoso e folclórico "saca-rolha" começam quando o padre confessor tem que perguntar quase tudo diante do mutismo ou das rusticidades, da ignorância ou do "jogo de empurra". Perdoe-me o leitor, o "florilégio" aqui lembrado. Não tenho a intenção de fazer piadas com uma coisa tão séria como o sacramento da Confissão. Nem terei a intenção de ajudar você, tão esclarecido, como confessar-se. Talvez sirva esse "florilégio" para "provar" que padre nenhum iria "inventar" a Confissão. Aquilate a paciência exigida.

Para começar, o padre pergunta: "Quanto tempo faz que confessou a última vez?" Resposta: "Faz um tempão, sô padre..." Quanto tempo? – "Desde que minha filha do meio casou..." – "Conte seus pecados." "Pecados? Não tenho, não..." E haja "saca-rolha" de paciência para "descobrir" pecados.

O outro chega e diz, de cara: "Pra encurtar a conversa, seu padre, eu só não matei nem roubei..." O padre pode até supor que o fulano já bateu na mãe etc. ... Ou aquele penitente que chega e diz: "Senhor padre, os meus pecados são os mesmos, com as mesmas... E a mulher, o que confessaria?... Há também aqueles que, em vez de confessar os próprios pecados, confessam os pecados dos outros: "Seu padre, eu tenho uma sogra, se o senhor soubesse... Eu tenho um cunhado..." e por aí afora. Seria o caso de, no fim, o confessor sentenciar: "Bem, para os seus pecados, que são tão poucos, reze metade de uma Ave-Maria; para os pecados dos outros, reze dez terços e faça uma semana de jejum..."

18. E O "FOLCLORE" CONTINUA

Há penitentes que vão ao confessionário para contar "virtudes" e não pecados: começam narrando todas as boas obras que praticam, sua honestidade, seus deveres cumpridos... e no meio, com mil e uma justificativas, deixam "escapar" suas pequenas "réivinhas". O confessor quase poderia dizer a tais "penitentes" que eles erraram o lugar: Não deveriam procurar o confessionário, mas o altar, e lá, tirar a imagem do Santo e colocar-se no lugar dele!

São frequentes os que vêm contando histórias que não acabam mais sobre as doenças, principalmente sobre a última: desfiam os nomes das doenças, dos médicos e enfermeiros, dos remédios etc. E, ai do padre, se interromper ou ameaçar "perder a paciência". (Você aguentaria essa "encheção"?)

Frequentes também são os penitentes que, para chegar ao alvo, vão por todos os atalhos: vão pela esquerda, pela direita, bifurcam, trifurcam, descrevem minúcias: "Outro dia, eu saí de casa, eram... 8h30... não, não: eram 8h15; aí, na esquina da rua tal com a rua tal... encontrei, sabe quem, padre? Era meu compadre (comadre) que há muitos anos eu não via... Aí eu cumprimentei... Aí ele "pegou e disse"... Aí eu peguei e disse." E o "pega-pega" não termina mais... E no fim, vem o grande pecado: "Padre, tive réiva..." A essas alturas, o padre já está no limite da paciência. Mas, não pode nunca perder a paciência... A esses tais dá-se o nome de confissão de "saco de farinha". Mas, saco de farinha de trigo, não de milho. Dizem (mas eu não quero acreditar...) que os homens, quando confessam, em geral, são como "sacos de batata". Abriu, saem todas as batatas, depressa; e às vezes saem umas jacas e melancias... Mas, mulher, quando confessa, dizem, é como "saco de farinha"... de trigo: abre-se o saco de farinha... e sai a farinha... Dá-se uma pancadinha: sai farinha de novo... Dá-se mais um chacoalhão: sai mais farinha... E a farinha nunca acaba de sair do saco... Mas você não é assim, eu tenho certeza!

19. NÃO FAÇA NUNCA ISSO

O folclore das confissões que "torram" a paciência do confessor poderia continuar por aí afora. Mas, paremos por aqui. Por isso, quando você vai confessar-se, não espere o padre perguntar, você mesmo comece: "Padre, quero confessar-me". Ou: "Padre, dê-me a bênção para minha confissão". E comece logo, seja como "o saco de batatas".

Agora, meu irmão, minha irmã, só uma coisa você nunca faça: uma Confissão malfeita. O que é uma Confissão sacramental malfeita? É você, de caso pensado, sabendo, oculta um pecado grave: a consciência lhe diz claro que é coisa séria, grave, e você, ou por medo ou por vergonha de confessá-lo, omite a confissão desse pecado. Saiba que, em tal caso, a Confissão é inválida, não perdoa pecado nenhum, pois você continuaria em "estado de pecado". E a coisa pode até ficar pior, mais difícil, para outras confissões; ainda mais se você comungou a eucaristia, em tal estado. A vergonha, o receio de confessar fica mais embaraçante, e você cria uma situação intolerável para sua consciência e para sua vida interior.

Pode ser que no passado você tenha cometido um pecado grave, por exemplo: conivência (participação) numa decisão de aborto. Ou, durante o namoro-noivado vocês "comeram a sobremesa antes do jantar"... Meu irmão, minha irmã: não há pecado, por mais grave que seja, que Deus não perdoe, quando há sincero arrependimento e propósito de evitá-lo para o futuro. Lembre-se: nossos pecados, por maiores que sejam, na Confissão tornam-se uma gotinha d'água que cai no oceano da misericórdia de Deus. São um grãozinho de areia que o mar do amor de Deus faz desaparecer. Coragem, faça uma boa confissão!

E se acontecer que, tendo a reta intenção de confessar-se bem, você, sem querer, esqueceu de contar um pecado grave? – Você não precisa voltar "na mesma hora" ao confessionário. Sua confissão valeu: você teve a intenção de confessar-se bem. Pode comungar, sim! E, numa próxima Confissão, conte o pecado esquecido. Você está lidando com a misericórdia infinita de Deus Pai!

20. A ABSOLVIÇÃO E A PENITÊNCIA

Em Encontros e Retiros, principalmente, tem-se notado, por vezes, que, apesar das explicações sobre a Confissão, alguns pensam que "se confessaram" só pelo fato de terem ido "tirar um papinho" com o padre. Não, a Confissão não é só "um papinho", não. É necessário que se realize um rito sacramental, ao menos no essencial. 1. A confissão como tal, quer dizer: "contar os pecados ao padre" (após o que, o sacerdote poderá fazer perguntas, se necessário, e dará alguns conselhos); 2. A absolvição sacramental através da fórmula sacramental pronunciada com a mão direita levantada: "Eu te absolvo de todos os teus pecados, em nome do Pai, do Filho e do Espírito Santo"; 3. O padre "impõe" (manda fazer) uma penitência. Nós já vimos como nas origens do Cristianismo essa penitência era imposta antes da absolvição: depois de cumprida essa penitência (e vimos como eram rigorosas e prolongadas essas penitências!) aí o penitente voltava e era-lhe dada a absolvição regeneradora como tal. Hoje em dia, essa "penitência" é mais um "sinal de penitência" que propriamente uma penitência. Ela ficou comutada em alguma oração ou numa obra caridosa qualquer, adequada, que o confessor poderá pedir ao penitente que cumpra.

E o tal ato de contrição que atrapalha muita gente? – Alguns até não se aproximam da Confissão porque não sabem "recitar-rezar" o ato de contrição ou arrependimento. É claro que o ato de contrição ou manifestação do arrependimento pode ser qualquer oração espontânea, na qual o penitente manifeste seu arrependimento sincero e propósito de evitar o pecado.

Só depois dessa "formalidade" sacramental é que o penitente se retira.

Mas, lembre-se sempre: a Confissão é antes e acima de tudo um gesto de amor. Não é só um "desabafo", uma terapia psicológica, apenas para "se sentir bem", embora tudo isso possa acontecer na Confissão. O sacramento da Confissão é a misericórdia redentora de Deus que se exprime pelo poder santificador da Igreja.

21. AS DIMENSÕES DA CONFISSÃO-RECONCILIAÇÃO

Como todos os demais sacramentos, a Reconciliação também tem as duas dimensões que nunca podem faltar em todas as realidades e dimensões da fé.

A Confissão tem uma dimensão vertical-transcendental que liga o penitente a Deus, restituindo-lhe a Vida Nova da Graça: reenxerta de novo o ramo ao Tronco-Jesus, comunicando-lhe a seiva da vida divina, da Graça, para poder, de novo, produzir os frutos da vida cristã. O filho, que se afastara da casa do Pai, que desertara, é recebido novamente pelo Pai, reintegrado.

Mas acontece também na Confissão-Reconciliação uma real e maravilhosa dimensão horizontal, social, fraterna, comunitária: no Corpo Místico de Cristo, na Igreja, o penitente reconcilia-se com os outros membros desse Corpo. A força, a vitalidade, embora invisível, mas real, recebe nova força, é mais um membro que recupera a saúde da Graça, é mais saúde para o corpo todo. A Confissão purificou um membro que estava doente; ressuscita um membro que podia até mesmo estar morto. Esta é uma realidade teológico-eclesial, embora não a percebamos com os olhos da carne.

O sacramento da Confissão deveria lembrar-nos, já desde o exame de consciência, uma dimensão social, comunitária, muito mais ampla. A dimensão, por exemplo, da fé em outras áreas da vida, que não seja só a pessoal: a dimensão política da fé, sua dimensão familiar, social. As omissões do cristão no apostolado. Pecado não é só "fazer as coisas erradas", mas também "deixar de fazer as coisas certas": esse é o pecado da omissão, tão responsável pelas estruturas injustas que aí estão; a onda de permissividade nos meios de comunicação social sem a reação dos cristãos... E por aí afora. No nosso exame de consciência, essa dimensão social da Fé preocupa-nos? Quando nos acusamos, na Confissão, pelas nossas omissões políticas, pelas vezes que nos omitimos nas horas em que um cristão não pode calar-se? Preocupa-nos a formação de uma consciência cristã crítica em nós, nos filhos, nos que nos cercam?...

22. "REFÚGIO DOS PECADORES"

Alguém poderia estranhar minha teimosia em estar colocando Maria, a Mãe de Jesus, nessa pequena proclamação kerigmático-catequética dos sacramentos. Penso poder justificar essa minha "mania por Maria", quando vejo como o próprio Deus e a Igreja procederam e procedem com Maria.

Deus tornou-se sacramento, tornando-se visível, sensível, palpável, através de Maria: O Verbo Encarnado, Jesus Cristo, ordenado Sacerdote no seio de Maria, dela recebeu o corpo que depois deixaria pregar na Cruz e no-lo deixaria na Eucaristia como alimento. O sangue de Jesus saiu, nasceu, das veias de Maria... Toda a vida, toda a missão de Maria foi sacramental: dar vida, alimentar, tornar visível o Filho de Deus, como seu Filho, o grande e único sacramento. Foi Maria que fez Jesus ser sinal, sacramento.

A Igreja é a continuação de Jesus, assim aprendemos desde o catecismo. Por isso, o Vaticano II dá à Mãe de Deus, acrescenta a esse título, ou melhor, a essa realidade, outro "sobrenome": "Mãe da Igreja", Mãe do Sacramento Universal de Salvação.

Não estranhemos, pois, colocar Maria nesta mensagem dos sacramentos.

Principalmente aos pés da cruz, Maria, a Mãe do Redentor, viu e sentiu em toda a sua dimensão, a misericórdia de Deus para com os homens. Ela nos viu e continua nos vendo tão valiosos, pois custamos o sangue de seu Filho. E se valemos o sangue de Jesus, custamos também todas as lágrimas de sua Mãe, Maria. Daí é que o Coração se torna, para todos os filhos de Deus, para todos os irmãos redimidos de Jesus, um doce, santo e seguro "Refúgio dos pecadores"... Dos lábios de Jesus, que perdoava até seus blasfemadores, como aprendeu ela a acolher os pecadores, principalmente os filhos pródigos, os filhos que voltam à Casa do Pai! Na parábola do filho pródigo, sempre me imagino como seria a presença da mãe, naquela tarde da volta do filho...

Assim, será muito bom socorrer-nos dessa presença de Maria, em nossas Confissões: na medida em que uma mãe tem poder sobre o coração do filho, que ela nos ajude, ao procurarmos a reconciliação; que o façamos com as bênçãos dessa querida Mãe, o Refúgio dos pecadores!

1. JESUS E OS DOENTES

É impressionante a atenção que Jesus Cristo tinha para com os doentes, quaisquer que fossem. Os Evangelhos nos apresentam a cada passo Jesus atencioso com os doentes, restituindo-lhes a saúde e aproveitando a ocasião para evangelizar os próprios doentes e as pessoas presentes.

Por que Jesus tinha tanta atenção para com os enfermos? – Era uma atitude, uma reação de Jesus contra a mentalidade e o tratamento inconcebíveis dos judeus, essênios e fariseus, para com os doentes. No tempo de Jesus, as pessoas defeituosas fisicamente, os doentes, eram excluídos da sociedade! Qualquer defeito físico proibia a participação nas assembleias. Os textos essênicos da Tradição judaico-farisaica eram de uma dureza incrível: "Todos os que sofrem de qualquer humana impureza não podem participar da assembleia de Deus. Todos os que foram atingidos no corpo, os defeituosos de mãos e pés, os mancos, os cegos ou surdos ou com defeitos físicos visíveis ou um velho decrépito que não possa parar de pé na comunidade reunida, esses todos não podem colocar-se no meio da assembleia... porque os santos anjos estão nesta comunidade"... Incrível, não? Aliás, toda e qualquer doença, na mentalidade dos judeus, era tida como um castigo. Em Jo 9,1-2 aparece clara essa mentalidade quando os discípulos perguntam a Jesus de quem era a culpa, do cego mesmo ou dos pais dele?

Jesus veio para reagir contra todo esse inacreditável modo de pensar e agir. Daí sua atitude para com os doentes e defeituosos físicos: acolhia-os, curava-os e até entrava na casa e comia com toda essa "ralé" dos judeus. E os judeus se escandalizavam com essa atitude "subversiva" do Messias: estava "subvertendo" a ordem, a tradição judaica, e por isso acabaram crucificando-o... e crucificaram o "subversivo" fora dos muros da Cidade Santa, como um desprezado inútil!

Esse carinho para com os doentes, Jesus o transmite aos Apóstolos, à Igreja; e deixa na sua Igreja um sacramento especial para atender os doentes: a Unção dos Enfermos.

2. A UNÇÃO DOS ENFERMOS DESDE AS ORIGENS

O sacramento da Unção dos Enfermos, antigamente com o nome funéreo de Extrema-Unção, é o sacramento que a pessoa recebe, normalmente por ocasião de uma doença grave, ou em perigo de vida, antes de uma operação cirúrgica e na velhice avançada.

Embora sem ainda ter o nome de "sacramento", a Unção dos Enfermos era praticada já nos tempos de Jesus e dos Apóstolos, pois lemos em Mc 6,13 que os Apóstolos "ungiam os doentes". Certamente Jesus lhes recomendou isso. E em Tg 5,14 está muito claramente indicada a prática da Unção dos Enfermos: "Algum de vocês está doente? Chame os presbíteros da Igreja a fim de rezarem sobre ele depois de o terem ungido com óleo em nome do Senhor. A oração da fé salvará o doente e o Senhor o aliviará. Se ele cometeu pecados, estes lhe serão perdoados".

A práxis da Unção dos Enfermos, desde os tempos apostólicos, é testemunhada nos dois primeiros séculos por Origines, Tertuliano. Há diversos formulários da bênção do óleo dos enfermos na Igreja Oriental e Ocidental.

A "Tradição Apostólica" de Hilário (século III) faz menção da Unção dos Enfermos, bem como o "Eucológio de Serapião", no século IV.

No século V, ano 416, uma carta do Papa Inocêncio I diz: "Este óleo abençoado pelo bispo não é unicamente destinado ao uso pelos sacerdotes, como também por todos aqueles fiéis que possuem a autorização de usá-lo nas unções que se fizerem necessárias". Assim, houve um tempo em que era concedida a leigos a faculdade de ungir doentes. Depois a administração da Unção dos Enfermos ficou restrita aos sacerdotes.

No século VI, Cesário de Aries escrevia: "O doente que recebe o corpo e o sangue de Cristo, peça humildemente e fielmente o óleo bento aos sacerdotes, depois unja seu corpo, a fim de que se cumpra o que está escrito em Tg 5,13-14".

Dessa Tradição toda conclui-se, pois, que o uso da Unção dos Enfermos foi transmitida pelos Apóstolos, a partir do que diz Tiago (Tg 5,13-14).

3. SACRAMENTALIDADE E EFEITOS DA UNÇÃO DOS ENFERMOS

A sacramentalidade da Unção dos Enfermos foi confirmada várias vezes através dos séculos pelo Magistério da Igreja. O Concílio de Florença, por exemplo em 1439, apresenta uma síntese doutrinária sobre a Unção dos Enfermos. O Concílio de Trento (1545) confirma o sacramento: "Instituído por Jesus Cristo, sugerido em Mc 6,13 e promulgado em Tg 5,13-15.

Quais os efeitos da Unção dos Enfermos? – "...unção que apaga as faltas que o doente ainda tenha de expiar, bem como os resíduos do pecado, proporcionando alívio e conforto ao doente, despertando nele grande confiança na misericórdia divina... conseguirá algumas vezes saúde para o corpo." E conclui o Concílio: "Ministros do sacramento são o bispo e o sacerdote; sujeito do sacramento é o doente, especialmente o doente grave".

Até o Concílio Vaticano II, o rito mandava ungir os cinco sentidos, e, para cada sentido ungido, uma oração apropriada, pedindo perdão a Deus pelos pecados cometidos através do respectivo sentido. O Vaticano II abreviou o rito: "Aos doentes em perigo de vida, o sacerdote, ungindo-os na fronte e nas mãos, dirá: "Por esta santa unção e por sua piíssima misericórdia, o Senhor venha em teu auxílio com a graça do Espírito Santo, para que, liberto dos teus pecados, ele te salve e, na sua bondade, alivie teus sofrimentos".

Realmente, a unção na fronte e nas mãos resume as unções de todos os sentidos, pois: as ideias nascem da cabeça (fronte), são expressas pela palavra falada ou escrita pelas mãos e pelas mãos se transformam em obras... ideias e obras para o bem ou para o mal ou pecado.

A Unção dos Enfermos tem, pois, como efeitos: dar a graça, a força, para enfrentar de maneira cristã a doença, amenizando assim a dor, pela fé. Oferece a possibilidade da reconciliação pelo perdão dos pecados que o doente não possa confessar. Alguma "cura" oferece também; se não a cura total (que às vezes pode acontecer), pelo menos o alívio; pois, tranquilizando o espírito, essa tranquilidade passa também para o psíquico e para o somático, para todo o corpo, posto que o Homem é uma unidade existencial.

4. SIGNIFICADO DO ÓLEO

Nos sacramentos do Batismo e da Crisma, bem como na ordenação sacerdotal, usa-se o óleo que fora abençoado na missa da manhã da Quinta-feira Santa, missa celebrada pelo bispo e pelos padres da diocese.

No Batismo e na Crisma, o óleo tem o significado de robustecer o cristão para as lutas pela fé, durante a vida toda. Na ordenação sacerdotal, a unção do novo sacerdote lembra sua missão que o faz, como Cristo, um ungido (daí a palavra "Cristo").

Na Unção dos Enfermos, o óleo é usado lembrando seu significado de lenitivo. Entre os antigos havia o uso do óleo como lenitivo na dor. Lembro-me, quando criança, ao machucar um dedo, minha vovozinha ou a mãezinha esquentavam um pouco de óleo e envolviam-me o dedo machucado num paninho embebido no óleo... e a dor passava!

Na Unção dos Enfermos, pois, o óleo, como sinal "significante", lembra o alívio, o lenitivo da dor. O "significado" é Cristo que associa nossas dores às suas e nos conforta nas dores e sofrimentos da doença. O "significante", como sinal sacramental, é o óleo. O "significado", como realidade presente, é Cristo que está aliviando as dores do cristão, associando-as às dores do crucificado e ressuscitado.

Portanto, a doença, as dores, na dimensão da fé, têm um valor salvífico. É o documento do Vaticano II, *Lumen Gentium*, que resume isso, assim: "Pela sagrada Unção dos Enfermos e pela oração dos presbíteros, a Igreja toda entrega os doentes aos cuidados do Senhor sofredor e glorificado, para que os alivie e salve". "...tomando parte nos sofrimentos de Cristo, vamos participar também da sua glória" (Rm 8, 17). "Alegrem-se na medida em que participam dos sofrimentos de Cristo, a fim de que, na revelação de sua glória, vocês possam ter uma alegria transbordante" (1Pr 4,13). "Agora me alegro nos sofrimentos que suporto por vocês e vou completando na minha vida mortal o que falta aos sofrimentos de Cristo, em favor do seu Corpo, que é a Igreja" (Cl 1,24). Vemos, pois, como a doença e a dor estão no desígnio salvífico de Cristo: Ele continua a padecer em seus membros, configurando-os a si próprio.

5. O VIÁTICO

Fazem parte do que chamamos "os últimos sacramentos", a Unção dos Enfermos e o Viático. Propriamente, são dois sacramentos. O Viático é o sacramento da Eucaristia, administrado ao doente como possível "última comunhão", dado o estado grave de sua saúde.

O que geralmente e lamentavelmente acontece é que a própria família não chama o sacerdote a tempo, isto é, quando o doente está ainda em condições para comungar, para receber conscientemente sua talvez "última comunhão", o Viático, isto é, o sacramento da grande viagem. A graça do Viático é fortalecer o doente para os últimos combates e fornecer um alimento de vida eterna para a pessoa toda, espiritual e corporal.

Cada comunhão eucarística, ao longo da vida do cristão, depositou-lhe, no corpo, um germe de imortalidade. Agora, na hora da morte, todos esses germes, com a última comunhão, dão o seu fruto: a vida eterna!

"Viático" quer dizer: "provisão de caminho". É a extrema comunhão da grande partida: deixar este mundo com o ressuscitado no coração. Mas, não se dá a comunhão a um inconsciente! Já no século X, o Viático, como última comunhão, era administrado a quem ainda podia recitar o credo. A família, médicos e enfermeiras, o próprio doente, não chamam o padre a tempo. Em geral o padre só chega para a "catástrofe", quando o "interessado" (?) já está inconsciente, "sororoca". Aí o padre já não tem mais quase nada a fazer, a não ser dar uma absolvição "sob condição" e fazer uma unção com o óleo sagrado ("esfregar" o óleo) na fronte semifria de um "quase cadáver". E depois, haverá um mentiroso comunicado, como tantas vezes se ouve e se lê: "Confortado com os sacramentos da Igreja."

A vida toda do cristão é uma luta, uma preparação para o grande dia da ressurreição. Daí a presença de Cristo, através dos sacramentos, ajudando-nos em todas as circunstâncias da vida e suas lutas. No dia da grande passagem, da grande páscoa, morte e ressurreição, Jesus está junto de nós, com o lenitivo do óleo da Unção dos Enfermos, e, especialmente, com sua presença real na Eucaristia, através do Viático, a última comunhão. Por que, na prática, nossa teima em ignorar essa realidade?

6. EVITE DUAS ATITUDES ERRADAS

Há duas atitudes erradas que, enquanto depender da gente, devem ser evitadas: 1ª) nunca chamar o padre; 2ª) esperar para chamar tarde demais.

Muitas vezes não depende de nós. Acontece um desastre, doença e morte repentinas, distância ou outras circunstâncias que impossibilitaram a chamada do sacerdote... Paciência! Entrega-se o caso à misericórdia infinita de Deus que, além do sacramento, como sinal, tem outros meios para salvar seus filhos.

Mas, mesmo num caso extremado, se possível, chame o padre. Às vezes acontece que o doente repentino, o acidentado, ainda esteja com vida, apesar de todas as aparências duvidosas. Já tem acontecido que o padre chega, toma a mão do "moribundo", e sugere-lhe, no ouvido, que, se estiver ouvindo, aperte a mão do padre... E já senti um leve apertar de mão... Ah! O doente está ao menos ouvindo! Aí, o padre lhe diz palavras de conforto, dá-lhe a absolvição e a Unção dos Enfermos. E, no mais, tudo fica entregue à misericórdia de Deus... como foi o caso de meu próprio pai, que não tinha muita "prática religiosa", mas era um pai honesto e leal de 15 filhos e morreu de repente, sem o filho padre poder assisti-lo com os "últimos sacramentos".

Mas quando depende da gente, chamemos a tempo o sacerdote. Já é tempo de acabar com certas ignorâncias a respeito desses sacramentos da Unção dos Enfermos e do Viático, não? Não chamam o padre "para não espantar o doente". O próprio doente pode estar querendo a presença confortadora dos sacramentos, além da presença dos médicos, enfermeiros e da família com ares entristecidos e funéreos. Mesmo que o doente não seja muito esclarecido, falem com o padre. O padre não é "tão besta" para ir logo chegando e, com a "maleta da morte", ir arregaçando as mangas e dizendo: "Vamos lá, chegou sua hora, vou preparar-lhe os funerais, pois, desta vez, você vai mesmo!", ou coisas parecidas. O sacerdote saberá como abordar o doente, amigavelmente, e, em geral, o próprio doente acaba pedindo os sacramentos. Fé esclarecida, adulta e caridosa para com o doente, minha gente!

7. AS IGNORÂNCIAS CONTINUAM

Infelizmente, ainda subsiste a ideia de que, para um doente, a vinda do padre é "cartão de visita da empresa funerária". Nos tempos idos, em que o padre saía à rua de batina preta, era comum ouvir-se a expressão: "Urubu está rondando... tem carniça por aí!" Padre era até sinônimo de azar; quantas vezes vi mocinhas dar uma dobradinha na manga do vestido, ao avistar um padre de batina preta, como a dizer: "Sai, azar!". Por que tudo isso? – Porque a ideia do padre era associada à ideia da morte: visita ao moribundo, enterro, missas de defuntos... Padre era mesmo cartão de visita de empresa funerária.

Como padre jovem, trabalhando na igreja da Penha, em São Paulo, numa manhã chuvosa, atendendo a um chamado, fui atender um doente, lá no bairro do Cangaíba. De batina preta, arregalando os olhos de muita gente, lá fui eu, amassando barro da estrada enlameada, sem asfalto nem ônibus. Encontrei, a custo, a casa do doente. Aí vem a dona da casa e pede: "Seu padre, o senhor não poderia voltar à tarde?" Fiquei meio encabulado e perguntei: "Mas, por quê? Não é aqui que está o doente?" Resposta, palavra por palavra: "Sabe o que é, seu padre; é que meu marido ainda está com os sentidos... eu queria que o senhor esperasse ele perder os sentidos... depois o senhor vem... para ele não ficar espantado..." Ainda bem que consegui convencer a velhinha e o marido doente a receberem os sacramentos. Disse: "receberem" porque acabei atendendo também a confissão da velhinha e dei a comunhão a ambos e a Unção dos Enfermos ao marido, ainda em vida.

Coisas e tais ainda andam acontecendo por aí, minha gente. Quando será que uma evangelização salvadora, uma catequese esclarecida, convencer-nos-á que a vida não acaba com a morte e que nesse momento da passagem a presença do sacerdote traz a presença da Igreja, a presença de Jesus para nos ajudar, com seu último gesto libertador, a fazermos a grande viagem para a ressurreição, para a vida eterna?

8. DIMENSÃO COMUNITÁRIA DA UNÇÃO DOS ENFERMOS E DO VIÁTICO

É interessante e significativo notar como, já no próprio Evangelho, Jesus dava uma dimensão comunitária ao atendimento aos doentes. Havia, em público, diante de uma "comunidade", uma liturgia da palavra do próprio Jesus e depois a ação "sacramental": uma palavra, um gesto de Jesus e a reação do doente curado.

Já pela clássica carta de São Tiago, como também pelas cartas de São Paulo, nota-se que os doentes eram alvo especial dos cuidados da Comunidade. Nas Comunidades da Igreja primitiva era notório o caráter comunitário do cuidado aos doentes através da Unção dos Enfermos. A *Traditio Apostolica* de Hipólito, nos primeiros séculos, diz: "Os diáconos e subdiáconos informem o bispo sobre os doentes da Comunidade para que o bispo lhes faça uma visita".

Desde os primeiros tempos, após a celebração da Eucaristia, conservavam-se partículas, hóstias, no sacrário, justamente para se poder levar o Viático, a última comunhão, aos doentes graves. E estamos como era o costume, ainda em tempos mais ou menos recentes: quando o sacerdote saía com o Viático para atender a um doente em estado grave, em muitos lugares o padre saía da igreja com certa solenidade litúrgica, levando o Santíssimo como Viático, acompanhado de velas e ao toque de campainhas. E muita gente do povo saía para acompanhar a pequena procissão eucarística até a casa do doente. O doente era tido como um doente "da Comunidade". Os vizinhos, os amigos, a Comunidade, enfim, reuniam-se na casa do irmão doente para rezarem por ele.

Nesse esforço para salvar a dimensão comunitária da Unção dos Enfermos e para tirar o caráter "funéreo" dos "últimos sacramentos", é que a liturgia sacramental da Igreja facilita, hoje, a celebração comunitária da Unção dos Enfermos, reunindo na igreja paroquial os anciãos, os doentes que ainda podem locomover-se. E assim, durante uma missa, é administrado o sacramento da Unção dos Enfermos a todos esses irmãos que estão completando sua caminhada nessa fase da vida. Aí se insiste no exemplo de Jesus e da Igreja primitiva no amor aos doentes, pois eles são uma riqueza para a Igreja de Deus, ao associarem seus sofrimentos aos sofrimentos de Jesus.

9. O QUE VOCÊ FAZ, "NESSA HORA"?

Constatamos que a intenção de Cristo, ao instituir a Unção dos Enfermos, a da Igreja, acrescentando-lhe o Viático, é a de divinizar e ao mesmo tempo humanizar o sofrimento, a doença. Através do sacramento, Cristo vem como médico da carne e do espírito: o doente não desanime, a Unção dos Enfermos lhe confere a graça do Espírito Santo para confortá-lo. E por isso até mesmo o sacramento poderá ser recebido tantas vezes quantas o cristão recair em doenças graves. Juntamente com a Reconciliação-Confissão, a Unção dos Enfermos é, como denominamos, um sacramento "medicinal".

Tudo bem. Mas, e no caso de você estar assistindo um doente e foi o caso de "chamar o padre", mas isso se torna impossível, o que fazer? Nessa hora suprema e muito importante para o irmão doente, você poderá ser de uma valia muito grande. Imaginemos, antes de tudo naqueles momentosos instantes, como deve se achar o doente, às portas da eternidade, supondo-se que ele esteja consciente. Sua consciência, seu passado, aí presente, suas possíveis angústias. Como desejaria por certo, ouvir, ou ao menos sentir alguém aí junto dele, um irmão, uma irmã. Aí, você fará as vezes do sacerdote: embora não possa fazer a unção sagrada, você poderá ajudá-lo, e muito, com um aperto de mão, acariciando a fronte e fazendo ali um sinal da cruz; ou dizendo-lhe, ao ouvido, palavras animadoras sobre a misericórdia de Deus; rezando com ele atos de amor a Deus, de conformidade, uma oração pedindo perdão dos pecados; uma palavra amiga, de coração para coração. Que o doente sinta alguém, ao lado, que verdadeiramente possa ajudá-lo naqueles momentos supremos da vida terrestre. Como isso fará bem naquela hora!

A hora da morte é o "momento dos momentos". A hora da verdade, sim, mas também a hora da misericórdia, da libertação, para quem tem fé. "Foi para essa hora que eu vim", disse Jesus. É horrorosamente incrível, nessa hora, ficar "tapeando" o doente. Ele sabe que "chegou a sua hora". Não queira enganá-lo. Diga-lhe as palavras adequadas à realidade, embora todas elas repassadas de amor, misericórdia, perdão. Não precisa dizer mais nada, o doente estará entendendo muito bem o que significam.

10. A MORTE: O NOSSO "32 DE DEZEMBRO"...

Talvez algum leitor vá estranhar um bocado os conceitos que vamos emitir aqui sobre a morte. Desde já peço-lhe desculpas se o chocar demais. Mas é a realidade!

Quer queiramos, quer não, todos nós teremos, cedo ou tarde, o nosso "32 de dezembro". Nós costumamos escamotear muito a morte. Parece até que um dever de mentir substituiu o dever de advertir o moribundo. Passamos a vida escondendo a morte a nós mesmos, quando, na realidade, morre-se a cada instante. Alguém perguntou, rotineiramente, ao amigo: "Como vai?" E surpreendeu-se com a resposta: "Vou morrendo!". E estava certo. Nosso último suspiro será uma respiração como qualquer outra, já pensou nisso? Morre-se uma vez só sobre o leito e a todo momento em si mesmo. O segredo da boa morte está no cerne do cotidiano: dar-lhe um sentido eterno, é aprender a bem morrer.

O moribundo – escreveu alguém – não devia ser privado de sua morte. Hoje, joga-se um esconde-esconde com um enfermo adulto que, muitas vezes, já está percebendo seu real estado; contudo, para não causar dó, ele também entra no jogo de morrer às escondidas. É um dos "tapa-vista" da nossa civilização de consumo: negar o envelhecimento, esconder a morte, vesti-la, maquiá-la, a fim de torná-la despercebida ou irreconhecível.

Nós, cristãos, não devíamos tapear-nos com a morte. Deveríamos, sim, vencer a morte – o pavor da morte –, enfrentá-la com lucidez, vivê-la ativamente. E o quê ou quem nos dá esse sentido da morte? – A fé, Cristo!

Amando devidamente a vida, estarei também amando minha irmã, a morte. Sim, estarei amando a morte por causa do rosto de amor que ela tomou na cruz de Cristo: o rosto de amor que ela pode dar a cada hora da minha vida. Aprender com Cristo a enfrentar lucidamente a morte. Como a mim e a você, também a Jesus a morte não era agradável: "Pai, se possível, afasta de mim este cálice!" Mas, aceita-a: "Não se faça a minha, mas a tua vontade". Uma atitude realista, corajosa, diante da realidade da morte. Para o cristão, a fé dá o sentido da morte: é a ressurreição para a vida eterna!

11. UMA VIDA DE FÉ DÁ SENTIDO À MORTE

Meditávamos que devemos viver nossa morte. A morte supõe a vida e a vida supõe a morte. Morrer para viver e fazer viver: o trigo morre, moído, para tornar-se pão, como a semente morreu para se tornar o trigo. Morrer para si, para viver para os outros: é a regra de ouro que o Evangelho canoniza. Portanto, pela fé, vida e morte andam juntas.

O cristão começa a morrer pelo Batismo: "Fostes sepultados com Cristo, morrestes com Cristo, para ressurgirdes com Cristo, para uma vida nova!" (Rm 6,4-11). A morte e a ressurreição já começam com o Batismo. O "óbito", a "partida", é apenas o último ato da caminhada de morte e vida, cujo "golpe decisivo" já foi aplicado no Batismo. Nossa viagem sacramental para a morte vai desde o Batismo até a Unção dos Enfermos. O Batismo, portanto, é o primeiro sacramento da morte cristã.

Então, para ser muito sincero e falar mesmo a verdade, não é uma "missa de 7° dia" que vai resolver... Mas a vida que você levou!

Sabemos que as missas do 3°, 7°, 30° dia, pelos defuntos, foram uma tentativa de inculturação da fé, para transformar costumes pagãos, cristianizando-os, enquanto possível. Pois sabemos que os pagãos gregos acreditavam que no 3° dia após a morte começava a corrupção do corpo; no 7° dia dava-se o auge da corrupção; e, no 30° dia, terminava a corrupção do cadáver. Com essa crença, os pagãos ofereciam então sacrifícios sobre o túmulo do falecido, no 3°, no 7° e no 30° dia. A Igreja, usando sabiamente a pedagogia da inculturação da fé, cristianizou esses costumes com as missas pelos falecidos, rezando por eles, de modo especial, no 3°, no 7° e no 30° dia da morte.

Mas uma fé adulta e esclarecida proclamará, kerigmaticamente, e ensinará, catequeticamente, que o cristão deverá assegurar a sua felicidade eterna, não tanto através de missas do 3°, 7°, 30° e 360° dia de sua morte, mas, muito mais, por uma vida cristã comprometida com a proclamação e a vivência do Plano de Deus, do Evangelho, comprometido com a caminhada da Igreja – Igreja que é a continuação de Jesus Cristo!

12. E A MISSA PELAS ALMAS? E O PURGATÓRIO?

Alguém poderia ficar "com minhocas na cabeça" com a nossa última meditação sobre a oportunidade e valor das missas e orações que fazemos em favor do irmão que morre e talvez precise de nossas orações para abreviar seu Purgatório, após a morte.

Desculpe-me o "comercial", mas eu remeteria meus leitores às páginas 196 a 198 do livro "O Plano de Deus", nas quais tentei dar uma explicação a respeito do assunto.

As nossas orações e principalmente as missas aproveitarão, sim, para que sejam abreviadas as penas do Purgatório. Purgatório entendido como a transição do tempo para a eternidade: nessa passagem, quem morreu será purificado das "reliquiae peccati", quer dizer, dos "restolhos" dos pecados já perdoados, como ofensa a Deus, mas dos quais terão que pagar o "imposto de renda", que quer dizer, as penas "temporais" das ofensas já perdoadas.

Vocês estão percebendo as dificuldades de a gente falar, com vocábulos humanos, de coisas da eternidade. Pois aqui, na terra, lidamos com termos, vocábulos de realidades terrenas, do tempo. Mas quando passamos da realidade da terra, do tempo, para as realidades da eternidade, acaba o conceito de tempo... e nós ficamos sem saber que termos, que vocábulos humanos usar para explicar as coisas da eternidade.

Assim, supõe-se que o Purgatório se dê na passagem do tempo para a eternidade, e aí falham os conceitos de tempo, intensidade, número.

Mas, então, é que vem em socorro a fé, a presença do Espírito Santo na Igreja de Jesus que nos fala da eternidade, do purgatório, da vida eterna. Eu não entendo como são essas realidades que tocam a eternidade, fora do tempo. Não entendo, mas acredito, creio nelas, aceito-as, porque Deus as revela, através de sua Igreja, através do Espírito Santo que assiste sua Igreja.

Mas, claro, isso tudo não anula a verdade que Jesus deixou bem clara no Evangelho e que São Tiago, inspirado pelo Espírito Santo, escreveu: "Fé sem obras nada adianta", isto é: é a vida do AQUI que resolve o LÁ da eternidade.

13. AS QUATRO FASES DA MESMA VIDA

O sacramento da Unção dos Enfermos nos dá a chance para esclarecermos umas tantas coisas muito importantes a respeito da vida e da morte.

Costumamos dizer e ouvimos muitas vezes a expressão: "a outra vida". Mas, na realidade, essa expressão não está bem correta. Pois só há uma vida. Uma vida, sim, com dois tempos: o "Aqui", na terra, e o "Lá", na eternidade (como explicamos longamente no livro "O Plano de Deus").

Além desses dois tempos, nos quais o "Aqui" é decisivo para o "Lá", a vida, podemos dizer, tem **quatro fases.** Tentaremos descrever essas fases:

1ª fase: já estamos na mente e no coração de Deus Pai, desde toda a eternidade. Nós somos, realmente, o "sonho de Deus", a obra suprema (não só a obra-prima) das mãos, do coração de Deus, desde toda a eternidade!

2ª fase: No seio de nossa mãe, esperados com o amor do papai e da mamãe, durante nove meses, com carinho. No útero de nossa mãezinha já fomos zigoto, embrião, feto, desde o tamanho de uma ponta de alfinete.

3ª fase: Desde o nascimento até a morte: a nossa vida terrena, como seres conscientes, decidindo nossa vida, decidindo, no "Aqui", o "Lá". Aliás, a fase mais importante, porque decide eternidade!

4ª fase: A eternidade, continuação da mesma vida. Voltamos para de onde viemos. Voltamos a Deus, para vivermos o "Lá", conforme o preparamos no "Aqui". A eternidade, para a qual Deus nos espera como filhos, mas, respeitando a decisão que tomamos, com nossa vida, no "Aqui".

Não há, pois, "outra vida". A vida é uma só, com as diversas fases pelas quais passamos, saindo de Deus e para ele voltando.

É no "Aqui" que Jesus Cristo nos acompanha, através dos sacramentos e pelo Viático, como último encontro. E, pela Unção dos Enfermos, vem convidar-nos, com um último gesto libertador, para irmos com ele, para o "Lá", para a felicidade para a qual nos criou.

Daí que a morte não é um destruir, um arrancar a vida, mas um transplantar para a última fase de uma mesma vida. Com a vida entendida assim, podemos dizer, como Charles de Foucauld: "Viver hoje como se eu tivesse de morrer mártir essa noite..." Viva, pois, essa vida de fé!

14. O ÚLTIMO GESTO LIBERTADOR

Todos os sacramentos, desde o Batismo até a Unção dos Enfermos, são gestos libertadores de Cristo.

Pelo Batismo, Jesus nos faz filhos de Deus, seus irmãos, templos do Espírito Santo, para anunciarmos ao mundo a libertação da escravidão do pecado da injustiça, que teima em não ver, em todos os homens, irmãos e filhos de Deus.

Pela Confirmação do Batismo, Cristo nos dá, de modo especial, o Espírito Santo, para lutarmos pela fé na dimensão da justiça e da fraternidade.

Pela Reconciliação Jesus nos liberta de nossos pecados e nos reconduz à Comunidade para proclamarmos a misericórdia do Pai.

Pelo Matrimônio, Jesus liberta o amor do egoísmo individual e o faz sinal do amor que une o próprio Cristo à Igreja, união e amor salvíficos.

Pelo sacramento da Ordem, Jesus coloca à frente dos irmãos os sacerdotes, como condutores da Comunidade-Igreja, para a proclamação do Evangelho da justiça, da fraternidade, das bem-aventuranças.

Pelo sacramento da Eucaristia, o centro, o coroamento de todos os sacramentos, Jesus reúne os irmãos à mesa do amor, alimentando-os com sua carne e sangue, para poderem ser a sua presença viva nas realidades temporais do dia a dia, para proclamarem o Evangelho em favor dos mais pobres e necessitados.

E, pelo sacramento da Unção dos Enfermos, Jesus, como um último gesto libertador, ungindo aquele corpo que já foi lavado pelas águas do Batismo, fortalecido pelo óleo do Crisma, levantado de suas quedas pela Reconciliação, cristão orientado pelo sacerdote, abençoado para o amor fecundo a dois e alimentado pelo pão da imortalidade, Jesus diz ao irmão: "Vivemos nos encontrando a vida toda através dos sacramentos; partamos, agora, juntos, para a grande viagem, para a Casa do Pai..."

Essa é, pois, a maravilhosa caminhada dos sacramentos, esse é, pois, o sentido maravilhoso do sacramento da Unção dos Enfermos, através do qual Jesus Cristo ressuscita quem acabou de morrer, para a vida eterna!

15. "ROGAI POR NÓS... NA HORA DA MORTE"

Caríssimo leitor, já pedi licença a você para que Maria, a Mãe de Deus, seja lembrada nessa proclamação kerigmático-catequética dos sacramentos. Pois foi através dela que Jesus pôde tornar-se o único e grande sacramento. E, sendo Mãe de Cristo, ela é também a Mãe do Cristo continuado, a Igreja, que, por sua vez, é o sacramento universal da salvação. Maria, Mãe de Deus, é também a Mãe da Igreja. Daí que Maria, ou a lembrança de Maria, "cabe" em todos e em cada sacramento.

Assim, chegamos agora com Maria aos pés da cruz de Jesus agonizante. É a cena mais grandiosa e misteriosa que aconteceu na face da terra: um Deus humanado morre numa cruz entre as dores mais atrozes, à vista da Mãe que, em silêncio, assiste à morte do Filho, sem poder aliviá-lo, nem com uma gota d'água.

Aos pés da cruz, de novo o silêncio profundo de Maria, um "Sim!" como o da Anunciação-Encarnação. O silêncio na cocheira do Natal, o silêncio na apresentação do Filho no templo, o silêncio durante a vida toda do Filho. É o "Sim!" repetido, o silêncio continuado para que o Filho apareça, não Ela; para que o Filho vá cumprindo sua missão, acompanhado do "Sim!" da Mãe, um "Sim!" que é corredentor do gênero humano!

Aos pés da cruz, ela está "ungindo" seu Filho, não com óleo, mas com seu olhar de Mãe. Que olhar sacramental aquele, quando o sangue do Filho se misturava com as lágrimas da Mãe por amor aos homens, por amor a nós, pecadores. E é por isso que a Igreja nos ensina a rezar todos os dias: "Santa Maria, Mãe de Deus, rogai por nós, pecadores, agora, e NA HORA DA NOSSA MORTE"... Sim, ó Senhora, Mãe do Grande Enfermo Agonizante numa Cruz, assisti-nos também a nós, vossos filhos, entregues por ele a vós... assisti-nos naquela hora... na hora da nossa morte. Que ao recebermos a unção do óleo Santo, sejamos também, com vosso olhar de Mãe, com o olhar do perdão de vosso Filho. Naquela hora suprema, unja-nos, ó Mãe, vossa presença, vossa bênção. Rogai por nós, agora, para que vivamos a vida como preparação da morte, e rogai por nós, naquela hora!

VI

CONCLUSÃO
IGREJA SACRAMENTO UNIVERSAL DE SALVAÇÃO

1. A IGREJA, SACRAMENTO UNIVERSAL

Estamos chegando ao fim deste anúncio kerigmático-catequético sobre os sacramentos. Parece-nos óbvio que o epílogo desse livrinho, como "fecho" e síntese de tudo o que tentamos dizer, só poderia ser uma palavrinha, ao menos, sobre o sacramento-síntese de todos os sacramentos: a IGREJA.

A Igreja é chamada o sacramento universal de Salvação. Se Jesus Cristo é o único e grande sacramento e a Igreja é o Cristo continuado na História, a Igreja será também a continuação, a presença de Cristo-Sacramento na História.

Não seria aqui ocasião nem haveria espaço para tentar uma síntese de qualquer uma das dimensões eclesiológicas. Ainda mais hoje, quando muitas perguntas sobre Igreja polemizam o assunto: "Qual Igreja?" – "Onde está essa Igreja"? – "De que modelo de Igreja se está falando"? – e semelhantes.

É certo que Jesus quis uma Igreja-Comunidade que fosse, no mundo, o sinal, o testemunho concreto da realização do Reino de Deus que ele anunciou. São Paulo lembra que essa Igreja deve ser universal (católica), mas com a realização concreta, localizada, Ef 1,22-23: "Deus submeteu tudo aos pés de Cristo e o fez, acima de tudo, Cabeça da Igreja, que é o seu Corpo e realização total de Cristo: a plenitude daquela que plenifica tudo em todos". E essa Igreja universal, onde se realiza, onde ela existe concretamente? Em 1Cor 1,2; 2Cor 1,1: "Igreja de Deus que está em Corinto". Gl 1,1: "Às Igrejas da Galácia". Em 1Cor 16,19 e Rm 16,3-4 o Apóstolo diz: "À Igreja que se reúne na casa de Áquila e Priscila"... Assim, podemos dizer também hoje: À Igreja universal que se reúne, que acontece em São Paulo, em Imperatriz - MA, em Campanha - MG...

Essa Igreja universal que o Cristo quis como sinal da realização do Reino de Deus, ela se apresenta como o mistério, a realidade da unidade na multiplicidade.

Esta presença no mundo de uma Igreja universal que se realiza na multiplicidade é o sinal do Reino: é a visibilidade, a sacramentalidade, o sinal da Igreja como sacramento universal de Salvação.

2. IGREJA: SINAL DO MISTÉRIO DE CRISTO

Vimos que a Igreja é o sinal do Reino, sacramento universal que se realiza na multiplicidade das Igrejas Particulares, desde as pequenas comunidades onde dois ou mais se reúnem em nome de Cristo.

Mas a Igreja é também sinal, sacramento quando torna visível o mistério de Cristo. O mistério primeiro de Cristo é que ele, para realizar seu plano de amor salvador, encarnou-se, quer dizer, uniu, numa pessoa só, duas naturezas, a divina e a humana. É a união hipostática: duas naturezas a divina e a humana, numa pessoa divina. Esse é o mistério de amor que, beneficiários que somos dele, nunca poderemos compreender totalmente.

Pois bem, a Igreja é sinal desse mistério. Torna-o visível. Pois, para que ele fosse o Cristo continuado, ele mesmo a revestiu dessas duas dimensões: a divina e a humana. Através dos séculos com a presença de Cristo, pelo Espírito Santo, é abençoada pelo Pai, assistida para que não possa errar quando ensina as verdades fundamentais da fé e da moral reveladas por Cristo. É divinamente assistida pelo Espírito Santo quando autêntica e explicitamente, clara e solenemente ela manifesta a intenção de definir verdades fundamentais da fé e da moral contidas no Evangelho.

Este é o "lado divino" da Igreja. Mas ela tem também o "lado humano". É composta de homens falíveis, limitados, fracos. E quão bem o sabemos, através da História dessa mesma Igreja! Tanto assim que, se ela não fosse a Igreja de Deus, a Igreja que o Cristo quis o lado humano já teria dado cabo dela há muito tempo!

Eis aí porque dizemos que a Igreja é um mistério. É porque ela também, como Cristo, Deus e Homem, foge de nossa total compreensão. Ela é sinal dessa realidade de Cristo Deus e Homem. Ela continua Cristo Salvador, com sua presença divino-humana no mundo, regendo, ensinando, santificando o mundo com o sacramento universal de Salvação. A Igreja é sinal-sacramento do mistério de Cristo.

3. IGREJA-COMUNHÃO: O POVO DE DEUS

A Igreja realiza sua unidade na sua multiplicidade, tornando-se sacramento universal de Salvação. Ela é sinal, sacramento do mistério de Cristo, continuando a visibilidade da união do divino com o humano, "explicando" assim o mistério de sua perenidade.

Mas a Igreja é também sinal, sacramento de comunhão. Que comunhão ela "sinaliza", torna visível? A comunhão entre Deus e os homens e dos homens entre si. É isso que a faz ser uma Comunidade. Uma Comunidade dos filhos com o mesmo Pai e de irmãos entre si. A Comunidade dos filhos de Deus, dos irmãos que tentam realizar o Plano de Deus. Isso é fundamentalmente Igreja-Comunidade, Igreja-Comunhão.

Aqui é que a Igreja se define pelo seu elemento constitutivo: o Povo de Deus. Povo de Deus que torna visível sua comunhão com Deus e comunhão entre os componentes desse Povo como irmãos. Este é o sinal que a Igreja deve dar ao mundo para sua salvação: o sinal do Reino de Deus. Aqui está o grande sacramento: A presença de Jesus, nessa Comunidade, é sua força. Uma Comunidade de irmãos, com Cristo, é o sinal do Reino. É o sinal de que o Reino está acontecendo.

E qual é a característica desse sinal, dessa Comunidade-Povo de Deus, que vive em comunhão com Cristo e em comunhão com os irmãos? – É o **serviço**. É a característica da qual Cristo fez tanta questão: que a Igreja fosse, antes de tudo, uma Igreja servidora. E, em nossa América Latina, de modo especial, uma Igreja servidora-libertadora. Libertadora do pecado da injustiça, lutando para que irmãos tenham vida digna de filhos de Deus...

Igreja-Comunidade em comunhão com Deus e com os irmãos, para servir, para salvar, para libertar. Eis o grande sinal de que o Reino está acontecendo. Sem essa comunhão baseada na fé para servir e libertar o irmão, não há sinal da Igreja de Cristo; a Igreja não é sacramento de Salvação, a Igreja não tornaria Cristo visível, continuado no mundo de hoje!

Embora necessária, não é tanto a Igreja-Instituição-Sociedade-Autoridade nem a pompa litúrgica que interessa, mas sim, ao lado disso tudo, a Igreja-Comunhão-Serviço para a salvação-libertação dos irmãos!

4. IGREJA-SACRAMENTO É IGREJA-MISSÃO

A Igreja é também missão. A missão de Jesus Cristo no mundo foi revelar o Plano de Deus, anunciar a Boa Nova do Evangelho. A Igreja, sendo o Cristo continuado, tem a mesma missão. Ela torna presente o Cristo continuado a nos revelar o Projeto de Deus. Ela torna visível Cristo Missionário, ela é o sinal, sacramento missão, continuando a missão de Jesus: Igreja-Missão.

Mas esta missão é só da assim chamada "Igreja Oficial": Papa, bispos, sacerdotes, diáconos; Roma, dioceses, paróquias, congregações religiosas... É missão de toda a Igreja, desde o Papa até o último cristão da paróquia. É missão de toda Comunidade, Movimento, de todas as Pastorais. Hoje, cristão que não evangeliza, Movimento que não evangeliza, é "coisa" fajuta. O cristão é apóstolo, não na conjuntura de faltar padres. Não! O cristão é apóstolo por uma realidade estrutural: seu Batismo o faz ramo do Tronco-Cristo, da mesma árvore: Igreja. E o lugar de o cristão evangelizar não é na sacristia, mas, lá, nas realidades temporais.

A Evangelização da Igreja-Missão é dupla: a) o anúncio direto da verdade fundamental, salvadora: é o anúncio kerigmático; b) depois há o aprofundamento desse anúncio: a catequese. Tudo isso a Igreja o faz pela palavra, pela liturgia dos sacramentos e pelo testemunho dos cristãos.

Daí o finalizarmos esse livro com as conclusões sobre os sacramentos já colocados no início: 1) Sacramentos são encontros vitais com Cristo, não são "coisas" que recebemos. 2) Só tem sentido receber sacramentos se Cristo tem sentido em nossa vida, se ele está presente na vida. 3) O principal, nos sacramentos, não é o rito que "aconteceu" tal dia, mas o sacramento que deve ser vivido no dia a dia. 4) Recebemos os sacramentos para nós mesmos nos tornarmos um sacramento, um sinal, um testemunho de Cristo no mundo: para sermos Igreja, sinal da presença do Reino, no mundo!

Se você entendeu sacramentos com essas quatro conclusões práticas e decisivas, você entendeu tudo, ou quase tudo, de sacramentos. E agora, terminada a leitura deste livro, faça uma oração para que o autor, cristão e sacerdote, continue a ser Igreja-sacramento sinal de Evangelho no mundo de hoje. E eu estarei também pedindo a Deus que você seja sempre o testemunho da presença de Jesus em todo lugar onde você viver.

BIBLIOGRAFIA

DOCUMENTOS

Lumen Gentium, 1, 9(26), 11, 48(129)
Sacrosanctum Concilium, 47-82; 5(527)
Gaudium et Spes, 42(330), 45
Ad Gentes, 1, 5
Orientalium Ecclesiarum, 12-18
Presbyterorum Ordinis, 5
Evangelii Nuntiandi, 47
Medellín, 3, 11; 6, 1-2; 8, 9; 9, 13-14; 14, 13; 15, 6-7
Puebla, 896-963
Doc. CNBB, 26
Reconciliação e Penitência – João Paulo II – Sínodo/1983

LIVROS

Ambrósio, Santo (Arns) – *Os Sacramentos e os Mistérios* – Vozes – 1972.
Boff, L. – *Os Sacramentos da Vida e a Vida dos Sacramentos* – Vozes – 1980.
Bortoloni – *Os Sacramentos em nossa vida* – Ed. Paulinas – 1981.
Campos, S. – *Vida – Sacramento da Salvação* – Ed. Santuário – 1979.
Denis – *Os Sacramentos e os homens* – Ed. Paulinas – 1979.
Didier – *Os Sacramentos da Fé* – Ed. Paulinas – 1977.
Fourez – *Os Sacramentos celebram a Vida* – Vozes – 1984.
Gopegur, R. – *Encontros com Deus na Vida* – Loyola – 1974.
Haering, B. – *A Vida cristã à luz dos Sacramentos* – Ed. Perp. Soc.
Haering, B. – *Graça e exigências dos Sacramentos* – Braga, Cruz – 1964.
Lacerda – *Os sete Sinais do Amor* – Ed. Paulinas – 1977.
Mc Cabe – *Os Sacramentos* – Nova Criação – Herder – 1968.
Rey-Mermet – *A Fé explicada aos jovens e adultos*, vol. II – Ed. Paulinas – 1985.
Ribolla, J. – *O Plano de Deus*, 6ª edição – Ed. Santuário – 1989. Segundo, J. L.
– *Os Sacramentos hoje – Teologia Aberta para leigos adultos* – Loyola – 1977.
Segundo, J. L. – *Graça e existência dos Sacramentos* – Cruz – 1964.
Taborda, F. – *Sacramentos – Práxis e Festa* – Vozes – 1987.

A marca FSC® é a garantia de que a madeira utilizada na fabricação do papel deste livro provém de florestas que foram gerenciadas de maneira ambientalmente correta, socialmente justa e economicamente viável.

Este livro foi composto com as famílias tipográficas Adobe Garamond Pro e Calibri
e impresso em papel Offset 75g/m² pela **Gráfica Santuário.**